国家自然科学基金项目“中国人的面子、象征消费及消费者对品牌意义的反应研究”（批准号：71172212）、“象征型品牌：象征意义的维度、效应与作用机制”（批准号：70672069）研究成果

象征消费、品牌的象征性形象及效应研究

王长征　范绪泉　著

WUHAN UNIVERSITY PRESS
武汉大学出版社

图书在版编目(CIP)数据

象征消费、品牌的象征性形象及效应研究/王长征,范绪泉著.—武汉:武汉大学出版社,2014.10
ISBN 978-7-307-14437-8

Ⅰ.象…　Ⅱ.①王…　②范…　Ⅲ.品牌—研究　Ⅳ.F272.3

中国版本图书馆CIP数据核字(2014)第224334号

责任编辑:陈　红　　责任校对:汪欣怡　　版式设计:马　佳

出版发行:**武汉大学出版社**　(430072　武昌　珞珈山)
(电子邮件:cbs22@whu.edu.cn　网址:www.wdp.com.cn)
印刷:武汉中远印务有限公司
开本:720×1000　1/16　印张:18.5　字数:266千字　插页:1
版次:2014年10月第1版　2014年10月第1次印刷
ISBN 978-7-307-14437-8　定价:38.00元

序　言

本书是在两个国家自然科学基金项目(批准号：70672069，71172212)部分研究成果的基础上完成的。两个基金项目的选题都直接源自笔者对涉及象征消费的理论研究和消费者日常生活实践的关注。对这一领域的关注，最早则起始于笔者对后现代社会和消费文化理论的兴趣。在后现代社会和消费文化理论中，最为广泛讨论的话题之一，就是象征(或符号)消费。由于笔者的专业是市场营销，故而在一定的社会和文化理论的阅读之后，便将关注的重点逐渐转移到本学科领域中的相关讨论上。

在市场营销学科中，西方学者的相关研究存在两个基本视角：一是消费者视角的象征消费研究。该视角的研究一般是将个体的自我与象征消费行为联系起来进行探讨，并着重于基本的理论阐释。它的研究又形成了两种主要的范式，即现代主义的和后现代主义的。前者假设个体的自我是稳定的、连贯的，且有一个核心的、本质的自我；后者则假设个体的自我是多重的、动态的和碎化的、不存在固定的自我或身份认同，或者认为个体的自我在当代的社会和文化条件下常常面临自我碎化的威胁。第二种是企业视角的品牌形象及其管理研究。这一视角虽也涉及消费者的心理与行为的反应，但着重点却在于为企业的品牌形象战略和管理实践提出建议。然而，以上两种视角的研究大多是在相对"总体"的层次上进行探讨的，并没有深入和系统地考虑不同的自我(如个人自我和社会自我)由于其产生的动机的差异，可能导致不同的象征消费行为(如对具有不同象征性形象的品牌和产品的选择)。反映在对"品牌形象"这一构念的理论建构、测量及对消费者反应的讨论上，基本上就停留在将品牌形象区分为"功能的"、"体验的"和"象征的"相对抽象的层次，而对象征性品牌形象并未再做进一步的区分与分析。

但无论是从后现代主义范式下有关象征消费的一般理论的讨论，还是从中国文化背景中消费者从事情境性象征消费的倾向来看，消费者基于特定情境中的自我（或身份）呈现（扮演）的需要所做出的对象征性品牌和产品的选择却常常是有差异的。这意味着，理论上需要将象征性品牌形象做进一步的区分和考察。因此，本书研究的首要任务、也是最大的挑战，就是如何对象征性品牌形象这一概念进行发展，建立它的维度体系，并在此基础上开发象征性品牌形象测量量表。由于理论家们已经指出，象征性品牌是用来满足消费者与其自我相关的“象征性需求”的（企业视角）；而消费者从事象征消费，占用品牌和产品的“意义”，则是为了实现自我的建构与表达（消费者视角）；人们对自我的寻求，实则就是对意义即所谓的“自我意义”的寻求……当我们把所有这些思想和观点联系起来时，象征性品牌形象的概念也就逐渐清晰了：它实际上是否就是“自我意义”？如果象征性品牌形象是被注入品牌的自我意义（或象征意义），那么，不同的自我在消费中被唤醒从而起作用时，消费者所寻求的意义就应该是不一样的。进而言之，这些不同性质的自我意义，是否就是消费者所感知的象征性品牌形象的构成或维度？正是基于以上的逻辑和推理，并经过大量的实证检验，我们才完成了对象征性品牌形象概念及其维度体系的理论建构和测量量表的开发。

在此基础上，我们进行了象征性品牌形象的效应和作用机制的探讨。这些研究主要包括：(1)象征性品牌形象的效应研究，主要考察了象征性品牌形象的不同维度通过品牌信任、自我—品牌联结和品牌涉入的中介作用对品牌忠诚的影响，并特别地考察了内、外群体象征性品牌形象对消费者的自我—品牌联结的效应。(2)鉴于当代中国文化的特殊性，探讨和检验了面子（包括面子观和身份匹配观）及消费者的后现代倾向在象征性品牌形象效应中的调节作用。(3)在上述研究的基础上，我们正式提出了“认同营销”(identity marketing)的概念，并在此概念框架之下进行了本书研究的营销管理含义的讨论，综合性地阐述了我们对象征性品牌形象管理的建议。

虽然本书的各个部分是高度关联、围绕同一主题所展开的，但它的主体部分(实证研究部分)却是由一系列相对独立的研究所构成的。由于对所涉及的核心理论和观点(如象征性品牌形象的维度与测量、它对消费者心理与行为的关键影响效应)在不同的研究中会有重复的检验，因此，为了保证各个实证研究部分所呈现的理论与逻辑的完整性，也为了方便读者的阅读，我们在具体章节内容的安排和写作上，对于核心的观点和假设及其理论的演绎和推理，会有一定的重复性的论述。如果读者根据自己的知识背景和兴趣对实证部分的相关章节进行选择性的阅读，则仍然可以较好地理解作者的观点。

必须承认的是，本书的完成对于笔者来说是一个很大的挑战。其难度不仅在于跨越不同学科与知识领域的理论建构，更在于实证研究环节所遭遇的诸多困难。所幸的是，本书的研究得到了我们的同事黄敏学教授、崔楠副教授，博士研究生周学春、周玲以及硕士研究生刘瑜、朱卫年、付国立等的鼎力相助。对于他们的慷慨和对本书的贡献，笔者在此表示衷心的感谢！当然，本书中的所有错误和责任，均由笔者承担。笔者也衷心希望并欢迎学界同仁与读者不吝批评、指正！

王长征

2014年10月25日

目　　录

1 导　论

1.1 问题的提出及研究意义

1.1.1 问题的提出

许多研究者指出，人类或已经或正在步入一种所谓的“消费社会”(波德里亚，2000)。在消费社会，人们消费的重点则从“物”的消费转向了对“符号”或“象征”的消费。也就是说，消费者个体并不仅仅是为了产品和品牌的功能性利益，他们也为了产品和品牌的象征意义而购买(Levy，1959；Friedmann，1986；Firat 和 Venkatesh，1995；Cova，1996；Elliot，1999；Piacentini 和 Mailer，2004；Wattanasuwan，2005)。

在西方社会，伴随着后现代主义的广泛渗透，不仅商品成为一种符号或景观，而且消费者的自我也日益被景观化(Debord，1967)、超现实化(Firat 和 Venkatesh，1995)或者说审美化(费瑟斯通，2000)，从而使消费本质上变成了人们用以持续地进行自我形象转换的一种游戏(Firat 和 Shultz，1997)。费瑟斯通(2009)曾如此描绘后现代的消费文化：

“……消费不再是一种效用或者使用价值的简单实现，而是变成了符号和形象消费，其着重点在于有能力无穷无尽地重塑商品的文化和象征层面，使它更适合充当商品符号。因此，消费社会的文化被认为是碎片化的符号与形象漂浮不定的大杂烩，它带来了没完没了的符号游戏，破坏了经年不衰的象征意义与文化秩序的基础。”①

在后现代消费文化的状况下，消费者事实上不仅参与商品符号的生产，他们也积极地从事着自我或自我形象的生产(Firat，1991；Firat 和 Venkatesh，1995；Firat 和 Shultz，1997)。所以，福柯(1986)认为，后现代消费者的典型特征就是“花花公子，他把自己的身体，把他的行为，把他的感觉与激情，他的不折不扣的存在，都变成艺术的作品”②。在这一意义上，当代西方人的消费在本质上已经变成为一种“操纵符号的系统化行动”③。可以说，随着消费社会或后现代时期的到来，象征消费在西方人的消费生活中已处于主导地位。

中国的消费者由于受传统文化的影响，象征消费在他们的日常生活中则从古至今，始终都占据着十分重要的地位。例如，中国人对“面子”的重视，会导致他们对象征权力、地位、成就等的高档商品或奢侈品的独特兴趣与偏好(Bansanko，1995；O'cass 和 Frost，2002；Wong 和 Ahuvia，1998)。又如，中国人自古以来就强调“礼尚往来”，因为“礼”常常是用物来表达的，被用于礼尚往来的物(或商品)实际上就是被当作“象征”进行消费的。在中国的酒文化中，人们经常讲“酒逢知己千杯少”、“借酒浇愁”、“敬酒”、“罚酒”等，饮酒行为以及酒本身往往承载着诸多文化或象征的意义。许多中国人在穿着打扮时，信奉的是“人靠衣装，佛靠金装”，衣服、首饰、化妆品、香水等商品，对于他们来说便是沟通个人身份、社会地位、性格、声望或名声等的象征性的媒介。

尽管改革开放以来中国消费者的价值观、消费行为等已发生了很大的变化，但象征消费在其日常生活中的重要性并没有因此而改变。通过对现实的观察，我们可以强烈地感受到，总的来说，个性

① 迈克·费瑟斯通．消解文化——全球化、后现代主义与认同[M]．杨渝东，译．北京：北京大学出版社，2009：105.

② 迈克·费瑟斯通．消费文化与后现代主义[M]．刘精明，译．南京：译林出版社，2000：97.

③ Baudrillard，J. Selected Writings. [M]. Cambridge：Polity Press，1988：22.

消费、地位消费、炫耀性消费、从众消费以及人情消费等象征消费，在当代中国社会并没有被削弱，相反可能比以往更加普遍和受重视。以奢侈品消费为例，中国虽然目前的人均收入水平还很低，但就它的销售规模而言却已成为全球第二大奢侈品消费市场。普华永道发布的《2012 年亚洲零售及消费品行业前景展望报告》统计，中国消费者的奢侈品消费额已经从 2009 年的 94 亿美元攀升到 2011 年的 155 亿美元。投资研究机构里昂证券亚太市场(CLSA Asia-Pacific Markets)的一份研究报告预测，中国有望在 2020 年之前成为世界最大的奢侈品市场。虽然奢侈品消费并非仅仅是由象征性需求所激发，但它无疑从一个侧面反映了象征消费在中国消费者日常生活中所具有的重要地位。

随着象征消费的日益普遍与渗透，企业营销管理的战略重点也发生了转移。在发达的西方市场，研究者在 20 世纪 90 年代就已观察到，企业已经或正在将其营销努力的重点从产品、品牌的物质和功能属性转移到它们的表达性属性和象征价值(McEnally 和 Chernatony，1999)。在中国市场，企业(包括外资企业和本土企业)的这种转变虽然明显晚于西方市场，但我们通常不会怀疑这是正在发生的一个事实。只要打开电视等媒体，各种诉诸个性(如百事可乐、玉兰油)、价值观(如汰渍、太子奶)、社会地位(如茅台、全球通)、群体身份(如动感地带、招商银行魔兽世界联名卡)以及亲情、爱情和友谊(如枝江酒、阿尔卑斯糖、五粮液黄金酒)等象征性诉求的广告便会迎面扑来，随处可见。

百事可乐始终在极力打造一种年轻、时尚、反传统的品牌个性(如周杰伦代言的广告)；可口可乐借助中国传统的春节试图给中国人一种在家人团聚时可用以助兴、表达亲情关系的品牌印象(如刘翔代言的“春节回家”广告)；汰渍洗衣粉以郭冬临为形象代言人的系列广告，则在设法与中国传统的女性价值观——一个“好妻子”、“好母亲”的角色认同中所隐含的文化意义建立一种联系。

再从中国的本土品牌来看，枝江大曲以孙红雷为代言人的广告，明显地旨在为它的品牌注入“知心、知己”的象征性的内涵；巨人脑白金以一句“今年过节不收礼，收礼只收脑白金”的广告语，成功地将其打造成了许多消费者用以表达亲情、孝义的一种象征；“超级女声”以一句“想唱就唱”的响亮口号和一系列的营销运作，塑造了年轻人所喜爱的独立、自由、时尚、快乐的品牌个性；TCL笔记本电脑的一则电视广告以“天下父母心，TCL尽表达”的广告语，试图使它的产品能够成为中国的父母们用以表达其“为人之父”、“为人之母”这一角色身份(role identity)的象征性的符号。

事实上，一项针对CCTV多个频道的电视台所发布的300多个电视广告的分析发现，约67%的电视广告包含象征性诉求，包括个性诉求、声望诉求、关系诉求和群体身份诉求(朱卫年，2007)。另一项同时针对中国电视广告和杂志广告所做的分析表明，约40.2%的广告包含现代性价值观诉求，8%的包含传统价值观诉求；27.6%的广告包含个人主义的价值观诉求，15.1%的包含集体主义的价值观诉求(Zhang和Shavitt，2003)。

然而，尽管有无数的企业正在并且已经做出了许多的努力，但我们在现有的文献中却没有发现可直接、有效地用于指导企业进行品牌的象征定位的理论框架。相关的探讨不仅是零散的、非系统性的，而且一系列根本性的理论问题也未得到明确的回答。例如，企业在进行品牌的象征定位时可以有哪些不同的选择？或者说，象征性品牌形象的构成是否具有某种特定的结构？进而言之，企业可以选择哪些文化的或象征的意义注入它的品牌？是否可以对这些意义进行合理的分类？不同的象征意义对消费者的作用如何？它们如何产生作用？所产生的作用是否存在一定的差异？品牌的象征意义(或象征性形象)对消费者反应的这些刺激作用是否还会受到其他一些因素(如面子观、自我碎化、超现实等)的影响或调节？

针对上述问题，本书主要以心理学、社会学和社会心理学中的自我理论(包括人格理论、认同理论、社会认同理论等)以及同样具有多学科视野特点的消费文化理论作为主要的理论支撑，在明确象征性品牌形象的概念、维度并开发出有效的测量量表的基础上，探讨和检验象征性品牌形象对消费者—品牌关系(包括自我—品牌联结、品牌忠诚等)的影响及其作用机制。此外，由于面子和后现代性都与象征消费有着直接的联系，我们也将考察作为中国传统文化核心要素之一的面子及作为西方后现代文化重要体现的消费者的后现代性倾向在象征性品牌形象效应形成中的作用。

1.1.2 研究意义

在以往的品牌形象研究中，学者们一般是将品牌的象征性形象(symbolic image)视作与功能性形象(functional image)和体验性形象(experimental image)相对应的一个一维的构念来对待的，而且在探讨象征性品牌形象对消费者反应的影响时，所考察的基本上是品牌所代表的某种或某些特定的象征意义(如声望、奢侈性、人格特质或价值观)对消费者反应的影响效应。本书则将品牌的象征性形象视为一个多维度的构念，从而将更全面地考察不同的象征性形象对消费者所产生的效应及其作用机制以及面子和后现代性在品牌的象征性形象产生效应中的作用。因此，本书对消费者行为和营销理论的发展以及企业的品牌管理实践，都是具有重要意义的。具体体现在：

第一，在理论贡献上，本书主要采取自我理论的视角，将象征性品牌形象定义为“一个品牌对于消费者所代表或表达的自我意义(self meanings)”，并根据社会心理学理论所提出的包含个人自我(personal self)、社会自我(social self)、关系自我(relational self)和集体自我(collective self)的自我分类框架，将象征性品牌形象区分为“个人形象”(personal image)、“社会形象”(social image)、“关系形象”(relational image)和“集体形象”(collective image)四个维度。这一理论建构无疑为现有的品牌形象研究提供了一个新的理论视角，对于推动象征性品牌形象概念的发展及操作化，进而对于品牌形象理论的发展和完善具有积极的贡献。

第二，本书所建构的象征性品牌形象的维度体系及其测量量表的开发，将有助于系统地识别和检验不同的象征性形象(或象征意义维度)所可能产生的消费者反应及其反应的差异。本书主要探讨和检验了象征性品牌形象的四个维度对消费者的品牌信任、自我—品牌联结及品牌涉入的促进作用以及通过这三个变量中介作用于品牌忠诚的形象效应。这方面的探讨和研究发现将有助于增加我们对象征消费行为，特别是消费者与象征性品牌之间关系形成与发展的机制、过程的理解，进一步丰富现有的象征消费理论和消费者行为研究的理论成果。本书对于象征性品牌形象的理论建构，也将有助于更系统地探讨象征性品牌形象对消费者的认知、情感与行为的影响，为后续的相关研究奠定重要的理论基础。

第三，虽然已有学者明确指出，面子（或面子观）对中国人的象征消费及其购买行为具有重要影响，但现有的研究并没为此提供足够的经验性的证据。例如，张梦霞（2005a，2005b）和潘煜（2009）的实证研究主要只是证明了，面子观越强的消费者，他们所购买商品的价位水平越高。但消费者购买高价位的商品，并不一定就是由象征性的需求和目的所驱动的，他们也可能仅仅是为了体验性的目的（如高档化妆品所带来的感官体验、高价位手机所具有的感官与认知上的独特的体验价值）。而且，人们购买高档商品或奢侈品也不一定就是为了进行身份地位、权力、声望等的沟通，他们也可能是为了彰显或表达自己的个性，因为大多数高价位的奢侈品品牌和知名品牌通常会被消费者看作是“有个性的”。本书中有关面子（包括面子观和身份匹配观）在象征性品牌形象影响消费者—品牌关系中调节作用的理论探讨和实证检验不仅为“面子影响象征消费”的观点提供了进一步的证据，而且也有助于增进我们对面子如何影响象征消费的理解。

第四，后现代社会理论家指出，后现代性将导致人们不愿意对任何人、任何事做出长期的承诺（鲍曼，2002）。类似地，后现代营销学者也提出，后现代主义的消费者总是处在持续的自我形象转换的游戏之中，这会给消费者的品牌忠诚带来困难（Firat 和 Venkatesh，1995；Firat 和 Shultz，1997，2001）。然而，这一论断主要还是以后现代主义的视角所进行的理论演绎，现实的情况是否如此，我们却不得而知。另外，关系营销概念是建立在“浪漫的隐喻”假设①之上

① 史蒂文·布朗. 关系营销的三个 Rs：反向的、回顾的、倒退的//Thorsten Hennig-Thurau，Ursula Hansen. 关系营销——建立顾客满意和顾客忠诚赢得竞争优势[C]. 罗磊，主译. 广州：广东经济出版社，2003：270.

的，即它把关系比作婚姻，并且假设消费者总是喜欢忠诚、稳定的婚姻关系，而不屑于那种玩世不恭的一夜情(Brown，2003)。因此，如果后现代主义的理论家们正确，那么，在后现代的社会文化状况下，关系营销理论就是有严重缺陷的。本书将通过对“后现代性在象征性品牌形象效应中的作用”的探讨和检验，至少部分地解决目前的这一理论困惑或疑问。

本书的结论与发现，对于企业的品牌管理实践也是具有重要参考价值和指导意义的。首先，迄今为止可以为企业的品牌定位和形象管理提供的最有效的理论指导框架仍然是 Park、Jaworski 和 MacInnis(1986)所提出的，将品牌形象区分为“功能的”、“体验的”和“象征的”三种类型的规范性架构。该架构对于象征性品牌形象并没有作进一步的区分，只是把它当作了与“功能的”、“体验的”形象相对应的一个总体的、一维的构念。因此，企业如何进行象征定位的选择？有哪些可以考虑的选择？Park、Jaworski 和 MacInnis(1986)的模型对此并没有给予回答。本研究不仅通过理论的建构而且通过实证的检验，识别和证明了品牌的象征性形象(或象征意义)包含“个人的”、“社会的”、“关系的”和“集体的”四个维度。这意味着，品牌的象征定位可以在这四个维度中做出选择，从而为品牌的象征定位提供了一个重要的参考架构。

其次，本书对象征性品牌形象的效应的探讨及实证研究的结果表明，象征性品牌形象对消费者所具有的效应(即它对品牌信任、自我—品牌联结、品牌涉入和品牌忠诚的影响)总体上是积极的、显著的，但不同类型的象征意义的效应却是有差异的。例如，我们的研究发现，个人形象对品牌涉入、自我—品牌联结及品牌信任的促进作用是强的；关系形象的促进作用却是最弱的。这意味着，虽然中国传统文化是集体主义的，而中国人的行为是关系取向的，但在当下的中国市场(特别是年轻消费者市场)，企业在进行品牌的象征定位决策时选择个人形象(即品牌个性)而不是关系形象的定位，却可能是更为有利的。又如，我们的研究表明，品牌的集体形象与消费者的品牌忠诚之间的关系并不显著。原因可能在于，人们的群体身份(相对于个性、社会地位、与重要他人的关系等)是最容易改变的，从而影响了消费者对象征着特定群体的品牌的忠诚；更重要的是，当品牌成为特定群体的象征时，它在促进该群体成员的积极反应时，易于激发非群体成员对它的消极反应，从而对该群体之外的其他消费者产生一定的排斥作用。这些研究结论与讨论，对于企业的品牌管理实践无疑具有重要现实指导意义。

再次，本书的结果表明，无论是中国传统文化中的“面子观”和“身份匹配观”，还是因受西方后现代文化的影响所产生的“超现实”感和“自我碎化”感，总体上对中国消费者与象征性品牌之间的关系影响都是积极的，尽管它们在特定的象征意义的效应中都存在一定的负面作用。这些研究发现可以为企业的品牌象征定位提供更为细致的、具体的参考与指导。

最后，也即在本书的最后，我们还将在“认同营销”的概念下，通过认同营销概念的界定与阐述、认同营销的逻辑的分析、品牌象征意义形成机制的探讨以及一系列有关认同营销的方法论原则的提出，系统地总结和讨论本书的结论及其在营销管理实践中的应用问题，以期本书的结论能够为企业的实践提供更为明确、直接的指导。

1.2　文献回顾与评价

1.2.1　文献回顾

本书重点关注的是象征性品牌形象的维度、效应以及“面子”和“后现性”等文化因素在象征性品牌形象效应中的调节作用。下面将从“象征消费及面子的影响”、“后现代主义的消费者研究”、“品牌形象的概念、构成及测量”、“品牌形象的效应”以及品牌概念/形象的管理五个方面进行相关文献的梳理与回顾。

1. 象征消费及面子的影响

在现有文献中，关于象征消费的研究主要涉及以下几个方面：

一是对象征消费的动机的研究。一般认为，象征消费是由消费者的自我相关的需求和目标所激发的(Schau 和 Gilly，2003)，也就是为了进行自我的建构或表达(Schau 和 Gilly，2003；Belk，1988；Wattanasuwan，2005；Ahuvia，2005)。具体的动机包括自我独特性的表达(Tajfel 和 Turner，1985；Brewers，1991)、自我提升(Grubb 和 Grathwohl，1967)、自我验证(Kleine 等，1993)、改善自尊(Banister 和 Hogg，2004)、赢得社会认可(Keller，1993)、维持"过去的自我"感(Belk，1990)、自我过渡(Belk 和 Melta，1991)等。

二是对消费者如何进行自我建构的研究。该类研究将消费者的自我视为一种象征工程(Thompson，1995；Elliott 和 Wattanasuwan，1998)或身份工程(Thompson 和 Arnould，2005)，认为消费者常常是通过对商品、品牌等象征资源的占用(Holt，2002；Thompson 和 Arnould，2005)，并以"叙事"的方式(Ahuvia，2005；Belk，1988)来实现建构的。人类有两种基本的自我(self)或身份(identity)需要建构与表达：个人身份与社会身份。Arnould 和 Price(2000)认为，个人身份("me")与关系型身份("we")是"驱动消费者行为的两个主要的因素"。Kleine 等人(1993，2002)基于社会认同理论的研究表明，消费者对产品、媒体等的承诺(commitment)导致了其自我(社会身份)的定义。Schau 和 Gilly(2003)将个人网站作为一种炫耀性的自我呈现(self-presentation)形式所做的研究，揭示了消费者通过个人网站进行自我呈现的四种策略：建构数字的自我，展示数字的肖像，建立数字的联系及重组叙事结构。Ahuvia(2005)则发现，消费者在现实生活中常借助于自己的"所爱之物"，通过"划清界限"(demarcating)、"折中"(compromising)及"综合"(synthesizing)的方式来调解或缓和不同身份之间的矛盾和冲突。

三是客体(包括产品和品牌)在自我建构中所扮演的角色及其所形成的消费者—品牌关系。Fournier(1998)基于品牌人格化的假设，提出了一个"消费者—品牌"关系质量模型，该模型实质上假设品牌可以成为人际关系中的人的一种替代。Grubb 和 Grathwohl(1967)、Belk(1988)等学者则将商品看作是人际交往与沟通的一种媒介，认为消费者与品牌之间的关系是一种"人—物—人"的三边关系。Belk(1986)认为，当消费者对拥有物形成一种情感上的依恋时，该拥有物就会发展成为“延伸的自我”（the extended self）。Escalas 等学者（2003，2004，2005）进一步指出，当消费者倾向于占用品牌的意义进行自我的建构，从而在品牌被整合进消费者的自我概念时，消费者与品牌之间就形成了一种“自我—品牌联结”（self-brand connections）。

四是对象征消费的影响因素的探讨。这方面的研究主要集中于对地位或炫耀性消费倾向的考察。Heaney、Goldsmith 和 Jusoh（2005）认为“地位消费”描述的是“消费者在多大程度上是为了获得社会地位而购买的个体差异”，并通过实证表明，物质主义和“社会比较信息关注”都对个体的地位消费具有显著的正向效用。Truong（2010）的研究揭示，外在的渴望（extrinsic aspiration）与炫耀性消费之间存在积极的关系。O'Cass 和 Frost（2002）及 O'Cass 和 McEwen（2003）在区分地位消费和炫耀性消费两个构念的基础上，发现地位消费受到自我检校（self-monitoring）和人际关系、品牌的象征性、品牌唤起的情感、自我-形象一致性及品牌形象本身等的影响，而炫耀性消费会受到人际关系和消费者性别等的影响。

此外，在与“个性消费”有关的研究中，Berger 和 Heath（2007）的研究显示，在当作身份象征的产品领域，消费者为了有效地沟通所渴望的身份，他们更可能采取偏好大多数人或其他社会群体成员的选择。Ruvio（2008）在对伊拉克消费者的研究中发现，社会比较信息关注、社会认可需求、自我意识及规范性社会关系敏感性都对消费者的独特性需求（need for uniqueness）进而对其独特性消费行为具有积极的促进作用。

在有关中国人的象征消费研究中，“面子”则常常是被关注的一个焦点，并被看作是影响中国人象征消费行为的一个关键变量（Wong 和 Ahuvia，1998；Zhou 和 Belk，2004；Zhou 和 Nakamoto，2000）。Li 和 Su（2006）认为，中国人对群体自我面子（group self-face）、面子责任（obligation）以及他人面子的强调（others' face orientation），导致了他们的从众性（conformity）、区分性（distinctiveness）和他人取向（others orientation）的三种“面子消费”

倾向。他们的研究总体上从面子的角度对中国消费者为什么对奢侈品或名牌商品拥有强烈的欲望(Zhou 和 Nakamoto, 2000; Zhou 和 Belk, 2004)提供了一定的解释(Li 和 Su, 2006)。

事实上，由于个体在社会互动中享有面子的多少取决于他的财富、地位或权力(Wan 等, 2009; King 和 Myers, 1977)，而在中国文化背景下高价位的商品，特别是昂贵的奢侈品，通常都被赋予了权力和地位的象征意义(Wong 和 Ahuvia, 1998)，消费者为了沟通或炫耀他们的身份地位，有时还为了在“地位竞争”中提升他们在社会等级中的位置(Wang 和 Lin, 2009)，便常常主动或被动地选择和使用这些象征性工具(地位品牌等)来达成他们的目的。正因为如此，许多研究者将面子与奢侈品消费(Li 和 Su, 2006; Wong 和 Ahuvia, 1998; Chen, 2002; 姜岩, 2009)、炫耀性消费和地位消费(朱晓辉, 2006; 袁少锋等, 2009)、品牌意识和价格敏感性(Bao、Zhou 和 Su, 2003; Liao 和 Wang, 2009)、高价位商品购买(张梦霞, 2005; 潘煜, 2009)、物质主义(Wan 等, 2008; Liao 和 Wang, 2009)等联系了起来。

上述研究为“面子影响象征消费”的观点提供了一定的经验性证据。例如，Bao、Zhou 和 Su(2003)的研究证实了“面子意识”对消费者的品牌意识具有正向的影响，而对价格意识则存在负向的作用。张梦霞(2005a, 2005b)和潘煜(2009)的研究表明，消费者的面子观越强，他们所购买商品的价位水平越高；而且，面子观和“身份匹配观”(对行为与身份地位匹配的强调)会导致消费者更加关注和偏好商品的“形象价值”。姜彩芬(2009)的研究进一步揭示，消费者的“面子观念”、对面子消费的态度(“主动”与“被动”)及面子消费导向(“自我导向”与“他人导向”)等都对消费的目的(“获得使用价值”与“建立关系”)进而对消费水平存在显著的影响。然而，这些研究主要侧重于面子对奢侈品消费或/及与之相似的炫耀性消费、地位消费等的解释，并没有涉及面子对个性消费等象征消费可能存在的潜在效应。

2. 后现代主义的消费者研究

尽管后现代主义主要是在第二次世界大战后西方发达的资本主义国家观察到的一种特殊现象，但由于这些国家在文化、经济和政治上的广泛影响，我们实际上可以在全球的任何一个地方感受到它的存在(Firat，1991)。随着后现代主义在几乎所有知识、文化和生活领域的广泛渗透，消费者的思想、观念和行为也必然会发生某些变化。但目前为止，相关的讨论仍然主要停留在定性的讨论和理论的演绎与推导上。与本书直接相关的探讨集中体现于现有文献对于后现代消费文化状况的论述。

尽管仍然存在较多的争议，但学者们所提出和描述的多种"后现代状况"已赢得了学界的广泛认可和接受(Firat 和 Venkatesh，1995；Firat 和 Shultz，1997，2001)。这些状况包括：(1)开放性或包容性；(2)超现实(hyperreality)；(3)永恒的当下(perpetual present)；(4)矛盾对立物并置；(5)碎化(fragmentation)；(6)承诺的丧失；(7)主体去中心化(decentering of the subject)；(8)生产与消费的颠倒；(9)对形式或风格的强调；(10)承认无序与混乱。本书所关注的是超现实和碎化在象征性品牌形象产生效应中的作用。

其中，"超现实"(hyperreality)是迄今被讨论得最为广泛的一种后现代文化状况。波德里亚(1983)指出，当代西方社会已越来越成为"超现实"，人们不是生活在"现实"而是生活在"超现实"之中。根据波德里亚(1983)的观点，超现实是对虚假的、模拟的、想象的"真实"或者过去的"真实"进行了真实化的东西(Firat，1991)，它是一种比现实还要现实，比真实更显真实的模拟(瑞泽尔，2003)。它之所以被称为超现实，似乎有两个理由：它超越了在现代(或科学时代)被认为是现实的那些东西；它也包含一些过去和现在的不真实的东西(Firat，1991)。因此，超现实的本质即在于模拟。今天的主题公园、MTV、电视、肥皂剧、购物中心、整座的城市以及我们生活于其中的所有一切，在后现代主义者那里都被看作是一种超现实、一种模拟①(Baudrillard，1983；Firat 和 Venkatesh，1995)。

在超现实不仅被承认，而且被市场营销所实践的后现代文化中，消费者的“阅读”能力和“阅读”方式都改变了(Firat，1991)。人们不再寻求本质、中心和隐藏在表层下面的某种深层意义，形象本身就成为人们在购买和消费时所追求的本质(Cova，1996)。他们不仅仅消费产品(或其使用价值)，也(甚至替代地)消费这些产品的符号意义，即形象。通过形象，后现代消费者建构了他自己的日常生活，并且感受自身存在的意义。因此，在后现代主义的消费者研究者看来，人们在一个景观化的、超现实的世界所忠诚的并不是品牌而是形象(Firat 和 Venkatesh，1995)。

然而，即使是对形象的忠诚，也并非稳固的、可靠的。这就涉及了另一种后现代的文化状况，即“碎化”，特别是自我的碎化。Jameson(1984)曾经论及，后现代文化的特征之一，就是“时间碎化为一系列永恒的当下片断”②③(fragmentation of time into a series of perpetual presents)。鲍曼(2002)则指出，如果说现代性代表了确定性，那么后现代性就代表了不确定性。由于世界被感知为不确定的、不可控制的和令人不安的，后现代人明智的生活策略就是将生活视为一种游戏，并且“使每个游戏变短……使游戏缩短意味着：警惕长期的承诺；拒绝坚持某种固定的生活方式；……不再献身于

---

① 例如，后现代理论家在谈论超现实时，最经常讨论的一个典型例子就是迪斯尼主题公园，把它看作是对“真实”或想象中“真实”的世界的模拟；而现实世界中的城市规划和建设反过来对迪斯尼等主题公园进行模拟。又如，肥皂剧对现实生活的模拟，现实生活中的人们又反过来对肥皂剧中人物角色和生活方式的模拟，等等。在后现代理论家看来，正是这种彼此的永无止境的模拟，所有的一切便变成了一种模拟，或一种超现实。

② 片断可以被理解为一个非连续的、没有结果的、孤立的事件，也就是一个自我封闭的事件。参见：齐格蒙·鲍曼. 后现代性及其缺憾[M]. 郁建立，李静韬，译. 上海：学林出版社，2002：107.

③ 迈克·费瑟斯通. 消费文化与后现代主义[M]. 刘精明，译. 南京：译林出版社，2000：7.

唯一的职业；不再宣誓对任何事、任何人保持一致与忠诚……"①

当游戏被缩短、被细小化的时候，后现代的人们便生活在了一系列碎化的、不连续的片断之中。在后现代社会，一切事件之间以及事件与它们的起源、历史和内容之间在表达上都是非连续的、不连贯的。因此，在后现代文化中，是传播的形式、风格或技术创造了表达或形象的成功(Firat，1991)。一个经常被谈论的例子就是MTV。在观看MTV时，"观众们如此紧紧地跟踪着变换迅速的电视图像，以至于难以把那些形象的能指，连接成为一个有意义的叙述，他(或她)仅仅陶醉于那些由众多画面接连闪现的屏幕图像所造成的紧张和感官刺激。"②

后现代的这种碎化状态也必然反映在人们的日常消费生活之中。在后现代的社会条件下，在不同的消费场合或扮演不同的角色时，例如，当消费者吃冷冻食品、看电视、刷牙、给猫喂食时，后现代主义的消费者不再寻求中心的、一致的本质(即现代的"宏大叙事")，而越来越倾向于，通过获得能使他们在每一种情境或每一瞬间都"有市场"(marketable)、讨人喜爱和令人羡慕的自我形象，寻求在各个非连续的、不同片刻上的良好感觉。结果，他们投身于一种不断模仿和转换形象的游戏之中，以充分利用能从中找到自我的每一种情境。这就发生了自我的分裂、碎化。在后现代文化中，自我不再是一致的、真实可靠的或中心化的(Gergen，1991；Laing，1969)。

由于自我形象是通过在市场中获得的产品或服务进行表达的，因此，市场成了实现碎化的自我以及在片断化的时刻感觉良好的中心。市场自身也是碎片化的，因为它似乎没有了一个中心的、一致的"宏大叙事"。这就解释了，为什么市场中的许多消费者和产品以及所有的关系都是真实的瞬间；每一种改变都要求消费者不做出

① 齐格蒙·鲍曼. 后现代性及其缺憾[M]. 郇建立，李静韬，译. 上海：学林出版社，2002：104.

② 迈克·费瑟斯通. 消费文化与后现代主义[M]. 刘精明，译. 南京：译林出版社，2000：7-8.

任何深度的承诺（Firat，1997）。的确如此。消费者只要有购买能力，就可以尝试性地购买，并且很快扔掉它；或者在一种情境中为了表达一种形象而暂时地使用它，然后带着另外一些产品，转向另外一种形象。

总之，在后现代文化中，消费者不再坚持某种固定的自我形象和认同，而是更多地采取行动导向①，通过积极的参与和持续的形象转换，寻求在不断变化的、片刻上的认同中获得某种令人愉悦的情感体验。在后现代社会中，丰富的符号资源（如产品、品牌等）则进一步强化了这种精神裂变②（schizophrenia）式的体验。因此，人们在日常消费生活中奉行的是一种折中主义，往往表现出一种"听雷格（reggae）摇滚乐③，戴西方表，午餐吃麦当劳，晚餐吃当地食物，在东京用法国香水，在香港穿复古服装"（利奥塔，1979）的讽刺、混乱、大杂烩式的消费风格和生活方式。

可见，从后现代主义的视角来看，后现代文化一方面强化了人们的象征性需求，增加了消费者对具有象征性形象的产品和品牌的购买与消费；另一方面，由于自我的碎化与动态特征，它又导致了消费者对特定形象、特定品牌的不忠诚。然而，我们尚不清楚，上述影响是否真实地存在，消费者的现实生活状况是否与理论上所描述的完全一致。

3. 品牌形象的概念、构成及测量

在品牌形象研究领域，不同的学者之间在使用的术语、对概念

① Holt（2002）在其案例研究中发现，消费者可能致力于一个以作为某一类消费者（其中一个被研究对象把自己看作是能够看穿市场宣传伎俩的消费者类型；另一个把自己看作是一种利用市场丰富的符号资源进行创造的消费者类型）的行为为中心的身份工程。在这一意义上，消费者仍然具有某种自我形象和认同的相对稳定性，但由于消费者行动导向的缘故，它却很难导致对任何特定品牌的忠诚。

② 精神裂变可以被看作是能指之间联系的中断，就是时间、记忆、历史的中断。它是詹明信在分析时间碎化时所运用的范式，也被波德里亚看作是后现主义的一个要素（费瑟斯通，2000）。

③ 一种源于西印度群岛的摇滚音乐。

的定义、品牌形象的构成和测量等方面目前仍然存在相当大的分歧。厘清这些分歧或争论，对于认识和理解现有的有关品牌形象的理论建构和它未来的可能发展，都是至关重要的。

(1)品牌形象的概念

有许多学者对品牌形象提出了明确的定义。借鉴 Dohni 和 Zinkhan(1990)对品牌形象概念的分类方法，我们可以根据它们各自所强调的重点而将其区分为以下四种类型的定义①。

第一种是强调心理要素的定义。有些研究者所关注的是消费者对品牌的心理反应或过程，他们往往直接地采用心理学的术语来对品牌形象进行定义，如将其定义为消费者有关特定品牌的"联想"或"知觉"(Newman，1957；Keller，1993；Biel，1993)，"态度"(Bird 等，1970)，"情绪、态度和观念"(Gardner 和 Levy，1955)，"想法"和"情绪"(Bullmore，1984)，"理解"、"知觉"或"评价"(Park 等，1986；Friedmann 和 Lessig，1987)，"印象的总和"(Herzog，1963)，或"心理构念"(Reynolds，1965)等。这种基于心理学的概念化工作在品牌形象研究中基本上一直处于主流地位，特别是 20 世纪 90 年代以来，越来越多的学者(如 Keller，1993；Biel，1993；Aaker，1995；Hsieh 等，2004；John 等，2006)已开始把品牌形象看作是消费者记忆中有关某一特定品牌的联想或知觉。由于对于任何一个相对成熟的品牌来说，消费者产生的联想都可能涉及丰富的内容和许多层次，这类定义所代表的实际上是一种最为广义的品牌形象概念。

第二种是强调意义(meaning)的定义。一些研究者在将品牌形象概念化时强调的是消费者赋予产品的意义，认为同类产品中的每一个品牌意味着或不意味着什么都是非常不同的，而每一个品牌要使它自己区别于其他品牌，就必须依赖于它对于消费者来说意味着什么。在这类定义中，产品或品牌对于消费者所代表的意义，就是品牌形象(Noth，1988)。但"意义"这一术语在不同研究者那里的

① 王长征. 消费文化中的关系营销障碍与后现代主义市场营销[J]. 经济管理，2004(2)：68-74.

含义是不一样的。例如，Noth(1988)的研究采取了符号学的视角，认为意义包括技术、产品特征、财务价值和社会适宜性；Friedmann(1986)采用的是源自存在主义现象心理学的“心理意义”(psychological meaning)的概念，它指的是“一个人(对刺激)的主观知觉和情感反应”，包括有形的客观属性(如汽车的成本、性能、风格)和无形的主观属性(如汽车的娱乐性和声望)两种意义；Kleine 和 Kernan(1991)则将客体(包括产品和品牌)的意义区分为属性特征(客体的物质特性)和表现特征(客体如何被象征性或工具性地使用)两种意义。无论“意义”对于不同学者的具体含义如何，由于意义的含义本身就相当广泛，这类品牌形象概念仍然是相对广义的。

第三种是强调自我意义(self-meaning)的定义。在对意义的关注中，部分研究者将焦点集中到了消费者在他们的自我建构中所寻求的一类特殊的意义，即“自我意义”。对于这些学者来说，当商品作为象征被购买和消费时，消费者试图寻求的并非产品和品牌的功能而是它们的象征意义(Levy，1959；Cova，1996；Wattanasuwan，2005)。换言之，商品可以被看作是无形的文化或象征意义的“物化”形式(McCracken，1986)，而在当代的社会文化状况下，它们事实上已成为消费者进行自我建构和表达的一种最重要的象征资源(Arnould 和 Thompson，2005)。因此，在象征消费的条件下，消费者所寻求的意义并非一般的意义，而是一种社会心理学家所说的“自我意义”(Burke，1997；Stryker 和 Burke，2000)。

虽然 Levy 和其同事(1955)在早期的一篇经典论文中将品牌形象概念化为“消费者对于品牌的情绪、态度和观念”，但 Levy 在后来的论述中却似乎更倾向于强调这种自我意义。例如，Levy(1959)认为，人们购买的商品除了它的功能外，还拥有“个人和社会的意义”；当产品和品牌可以被用来强化消费者的自我概念时，它才是适当的，该产品才会被消费者使用并赢得他们的喜爱。类似地，Grubb(1967)和 McCracken(1986)有关商品在作为象征被消费的情境下所发生的“意义转移”的讨论，也是指自我意义。Kim(1990)，Meenaghan(1995)，Litvin 和 Kar(2003)，Jamal 和 Goode

(2001)等学者在讨论“品牌形象”时，同样强调的是品牌作为一个象征或符号所代表或表达的、与消费者自我相关的意义。尽管这些作者对自我意义内涵的理解和论述各有侧重，但他们都无一例外地将品牌或品牌形象与消费者的自我联系了起来，将自我意义视作是品牌形象的核心构成要素。

第四种是强调人格化(personification)的定义。品牌形象研究者一般都赞同品牌可以拥有类似于人的个性或特质的观点，只有相对较少的学者将品牌形象仅等同于个性形象或人格特质，如简单且多少有些含糊地将品牌形象定义为“购买者个性的象征”(Martineau, 1957)。实际上，其他几种类型的定义基本上是将“个性”视为品牌形象的一个重要维度，而非唯一的构成要素。但在如何将品牌人格化上，则存在两种不同的理论建构和实践方法：一种是把产品或品牌描述成一个人，这暗示品牌拥有它自己独立的人格或个性，并且人与物(产品和品牌)的关系可以成为人际关系的一种替代(Cova, 1996)；另一种是将消费者的人格与品牌形象联系起来，它强调产品或品牌可以被消费者用来表达他或她的个性，因此品牌实际上被视为人际沟通和互动的一种媒介(Schau, Gilly, 2003; Belk, 1988)。

由于定义和测量人格本身的困难，早期参照人格概念提出的对品牌形象的定义大多是相当模糊的(Dohni 和 Zinkhan, 1990)。近年来，随着 J. L. Aaker(1997)基于人格心理学中的“大五”结构和特质论对品牌个性理论的建构，品牌个性(形象)的概念才趋于明确和完整。在该理论中，品牌个性被定义为“与一个品牌相关的一组人类个性特征”(J. L. Aaker, 1997)。但由于 Aaker 识别和建立的品牌个性维度体系部分地偏离了人格理论的“大五”结构(Azoulay 和 Kapferer, 2003)以及它的效度问题(Austin 等, 2003)，该理论仍有待于进一步的发展和完善。

(2)品牌形象的构成

对品牌形象构成的认识和理解直接关系到品牌形象的概念如何转换成具体的营销实践行动。然而，在品牌形象由哪些要素构成上，同样存在许多不同的观点。但目前主要的分歧并不在于品牌形象是仅由产品相关的物质和功能要素所构成，还是仅由非产品相关的社会和心理要素所构成，而在于不同的理论模型所包含的具体要素之间的差异。事实上，基于广义形象概念的品牌形象研究自20世纪80年代以来就已处于主流地位，从而在理论的建构上使品牌形象的构成越来越趋于包含多重、复杂的不同性质的要素。

Reynolds 和 Gutman（1984）根据方法—目的链（means-end chain）讨论了品牌形象的构成，即认为品牌形象由组成方法—目的链的产品属性、使用结果和价值观三个要素所构成。其中，产品属性又可分为具体属性和抽象属性，使用结果可分为功能结果和社会/心理结果，价值观则可区分为工具性价值观和终极价值观。在这种讨论中，品牌形象被看作是消费者记忆中有关产品属性、使用结果或利益以及一个品牌所表达的消费者个人价值观三个方面的知识所组成的一条或多条“知识链”。目前基于方法—目的链理论的品牌形象和品牌定位的研究仍在继续，这些研究一般把它当作是构成消费者的品牌知觉（或知觉空间）的一个基本维度（如 Herrmann 和 Huber，2000）。

但是，迄今为止最有影响、被广泛接受的有关品牌形象构成的讨论主要体现于 Park、Jaworski 和 Maclnnis（1986），Keller（1993），Biel（1993），D. A. Aaker（1991，1996）和 J. L. Aaker（1997）等人分别提出的理论模型之中。从严格意义上讲，Park 等人（1996）的理论模型并不是一个品牌形象模型，而是一个品牌概念—形象管理模型，但他们率先提出了将品牌概念和形象区分为“功能的”、“体验的”和“象征的”三种概念/形象的分析框架。根据他们的定义，功能性品牌是用来满足功能性需求，即消费者对解决消费相关问题的需求的品牌；象征性品牌是用来满足象征性需求，即消费者对自我提升、角色地位、群体成员身份或自我认同的欲望的品牌；体验性品牌是用来满足体验性需求，即消费者对刺激或多样性的欲望的品牌。虽然 Park 等人建议企业应该从三个品牌概念中选择其一（而不是同时选择两个或三个概念）并通过长期坚持来建立品牌优势，但现实中却似乎有大量的品牌（包括一些强势品牌）同时选择了两个或三个概念（Lawson 和 Balakrishnan，1998；Roth，1992），而且消费者感知的品牌形象也并非都是一种“非此即彼”的形象(Bhat 和 Reddy, 1998)。因此，功能、体验和象征实际上可以看作是品牌形象的三个构成维度。

在 Park 等人(1986)对品牌形象分类的基础上，并通过吸收品牌形象和品牌知名度(brand awareness)方面的其他研究成果，Keller(1993)提出了一个著名的品牌资产模型。在该模型中，品牌形象被视为品牌资产的一个核心要素，并由品牌联想的种类、偏爱、强度和独特性四个维度构成。其中，品牌联想被区分为属性、利益和态度三种联想，而利益联想又被区分为“功能的”、“体验的”和“象征的”三种类型，属性联想则被进一步区分为“产品相关属性”和“非产品相关属性”两种联想。Keller(1993)的利益联想分类与 Park 等人(1986)对消费者的需求进而对品牌概念和形象的分类基本上是一致的。但在 Keller(1993)界定的象征性利益与 Park 等人(1986)界定的象征性需求之间却存在似乎微妙但却并非不重要的差别。两种定义都把象征性品牌形象与消费者的自我或自我概念联系了起来，然而，Park 等人(1986)所讨论的自我相关的需求相对更加全面，涉及“自我提升、角色地位、群体成员身份或自我认同”的需求(但相对于社会心理学的自我理论而言，不论是对自我的构成还是对自我相关需求的理解，他们的定义都还存在一定的局限性或不足)，Keller(1993)则仅强调了消费者自我的社会性层面的需求(马斯洛的较高层次的需求)，指出了象征性利益与消费者对“社会承认或个人表达和外部取向的自尊”的潜在需求有关，因此消费者可能对一个品牌的声望、独占性或时尚性给予高度评价。

从 Keller(1993)和 Park 等人(1986)的概念框架来看，J. L. Aaker(1997)建构的品牌个性体系实际上可以被看作是构成前者所定义的品牌形象的一个象征性维度。J. L. Aaker 的品牌个性体系由 5 大维度、15 个次级维度和 42 个品牌个性特征词所构成。5 大维度分别是真诚性(sincerity)、刺激性(excitement)、能力(competence)、高雅(sophistication)和粗犷(ruggedness)。由于这一维度体系是通过针对美国消费者的研究建立起来的，为了了解不同文化背景下品牌个性维度的差异，J. L. Aaker 和其同事(2001)还对美国、日本和西班牙的品牌个性结构进行了跨文化的比较研究。研究结果表明，真诚性、刺激性和高雅这三个品牌个性维度是上述三种文化所共有的，平和(peacefulness)是日本文化特有的，激情(passion)是西班牙文化特有的，粗犷是美国文化特有的，而能力在美国和日本文化中都有，在西班牙文化中却没有。

上述理论模型只涉及"产品相关"的形象。然而，在有些学者(如 Biel，1993；Hsieh，Pan，Setiono，2004；D. A. Aaker，1991，1996)看来，产品层次的形象并不能完整地反映一个品牌形象的全貌，因此需要将品牌形象从产品层次延伸到公司、使用者或国家等层次。Biel(1993)把品牌形象区分为公司形象、使用者形象和产品/服务形象三个要素，而每一个形象要素都由"硬"属性和"软"属性两方面的联想所组成。其中，硬属性就是有形的或功能性的属性，如公司的历史、服务和拥有的技术，使用者的年龄、职业和友谊以及产品的技术、性能和配套服务等。软属性所反映的则是品牌的情感特性，如刺激、值得信赖、快乐、愚钝、阳刚和创新等。与 Biel 的模型略有不同，Hsieh，Pan 和 Setiono(2004)将国家形象、公司形象和产品形象视作品牌形象的三个维度，并通过跨国比较研究，证明了这三个形象维度对消费者购买行为的影响。

在现有的模型中，D. A. Aaker 的模型所涵盖的品牌形象维度最为广泛，他的品牌资产模型(1991)和品牌身份(brand identity)模型(1996)都涉及对品牌形象维度的区分。在他的品牌资产模型中，品牌形象被定义为围绕某一品牌组织起来的一系列的联想，联想则被区分为产品品质、无形特征、消费者利益、相对价格、用途、使用者、社会名流和普通人、生活方式与个性、产品类别、竞争对手以及国家或地区等 11 个类型，这些不同的品牌联想类型也就分别构成了品牌形象的不同维度。在他的品牌身份模型中，D. A. Aaker 将品牌身份和品牌形象看作是同一事物的两面：品牌形象反映的是消费者对品牌目前的感受，而品牌身份反映的是战略制定者希望消费者形成的与品牌相连的感受。因此，他在该模型中区分的"作为产品的品牌"(品牌价值)、"作为组织的品牌"(组织联想)、

“作为个人的品牌”(品牌个性)和“作为符号的品牌”四种品牌身份，同样可以看作是构成品牌形象的四个维度。比较这两个模型便可以发现，D. A. Aaker在他的品牌资产模型中所区分的品牌形象维度主要(或大部分)是产品相关的形象要素，而这些要素在被纳入品牌身份模型之后，他的分类似乎更趋于清晰和合理。

(3)品牌形象的测量

已有许多方法和技术被应用于测量品牌形象，但哪一种方法最有效或最适合却尚无定论。从近几年的争论来看，研究者所关注和争论的焦点主要集中在如何从消费者获得有关品牌的联想方面，而对于量表技术、统计分析方法的选择和使用等，似乎并无太大的分歧。

Boivin(1986)提出了一种包含品牌联想的收集、编码和计分三个步骤的“自由反应”(free response)方法，它的主要特点是使用品牌作为启发被试(消费者)联想的刺激物。这一方法在后来的对品牌形象维度的探索性研究中得到了较为广泛的运用。例如，Elliott(1994)采用所谓的“刺激约束下的自由反应”(free-response stimulus-bound)方法，以旅游鞋品牌作为刺激，以高校学生作为被试，对品牌的“象征意义”进行了探索性的研究。J. L. Aaker(1997)在品牌个性维度研究中为了得到最初的构成品牌个性的特质列表，采用通过该方法所产生的特质词汇，对现有人格量表中的特质列表进行了补充和修订。由于单纯的自由反应方法被认为所产生的联想结果的质量不高，一些研究者在品牌形象测量的探索性研究阶段往往还会选用其他的方法和技术，如焦点小组(Hsieh等，2004)、深度访谈(Tsai，2005)等，对采用自由反应方法所获得的结果进行补充和完善。

然而，由于品牌形象是由一系列的联想所构成的联想网络，各个联想之间并非相互孤立、彼此无关联的，因此，自由反应方法的最大局限性可能就在于它未能揭示不同联想之间的联结关系。事实上，这一不足被认为是大多数的传统方法所共有的(John等，2006)，这些方法包括定性的投射技术、焦点小组和定量的属性评分量表和品牌个性量表等。新近被引入和发展的“隐喻启发技术”

(Zaltman 和 Coulter，1995)和“品牌概念图”方法(John 等，2006)则在相当程度上可以弥补上述不足。

“隐喻启发技术”(Metaphor Elicitation Technique)主要是由 Zaltman 和 Coulter(1994，1995)开发出来的。该方法的一个最显著的特点是使用消费者自己收集和提供的各种“隐喻”(如照片、图像等)而不是品牌本身作为启发消费者联想的刺激物。Zaltman 和 Coulter(1994)开发的“隐喻启发技术”包括 10 个步骤：(1)讲故事，由消费者根据所收集的图像讲述个人的消费故事；(2)形容缺失的图像，由消费者描述他或她未能获得、但能恰当代表品牌对他或她意味着什么的图像；(3)图像分类，消费者根据图像所代表的意义对它们进行归类；(4)得出构念，即以图像作为刺激物，并采用 Kelly Repertory Grid 技术和搭梯子技术从消费者诱导出基本的构念及其相互之间的联结关系；(5)挑选最具代表性的图像，消费者从自己收集到的图像中挑选出最能代表或表达品牌的图像；(6)指出“反面”形象，消费者指出和描述与被研究品牌的形象相反的形象；(7)形容感觉印象，由消费者描述品牌所产生的视觉、听觉、嗅觉、味觉和触觉等感官体验和情绪；(8)绘制心理图，消费者运用已得到的构念绘制一张图或因果关系模型，以揭示这些构念及其相互之间的关系；(9)创建形象概要，消费者在一名技术人员的帮助下，运用数字影像技术创建一个概要性的图像；(10)绘制最后的品牌图，研究人员综合上述步骤的研究结果并根据一定的标准和原则，创建一个由重要的构念所组成并且大多人意见一致的品牌图或因果关系模型。

但是，隐喻启发技术仍有一定的缺陷，它的不足是整个研究过程既需要大量的专业知识，也需要“劳动密集型”的投入，因此它的应用尚存在相当大的难度(John 等，2006)。针对隐喻启发技术在实践应用和执行上的困难，John 等学者(2006)将自然科学中的“概念图”技术引入了品牌形象研究之中，从而发展了一种被称作“品牌概念图”(brand concept map)的形象测量方法。该方法分为三个步骤：第一步为“启发”，研究者识别消费者记忆中有关品牌的显著联想，它类似于态度研究中获得显著信念的过程，并遵循相同的原则；第二步为“绘图”，研究者为回答者提供品牌概念图的例子作为指导，由回答者进行概念图的绘制，并通过连线（单线、双线或三条线）的选择来区分不同联想之间以及联想与品牌之间联系的强弱；第三步为“聚合”，即把从不同消费者获得的各个概念图综合成一个“共识性”的，即大多数消费者之间意见一致的品牌概念图。在聚合时，以“频率”（如50%以上的提及率）作为标准对消费者个体的品牌图中的联想及联想之间的关系进行取舍，以揭示最显著的联想以及它们之间的联结关系。John 和其同事（2006）提供的经验证据表明，该方法在信度和效度上都是可以接受的。

4. 品牌形象的效应

自 Park，Jaworski 和 MacInnis（1986）提出将品牌概念/形象区分为“功能的”、“象征的”和“体验的”三个概念的理论框架以来，不同的品牌形象（或象征意义）对消费者行为的影响已引起学界较为广泛的关注和探讨。在现有文献中，主要存在以下两种基本的研究取向：

第一种研究取向是在“功能的”、“体验的”和“象征的”这一分类框架的相对抽象的层次上探讨品牌形象与消费者反应之间的关系。Hsieh，Pan 和 Setono（2004）在一项跨文化的比较研究中将品牌形象区分为产品、公司和国家三个层次，研究了这三个层次的品牌形象（其中，产品层次的形象又分为实用的、感官的和象征的）在文化、经济发展水平、媒体渗透以及某些消费者个体层次变量（如年龄、收入、婚姻状况等）的调节作用下对消费者购买行为的影响。他们的数据分析虽然没有提供品牌的象征性形象直接影响购买行为的证据，但发现象征性形象分别与经济发展水平、权力差距、不确定性回避对消费者的购买行为具有显著的交互作用。Roth（1995）采取企业视角所做的类似研究也没有发现品牌的象征性形象（“社会形象”）对产品市场份额的主效应，但发现象征性形象分别与权力差距、社会经济发展水平对市场份额具有正向的交互作用，而它与个人主义则对市场份额具有负向的交互作用。然而，Tsai（2005）的研究表明，品牌的“感知形象”（被定义为“消费者对品牌形象的可识别性和社会认可度的感知”)可以通过“象征价值”和“交易价值”作用于消费者的重购意图。Salciuviene，Lee 和 Yu(2007)的研究也显示，品牌的象征性形象(利益)对品牌偏好具有显著的积极影响。

第二种研究取向所涉及的则是某种特定或具体的品牌象征意义(或形象)所产生的消费者反应。在有关品牌象征意义和参考群体对消费者行为影响的研究中，Escalas 和 Bettman(2003，2005)探讨了品牌形象与参考群体(包括内群体与外群体)形象的匹配对自我—品牌联结(self-brand connections)的影响，包括消费者的自我提升(self enhancement)和自我证明(self verification)动机、自我建构(self construal)等消费者个体因素的调节作用。White 和 Dahl(2007)进一步将外群体(out-group)区分为普通外群体和回避型群体(dissociative group)，并通过实证研究发现，与回避型参考群体发生关联的产品将对消费者的自我—品牌联结、产品评价和选择产生比普通外群体更加消极的影响，同时，消费者对内群体的情境性认同和持久性认同都对他们规避这类产品的程度存在调节作用。

在有关品牌个性的研究中，Brakus，Schmitt 和 Zarantonello(2009)在考察“品牌体验”量表的预测效度时，检验并证明了品牌个性对顾客忠诚的影响。Monga 和 Lau-Gesk(2007)考察了在消费者对具有两种不同个性维度的联合品牌与仅有某种个性维度的联合品牌(cobrand)的反应中自我复杂性(self-complexity)所起的作用。他们的实验研究揭示，复杂自我被激活的消费者更加偏好具有“强壮”(sophistication)和“刺激”(excitement)两种特质的联合品牌，而不是仅有“强壮”或“刺激”特质的联合品牌。Than，Stilley 和 Ahluwalia(2009)则考察了消费者的依恋风格(attachment style)在品牌个性作用中的调节作用。他们的研究结果显示，在高回避(avoidance)和高焦虑(anxiety)的条件下，个体表现出了对刺激性(exciting)品牌的偏好；在低回避和高焦虑的条件下，个体倾向于偏好真诚性的(sincere)品牌；而且，消费者对真诚性(vs. 刺激性)品牌个性的不同偏好出现在公开(vs. 私人)的消费情境及人际关系预期高的情境之中。

在消费者对品牌价值观的反应研究方面，Allen，Gupta 和 Monnier(2008)对食品和饮料产品的研究发现，当产品所代表的价值观与消费者的价值观(主要涉及社会认可、社会权力、刺激和享乐四种价值观)一致时，消费者对产品的味觉和嗅觉评价更好，并能发展出更为有利的态度和行为意图。Quester，Beverland 和 Farrelly(2006)通过对冲浪、溜冰和滑雪三个亚文化群体成员的解释性研究提出，作为这些亚文化核心价值观的“自由”、“归属”、“卓越”和“联系”，影响着其成员的品牌选择。Wang 和 Wallendorf (2006)关注的不是品牌而是产品，但他们将物质主义与产品的地位信号特征纳入了对消费者产品满意度的考察。他们的研究表明，虽然物质主义导致了消费者对象征地位的产品的需求和欲望，但物质主义的个体被强化了对于“更好”却又无力负担的产品的渴望，这使得他们降低了对于具有高地位信号能力(potential for status signaling)产品的满意度(在低地位信号能力产品中，物质主义与产品满意度则无关)。

5. 品牌概念/形象的管理

Park，Jaworski 和 Maclnnis(1986)不仅提出了将品牌概念/形象区分为“功能的”、“体验的”和“象征的”概念框架，而且建议，企业在进行品牌定位时应从三个概念中选择一个(而不是两个或三个)并通过长期的坚持来建立品牌的竞争优势。他们也根据品牌概念所处的不同发展阶段(包括引入、经营和巩固三个阶段)分别提出了相应的定位战略和营销组合策略的建议。在引入阶段，功能性品牌应重点强调品牌在解决消费相关问题方面的能力，凸显它的功能表现不同于竞争对手的品牌；象征性品牌应突出该品牌“与群体成员身份或自我认同”之间的关系，营销组合的重点是在目标顾客和非目标顾客两个市场中建立知名度和偏好，并且尽可能地减少目标顾客所面临的交易障碍，同时尽可能地增加非目标顾客所面临的交易障碍；对于体验性品牌来说，它的战略定位则应在于该品牌所能提供的感官满足或认知刺激，因此它的营销组合应努力沟通和传递品牌的体验、幻想和情感等方面的利益。在经营阶段，品牌的定位战略只是引入阶段战略的延伸，但营销组合要素需要根据市场条件的变化而做适当的调整。最后，巩固阶段的目标就是强化经营阶段已经建立起来的品牌形象，如通过引进其他品类的新产品并与现行的品牌概念保持一致，来促成这一目标。

然而，Bhat 和 Reddy(1998)的研究表明，消费者有可能对某一特定品牌同时形成功能性和象征性的形象知觉。Lawson 和 Balakrishnan(1998)也指出，现实中有大量的品牌同时具有功能性、象征性和体验性的概念和形象。Roth(1992)则通过实证研究进一步发现，尽管"深度战略"(将品牌定位为仅满足消费者的功能性、体验性和象征性需求中的某一种需求)总体上倾向于产生更好的产品绩效，但在一定的条件下，"宽度战略"(将品牌定位为满足消费者的功能性的、体验性和象征性的多重需求)同样能够获得很好的绩效。

由于 Park 等人(1986)的模型未能对企业如何从三个概念中做出选择提供实质性的指导，Lawson 和 Balakrishnan(1998)提出了一个修正模型，他们建议企业以消费者对产品品类(product category)的利益感知为起点，经过形象发展、抽象(将形象转换成抽象的概念)、再抽象等阶段，来进行品牌概念/形象的发展与管理。但修正后的模型只是提出了一个不同的，即自下而上的发展品牌概念/形象的步骤，对于企业可选择的品牌概念/形象，仍停留在 Park 等人的分类之上。也许更重要的是，Lawson 和 Balakrishnan(1998)建议仅从消费者感知的品类利益出发来发展、抽象和选择品牌概念，必然会使一个品牌可以选择的概念/形象受到严重的限制。例如，当企业试图建设和塑造一种 Goodyear(1996)所说的个性品牌(brand as personality)、偶像品牌(brand as icon)或公司品牌(brand as company)时，Lawson 和 Balakrishnan(1998)的模型就会遇到困难。仅仅通过消费者的品类联想，是不可能充分获得可用于描述和界定这样的象征性品牌所需要的内容的。

Berthon，Holbrook 和 Hulbert(2003)则根据企业进行品牌定位实践的需要，提出了一个由具体/抽象、功能/表现两个维度构成的

“品牌空间”(brand space)模型。借助于这个品牌空间模型，作者识别出四种“原型”性质的品牌定位，并将它们分别命名为具体和表现性的品牌(reified-enacted brand)、具体和功能性的品牌(reified-functional brand)、抽象和功能性的品牌(abstract-functional brand)及抽象和表现性的品牌(abstract-enacted brand)。其中，功能性品牌专注于它能为消费者做什么，表现性品牌专注于它对消费者意味着或代表了什么；具体化的品牌与产品的关联度高，甚至是一体化的，而抽象性的品牌几乎是独立于产品的，与产品的关联度低。根据他们的观点，最高抽象层次的品牌代表的是“价值、概念或形象”，而这些意义已完全独立于特定的产品、产品品类和产品主题。从这里也可以看出，这个抽象层次上的品牌意义是无法或难以通过消费者的产品品类联想来获得的。

此外，Alden 等人(1999)通过对亚洲、北美和欧洲三个地区的电视广告内容所做的分析，论证了全球消费文化定位(GCCP)、异域消费文化定位(FCCP)和本土消费文化定位(LCCP)三种基于文化的象征定位在不同的地区和产品条件下可能具有不同的定位价值。Leigh 和 Gabel(1992)采取象征互动主义的视角，从市场细分及产品、促销、价格和分销等多个方面围绕如何发展象征性形象进行了较为系统、详细的讨论。Campbell(2000)还探讨了如何借助于文化中的隐喻将产品和品牌转化为象征的过程与策略。

1.2.2 对现有研究的评价

通过文献回顾，我们可以得出以下几点基本结论：(1)消费者的“自我”是导致象征性购买和消费行为的最根本的动因；(2)象征性品牌形象(或意义)能够为顾客创造价值——象征价值(symbolic value)，它可以被用来满足消费者与其自我相关的需求和目标，即消费者的象征性需求；(3)但是，只有当品牌的象征意义与消费者定义自我的意义相“匹配”时，品牌对于特定的消费者个体才会具有象征价值，从而为企业创造出品牌的形象效应。这些结论对于进一步的理论研究和企业的品牌管理，无疑是具有重要的理论与实践指导意义的，它们也构成了本研究的逻辑起点。但是，现有的研究也存在一些明显的不足。主要体现在以下几个方面：

第一，在象征性品牌形象概念的定义上，虽然研究者一般将品牌的象征性形象与消费者的自我联系了起来，认为它是被用来满足消费者的自我相关的需求(即象征性需求)的，甚至已有部分研究者将品牌形象明确定义为一个品牌对于它的消费者所代表或表达的象征意义(如个人的和社会的意义)。但这些理论建构对于意义(或象征意义)本身的讨论和论述却是模糊的、不明确的，不同研究者之间在使用“意义”这一术语时所意指的含义也往往存在较大的差异与分歧，因此，现有的研究迄今仍未形成一个公认的对于品牌的象征性形象的定义。实际上，只要基于消费者的自我进行分析，我们就会发现现有的相对有影响的象征性品牌形象的定义，都或多或少地存在一定的局限(见表1-1)。例如，Park 等人(1986)的定义明显忽视了消费者自我验证(Kleine 和 Kleine，1993)的需要和动机；东方人所偏向的“关系的”或“家庭的”自我(Joy，2001；杨国枢，2005)也没有受到应有的关注。在 Keller(1993)以及后来的 Roth(1995)和 Hsieh 等(2004)等学者那里，定义的重点已基本上集中到了“公我”或“集体自我”等社会性层面的自我需求(Brewer 和 Gardner，1996)，他们所强调的仅仅是个体所享有的地位、声望和归属关系等。从以上的讨论中可以看出，目前在对象征性品牌形象的概念化中之所以存在不足，根本的原因即在于对消费者的自我及其相关需求缺乏更进一步的、系统的分析和认识。

第二，在象征性品牌形象的构成维度方面，大多数研究所关注的是“品牌形象”层次上的构成维度问题，现有文献中有关象征性品牌形象构成维度的探讨则非常少见。唯一明确地将象征性品牌形象的构成维度问题提出来并进行研究的，是 Bhat 和 Reddy(1998)所做的一项研究(见表1-1)，但他们也仅仅识别了“声望”和“个性表达”两个象征性形象维度。更重要的是，虽然“声望”与“个性表达”是在探索性和验证性因子分析的基础上提出来的，但这两个因子或构面的含义却并非与它们字面上的含义完全一致，甚至是模糊和混乱的。从 Bhat 和 Reddy 研究中所采用的测量量表来看，被命

表 1-1　现有文献中象征性品牌形象的定义、构成维度的研究及评价

	学者	主要观点或研究发现	简要评价
象征性品牌形象的概念	Park 等(1986)	象征性品牌是满足消费者自我提升、角色定位、群体成员身份和自我认同需要的品牌	将象征性品牌概念/形象与消费者自我相关的需求(即象征性需求)联系了起来，但缺少对“个人自我”和“关系自我”的部分相关需求和动机的关注
	Keller(1993)	象征性利益与消费者对“社会认可或个人表达及外部取向的自尊”的需求有关；消费者会重视品牌的声望、独占性和时尚性	将象征性品牌形象与消费者的自我概念联系了起来，但其关注的焦点主要局限于自我的社会层面的需求，而相对忽视了个人自我内部取向的需求及关系自我和群体自我的利他性动机
	Roth (1992，1995)	用“社会性形象”替代了“象征性形象”，并将它定义为基于满足消费者获得群体成员身份和归属感的需要而建立的形象	重视的是“集体自我”的需求，忽视了消费者个体源自“个人自我”、“社会自我”及“关系自我”的需求和动机
象征性品牌形象的构成	Reynolds 和 Gutman (1984)	品牌形象由组成方法-目的链的产品属性、使用结果和价值观三个要素所构成。其中，价值观被分为工具性价值观和终级价值	价值观虽然被有的社会心理学家(如 Hitlin，2003)视作个人自我的一个核心要素，但总体自我的构成中还有许多其他的要素
	Aaker(1997)	构建了一个由 5 大维度和 15 个次级维度所构成的品牌个性体系	个性或人格特质只是个人自我的一个要素；相应地，品牌个性仅是象征性品牌形象的一个维度，或仅代表了后者的一种类型
	Bhat 和 Reddy (1998)	通过问卷调查和因子分析，析取了“声望”和“个性表达”两个象征性维度	“声望”与社会地位有关，是“公我”或“社会自我”的一种社会性的动机（Greenwald 和 Breckler，1985）；“个性表达”与人格特质有关，仅代表了个人自我的部分动机
	Hsieh 等 (2004)	通过对汽车行业的实证研究，识别了“声望”和“奢侈性”两个象征意义要素	在该研究中，“声望”和“奢侈性”是象征性形象的两个测项，仅反映了公我或社会自我的需求

名为“声望”因子的测项除了“声望的”这个形容词测项之外，其他的测项则基本上都是人格特质词汇(如“令人兴奋的”、“独特的”、“迷人的”、“优雅的”、“浪漫的”等)；被命名为“个性表达”因子的测项除了“人们使用(该品牌)表达他们的个性”这一测项之外，却反而包含“(该品牌是)地位的象征”、“(该品牌)是为那些寻求生活中最好的东西的人所准备的”等明显与“人格特质”无关、但与“声望”更接近或有关的测项。其他的绝大多数研究，则是将品牌的象征性形象视为一个一维的构念来对待(如 Roth，1992，1995；Hsieh 等，2004)。这种处理显然忽视了消费者出于自我建构或表达的目的所寻求的象征意义在性质上的差异及其可能产生的不同的消费者反应(即象征性形象的效应)，对于更深入地理解消费者的象征消费行为，从而为品牌的象征定位实践提供更有价值的理论指导，将是不利的。

虽然品牌个性的研究涉及了象征意义性质的差异，但个性特质对于人类个体的自我来讲，只是它的一个组成部分，而远不是它的全部。心理学和社会学的研究已经表明，个体的自我至少包括“个人的自我”、“关系的自我”、“集体的自我”三个子系统(Brewer 和 Gardner，1996)。其中，个人的自我不仅仅包括个人的特质，还包括价值观、态度、情绪、动机等组成部分(Brown，1998；Hitlin，2003)。相应地，我们可以合乎逻辑地假设，消费者在感知品牌形象时，也有可能产生指向价值观、态度、情绪以及关系、角色、群体等方面象征意义的联想。然而，我们在现有文献中却很难找到这些方面的研究成果。这似乎表明，目前相关的消费者研究与品牌形象研究在相当程度上还处于相互脱离的状态，缺少有效的整合。

第三，在有关品牌形象效应的研究中，研究者主要在三个层次上探讨了品牌的象征性形象或意义对消费者反应的作用：①将“品牌形象”作为一个总体构念，即在形象概念中既包含象征性要素，也包含功能性和体验性的要素；②将品牌形象区分为功能的、体验的和象征的三种类型，但将象征性品牌形象视为一个总体性的构念；③仅仅考察某种特定的或具体的象征性形象(或意义)，如品牌个性、价值观、地位、奢侈性和声望等与消费者反应之间的关系。由于忽视了象征性形象的多维性，没有系统地识别它的构成维度并发展出相关的构念与测量方法，现有研究也就没有探讨象征性形象的不同维度可能产生的消费者反应以及这些反应之间的关系（作用机制）。因此，品牌的象征性形象可能具有哪些效应？不同的象征性形象维度影响消费者的效用是否存在一定的差异？它们的作用机制又如何？现有的研究并未给予回答。然而，对这些问题的研究，对于谋求象征定位的品牌来说，却是至关重要的。这是因为，当品牌的象征意义与消费者意欲表达的自我意义相冲突时，象征性品牌将会导致消极的消费者行为，如对品牌的拒绝或回避（Wattanasuwan，2005；Banister 和 Hogg，2004）。

第四，尽管面子对中国消费者行为的影响已开始引起研究者的关注，但对于面子如何影响消费者行为，特别是象征消费行为，我们迄今为止却仍然知之甚少（Li 和 Su，2006）。而且现有的研究基本上都是单纯地从价值观角度所进行的考察，如面子观作为一种文化价值观对消费者的炫耀性消费倾向、从众消费倾向、区分性消费倾向等的影响，而没有将面子引入象征性品牌形象对消费者的作用过程来进行探讨。因此，中国人的面子在品牌形象的效应中到底扮演什么角色，它是否及如何增进或减弱象征性品牌形象的效应，我们便无从知晓。

第五，在当代全球化背景下，中国消费者必然会受到源自西方的后现代主义文化的影响，有部分消费者已经形成了一定的后代性倾向。然而，这种倾向在象征性品牌形象的效应中又会起到什么样的作用？特别是，它是否会影响到消费者对象征性品牌的忠诚？如果有影响，它是如何影响的？现有的研究只是给予了大致的讨论，并没有进行实证研究，更未提供中国本土的经验性证据。

1.3 研究目的、内容及方法

1.3.1 研究目的

从以上的分析和论述中可以看出，虽然品牌的象征定位和象征性形象管理问题已引起许多营销学者的关注，它也日益成为今天的企业在营销实践中为建立和维持竞争优势所必须面对的关键性挑战，但有关象征性品牌形象的概念、构成维度及其对消费者反应的作用等一系列基本的理论问题却并没有在现有的研究中得到很好的回答。这些问题包括：

(1)如果品牌形象是消费者建立的有关品牌的认知或联想，那么，象征性品牌形象对于消费者而言它的真正含义是什么？理论上该如何对它进行定义？

(2)如果人们从事象征消费，寻求和占用品牌象征性形象的目的就是实现自我的建构与表达，而且消费者的自我是“多重的”，它是由许多性质不同的或者说异质的自我所构成的，这些不同的自我在建构或表达中所寻求的意义或形象显然也不可能是一样的，那么，这是否意味着，以往的研究将象征性品牌形象视作一维的构念可能并不是恰当的？进而言之，如果象征性品牌形象是一个多维的构念，那么，它由哪些维度所构成？

(3)如果象征性品牌形象是被用来满足消费者的象征性需求的，那么，它可以激发哪些消费者的反应？这些反应之间又存在怎样的逻辑关系或作用机制？

(4)如果说全球化趋势下中国等发展中国家的人们将普遍呈现“多元文化”或“双文化”的特征(陆洛和杨国枢，2009)，那么，中国的传统文化和西方的后现代文化将在象征性品牌形象与消费者反应之间的关系中具体扮演什么样的角色？

(5)在回答上述问题的基础上，当我们重新审视品牌的象征定位和形象管理时，它的实践是否应该有所改变？如何改变？

围绕上述问题，本书所确定的研究目的如下：

(1)采取自我理论的视角，通过探索性研究和验证性研究，建构象征性品牌形象的维度体系，并开发象征性品牌形象的测量量表。

(2)通过对象征性品牌形象的效应研究，识别并检验从品牌的象征意义到消费者品牌忠诚的作用机制。

(3)考察面子因素(包括“面子观”和“身份匹配观”两种价值

观)在象征性品牌形象对消费者—品牌关系影响中的作用。

(4)探讨消费者的后现代性倾向在象征性品牌形象对消费者—品牌关系影响中的作用。

(5)分析和探讨上述研究中的结果或发现对于营销管理的含义。

1.3.2 研究内容

为了达到研究目的，本书的具体研究内容如下：

(1)象征性品牌形象的概念、构成维度及测量。在文献综述中我们已指出，现有的研究对于象征性品牌形象概念的理论建构是有缺陷的。不仅概念的定义本身需要进一步的明确和澄清，而且从理论上讲，象征性品牌形象应是一个多维的而不是一个单维的构念。东西方文化的一个显著的区别在于，中国和其他一些东亚国家的人更倾向于从社会或关系的角度来看待或定义他们的自我(杨国枢，1993；Yuki，2003)。如果说消费者常常将人的个性特质赋予品牌的话，那么具有“社会取向”(杨国枢，1993)特征的消费者也可能，甚至更可能将社会的属性赋予他所感知的品牌。因此，以本土的观点来看，如果将品牌的象征意义的研究局限在品牌的“个性”维度之上，很可能就是不完整、不全面的，我们需要采取更广泛的视角，从消费者定义自我的“个人自我”(personal self)、“社会自我”(social self)、“关系自我”(relational self)和“群体自我”(collective self)等(Brewer 和 Gardner，1996；Brown，1998)多个层面来探索品牌的象征意义维度。为此，我们将主要从消费者的角度，分别通过质化研究和定量研究来识别、检验象征性品牌形象的维度体系，并在此基础上开发象征性品牌形象的测量量表。

(2)象征性品牌形象的效应。现有的研究暗示，象征性品牌与功能性品牌所激发的消费者反应并不一样，而且会依赖于不同的作用路径对消费者产生影响。例如，消费者对拥有物依恋的形成将主要取决于物品的象征意义而非它的功能(Kleine 等，1995)；产品的功能价值并不影响品牌情感(brand affect)，产品的象征/享乐价值对它却具有显著的影响(Chaudhuri 和 Holbrook，2001)；品牌化产品的感知形象、情感体验、感知质量等会依赖于不同的路径对消费者的购买意图产生作用(Tsai，2005)，品牌的物理属性和体验属性作用于品牌忠诚的路径也可能是不一样的(Ponder 和 Barnes，2004)。由于现有的研究并没有将象征性品牌形象视为一个多维的构念，或者意识到不同的品牌象征意义在性质上是有差异的，因此也就没有涉及不同的象征性品牌形象之间的效应比较研究。但我们认为，不同性质的象征意义所产生的消费者反应及其作用路径很可能也是有差异的。本书将主要探讨从意义(象征性品牌形象)到忠诚(消费者的品牌忠诚)的效应及作用机制。

(3)象征性品牌形象效应的影响因素。影响不同象征性品牌形象的效应的因素可能是非常广泛的，识别和检验所有这些因素的影响将是一项非常浩大的工程。因此，本书将主要从文化的角度，探讨与消费者自我和象征性品牌形象直接相关的本土文化因素(面子)及源自西方的后现代文化因素(超现实和碎化)在象征性品牌形象影响消费者反应中的作用。

(4)本书的营销管理含义。本书将在梳理上述研究成果的基础上，通过引入"认同营销"(identity marketing)的概念，系统地探讨品牌象征定位及象征性形象管理的逻辑、方法等，以期对企业的品牌形象管理实践提供有参考价值的现实指导。

1.3.3 研究的技术路线与方法

本书的技术路线及方法如图 1-1 所示。本书的研究主要是通过以下五个阶段来完成的：

第一阶段，我们通过自我理论、象征消费理论及品牌形象理论等相关文献的梳理，在明确象征性品牌形象的概念并对其构成维度进行理论建构的基础上，采用品牌联想测试、语义分析、焦点座谈、问卷调查、探索性和验证性因子分析等方法，开发象征性品牌形象的测量量表。

第二阶段，我们主要通过理论的演绎，分析和探讨象征性品牌形象的各个维度对消费者的品牌信任、自我—品牌联结、品牌情感，进而对品牌忠诚的影响。我们也将通过问卷调查、结构方程模型分析、多元回归分析等研究方法，检验和验证象征性品牌形象的各个维度产生效应的路径及其作用的方向。

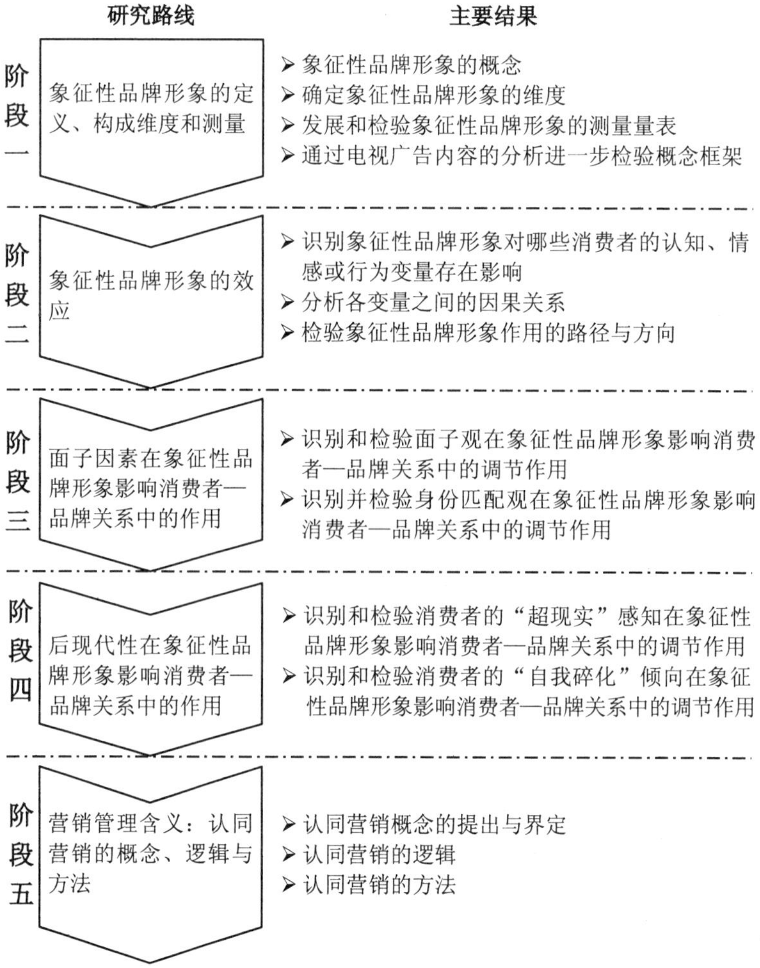

图 1-1　本书的总技术路线

第三阶段，主要分析和探讨中国传统文化中的面子因素（包括面子观和身份匹配观）在象征性品牌形象影响消费者—品牌关系中的作用。在该项研究中，我们将以自我—品牌联结（self-brand connections)作为衡量象征性的消费者—品牌关系的指标，并且以手机品牌作为测试对象，采用问卷调查、探索性因素子分析、结构方程模型分析、多元回归分析等分析方法，探讨和检验面子因素在象征性品牌形象影响消费者—品牌关系中的调节作用。

第四阶段，我们主要探讨后现代消费文化中的“超现实”和“自我碎化”(或多重自我)倾向在象征性品牌形象影响消费者—品牌关系中的作用。在该项研究中，我们主要采用问卷调查、探索性因素子分析、结构方程模型分析、多元回归分析等分析方法，分别探讨“超现实”在象征性品牌形象与自我—品牌联结关系中、“自我碎化”在自我—品牌联结与品牌忠诚关系中的调节作用。

第五阶段，在上述四个阶段的研究成果的基础上，我们通过认同营销概念的提出及其实践逻辑的理论分析，并结合现实中企业实践的案例，系统地分析和探讨认同营销的市场细分、目标市场选择、品牌的象征定位及形象管理的原则、策略与方法。

1.4 本书结构

全书共分为六章。第一章为导论，主要论述本研究问题的提出、研究意义、文献综述与评价以及本书的研究目的、研究内容和研究的技术路线与方法等。

第二章为本书的理论基础的介绍和说明。本书的理论基础较为广泛，主要涉及自我理论(包括认同理论和社会认同理论)、象征消费理论、面子理论和后现代消费文化理论等。该部分除了简要介绍这些理论中与本书有关的主要思想和核心观点之外，我们也将说明这些理论与本书中具体研究之间的关系。我们希望读者通过本章的阅读，能够对本书研究的理论背景建立较为全面的理解。

第三章为象征性品牌形象的维度与测量研究。该部分主要通过品牌联想测试和语义分析的质化研究、探索性和验证性因子分析的量化研究完成象征性品牌形象量表的开发，并通过象征性品牌形象与自我—品牌联结之间关系的实证分析检验本书所开发量表的预测效度。本章的实证研究表明，品牌的象征性形象正如我们理论推导的那样，它包含“个人的”、“社会的”、“关系的”和“集体的”四个维度，而且我们所开发的象征性品牌形象量表总体上是可靠的和有效的。

第四章对象征性品牌形象的效应进行探讨和实证研究。该项研究所关注的是消费者有关品牌的象征性联想的强弱是否会影响消费者的某些特定的反应及其作用的路径与方向。本章中，我们重点探讨了象征性品牌形象的四个维度对消费者的品牌信任、自我—品牌联结和品牌涉入进而对品牌忠诚的影响。本书的数据分析结果表明，象征性品牌形象的四个维度总体来说对品牌信任、自我—品牌联结、品牌涉入及品牌忠诚具有显著的促进作用，但它们作用的路径与强弱却是有差异的。特别地，鉴于中国文化的集体主义特征及中国人群体与西方人群体的差异性，我们专门探讨了群体象征性品牌形象（包括内群体象征性品牌形象和外群体象征性品牌形象）对自我—品牌联结的影响以及群体地位和群体认同等变量在它们的影响中所具有的调节作用。

第五章探讨的是面子和后现代性如何影响象征性的消费者—品牌关系。本章分为两节，第一节考察的重点是面子观以及由面子观所衍生出来的身份匹配观分别与品牌的个人形象（personal image）、社会形象（social image）对消费者的自我—品牌联结所具有的交互作用。数据分析结果表明，中国人的面子不仅影响了他们的地位消费或炫耀性消费，而且也影响了他们的个性或独特性消费，但在具体的影响上却存在矛盾或不一致。第二节考察了后现代性如何影响消费者对象征性品牌的忠诚。本节通过实证研究考察了消费者的后现代性（超现实和自我碎化）在象征性品牌形象影响自我—品牌联结进而影响消费者忠诚中的调节作用。本书的结论与文献中的理论预期并不完全一致，而且它们的调节作用如同面子的作用一样，也是复杂和矛盾的。

第六章主要为本书的营销管理含义的讨论。我们在“认同营销”的概念框架之下，并结合品牌象征意义的形成机制，较系统地讨论了如何进行象征性品牌形象的管理，包括基于消费者自我的市场细分、目标市场选择、品牌的象征定位与沟通等。我们希望这些讨论，能为企业的品牌管理实践提供具有一定可操作性的指导。

◎ 参考文献

[1]杨国枢，余安邦．中国人的心理与行为：理念及方法篇[C]．台湾：桂冠图书公司，1993.

[2]符国群．品牌定位在市场营销战略中的地位[J]．中国流通经济，2004(4)：49-53.

[3]焦璇，吕建红，陈毅文．品牌形象系统的因素结构[J]．心理学报，2004(3)：359-364.

[4]张梦霞．象征性购买行为的儒家文化价值观诠释[J]．中国工业经济，2005(3)：106-112.

[5]张梦霞．女性价值观与购买行为[M]．北京：经济管理出版社，2005.

[6]王新新．意义消费与符号价值[J]．经济管理，2003(9).

[7]Thorsten Hennig-Thurau，Ursula Hanesn.关系营销——建立顾客满意和顾客忠诚赢得竞争优势.罗磊，主译.广州：广东经济出版社，2003.

[8]Aaker，D. A. Building Strong Brands [M]. New York：Free Press，1996.

[9]Aaker，J. L. The Malleable Self：The Role of Self-Expression in Persuasion [J]. Journal of Marketing Research，1999，XXXVI (February)：45-57.

[10]Aaker，J. L. Dimensions of Brand Personality [J]. Journal of Marketing Research，1997，XXXIV(August)：347-356.

[11]Alden，D. L.，Steenkamp，Jan-Benedict E. M. and Batra，R. Brand Positioning Through Advertising in Asia，North America，and Europe：The Role of Global Consumer Culture[J]. Journal of Marketing，1999，63(January)：75-87.

[12]Batra，R. and Homer，P. M. The Situational Impact of Brand Image Beliefs [J]. Journal of Consumer Psychology，14 (3)：318-330.

[13] Ahuvia, A. C. Beyond the Extended Self: Loved Objects and Consumers' Identity Narratives[J]. Journal of Consumer Research, 2005, 32(1): 171-184.

[14] Baudrillard, J. Selected Writings [M]. Cambridge: Polity Press, 1988.

[15] Belk, R. W. Possessions and the Extended Self[J]. Journal of Consumer Research, 1988, 15(2): 139-168.

[16] Berger, J. and Heath, C. Where Consumers Diverge from Others: Identity Signaling and Product Domains[J]. Journal of Consumer Research, 2007, 34(August): 121-134.

[17] Bhat, S. and Reddy, S. K. Symbolic and Functional Positioning of Brands[J]. Journal of Consumer Marketing, 1998, 15(1): 32-40.

[18] Brewer, M. B. and Gardner, W. Who is This "We"? Levels of Collective Identity and Self Representations [J]. Journal of Personality and Social Psychology, 1996, 71(1): 83-93.

[19] Brown, J. D. The Self[M]. London: McGraw-Hill Companies, 1998.

[20] Brown, S. Postmodern Marketing[M]. London: Routledge, 1995.

[21] Chaudhuri, A. and Holbrook, M. B. The Chain of Effects from brand Trust and Brand Affect to Brand Performance: The Role of Brand Loyalty[J]. Journal of Marketing, 2001(Aprial): 81-93.

[22] Chang, C. How Individuals Develop Brand Evaluations in Different Contexts: The Relative Impact of Affect, Self-Relevant Thoughts, and Product-Attribute Thoughts [J]. Advances in Consumer Research, 2005,32: 106-111.

[23] Cova, B. The Postmodern Explained to Managers: Implications for Marketing[J]. Business Horizons, 1996, November/December: 15-23.

[24] Cova, B. Community and Consumption Towards a Definition of the "Linking Value" of Product or Service[J]. European Journal of

Marketing, 1997, 31(3/4): 297-316.

[25] Elliott, R. Symbolic Meaning and Postmodern Consumer Culture [C]. Rethinking Marketing, Brownlie, D., Saren, M., Wensley, R. and Whittington, R. (eds). London: Sage Publications, 1999.

[26] Elliott, R. and Wattanasuwan, K. Brands as Symbolic Resources for the Construction of Identity [J]. International Journal of Advertising, 1998, 17(2): 131-144.

[27] Elliott, R. Exploring the Symbolic Meaning of Brands[J]. British journal of Management, 1994,5, Special Issue, S13-S19.

[28] Ericksen, M. K. Using Self-Congruity and Ideal Congruity to Predict Purchase Intention: A European Perspective[J]. European Journal of Marketing, 1996, 6(1): 41-56.

[29] Firat, A. F. and Venkatesh, A. Liberatory Postmodernism and the Reenchantment of Consumption [J]. Journal of Consumer Research, 1995, 22: 239-267.

[30] Firat, A. F. and C. J. Shultz. From Segmentation to Fragmentation Markets and Marketing Strategy in the Postmodern Era [J]. European Journal of Marketing, 1997, 31(3/4): 183-207.

[31] Fournier, S. A Meaning-Based Framework for the Study of Consumer-Object Relations[J]. Advances in Consumer Research, 18: 736-742.

[32] Freidmann, R. Psychological Meaning of Products: Idnentification and Marketing Applications[J]. Psychology & Marketing, 1986, 3 (1): 1-15.

[33] Graeff, T. R. Consumption Stituations and the Effects of Brand Image on Consumers' Brand Evaluations [J]. Psychology & Marketing, 1997, 14(1): 49-70.

[34] Graeff, T. R. Image Congruence Effects on Product Evaluations: The Role of Self-Monitoring and Public/Private Consumption[J]. Psychology & Marketing, 1996, 13(5): 481-499.

[35] Grubb, E. L. and Grathwohl, H. L. Consumer Self-Concept,

Symbolism and Market Behavior: A Theoretical Approach [J]. Journal of Marketing, 1967, 31(October): 22-27.

[36] Goffman, K. The Presentation of Self in Everyday Life[M]. New York: Doubleday. 1959.

[37] Hitlin, S. Values As the Core of Personal identity: Drawing Links Between Two Theories of Self[J]. Social Psychology Quarterly, 2003,66(2): 118-137.

[38] Holt, D. B. Why Do Brands Cause Trouble? A Dialectical Theory of Consumer Culture and Branding [J]. Journal of Consumer Research, 2002, June: 1-64.

[39] Hogg, M. K. and Banister, E. N. Negative Symbolic Consumption and Consumers' Drive for Self-Esteem: The Case of the Fashion Industry[J]. European Journal of Marketing, 2004, 38 (7): 850-868.

[40] Hogg, M. K., Cox, A. J. and Keeling, K. The Impact of Self-Monitoring on Image Congruence and Product/Brand Evaluation [J]. European Journal of Marketing, 2000, 34(5/6): 641-666.

[41] Hsieh, M-H., Pan, S-L. and Setiono, R. Product-, Corporate-, and Country-Image Dimensions and Purchase Behavior: A Multicountry Analysis[J]. Academy of Marketing Science, 2004, 32(3): 251-270.

[42] Jamal, A. and Goode, M. M. H. Consumers and Brands: A Study of the Impact of Self-Image Congruence on Brand Preference and Satisfaction[J]. Marketing Intelligence & Planning, 2001,19(6/7): 482-492.

[43] Joy, N. Gift Giving in Hong Kong and the Continuum of Social Ties[J]. Journal of Consumer Research, 2001, 28(2): 239-256.

[44] Keller, K. L. Conceptualizing, Measuring, and Managing Customer-Based Brand Equity[J]. Journal of Marketing, 1993, 57 (January): 1-22.

[45] Kleine Ⅲ, R. E. and Kleine, S. S. Mundane Consumption and

the Self: A Social-Identity Perspective[J]. Journal of Consumer Psychology, 1993, 2(3): 209-235.

[46] Kleine Ⅲ, R. E., Laverie, D. A., and Kleine, S. S. Reexamination and Extension of Kleine, Kleine, and Kernan's Social identity Model of Mundane Consumption: The Mediating Role of the Appraisal Process[J]. Journal of Consumer Research, 2002, 28(4): 659-669.

[47] Kleine Ⅲ, R. E. and Kernan, J. B. Contextual Influences on the Meanings Ascribed to Ordinary Consumption Objects[J]. Journal of Consumer Research, 1991, 18(3): 311-324.

[48] Kleine, S. S., Kleine R. E. and Allen, C. T. How Is a Possession "Me" or "Not Me"? Charaterizing Types and an Antecedent of Material Possession Attachment [J]. Journal of Consumer Research, 1995, 22(December):327-343.

[49] Levy, S. Symbols for Sales[J]. Harvard Business Review, 1959, 37(July/August): 117-124.

[50] Ligas, M. and Cotte, J. The Process of Negotiating Brand Meaning: A Symbolic Interactionist Perspective[J]. Advance in Consumer Research, 1999(26): 609-614.

[51] Litvin, S. W. and Kar, G. H. Individualism/Collectivism as Moderating Factor to the Self Image Congruity Concept[J]. Journal of Vacation Marketing, 2003, 10(1): 23-32.

[52] Mandel, N. Shifting Selves and Decision Making: The Effects of Self-construal Priming on Consumer Risk-Taking[J]. Journal of Consumer Research, 2003, 30(1): 30-40.

[53] McMracken, G. Culture and Consumption: A Theoretical Account of the Structure and Movement of the Cultural Meaning of Consumer Goods[J]. Journal of Consumer Research, 1986, 13(1): 71-84.

[54] Park, C. W., Jaworski, B. J. and MacInnis, D. J. Strategic Brand Concept-Image Management [J]. Journal of Marketing, 1986, 50(October): 135-145.

[55] Park, C. W., Milberg, S. and Lawson, R. Evaluation of Brand Extensions: The Role of Product Feature Similarity and Brand Concept Consistency [J]. Journal of Consumer Research, 1991 (September): 185-193.

[56] Piacentini, M. and Mailer, G. Symbolic Consumption in Teenagers' Clothing Choices [J]. Journal of Consumer Behavior, 2004, 3(3): 251-262.

[57] Ponder, N. and Barnes, C. The Underlying Dimensions of Brands and their Contribution to Customer Value: An Exploratory Examination [J]. Journal of Marketing Management, 2004, 14 (2): 24-35.

[58] Reed Ⅱ, A. and L. E. Bolton. The Complexity of Identity [J]. MIT Sloan Management Review. 2005. 46(3): 18-22.

[59] Reed Ⅱ, A. Social identity as a Useful Perspective for Self-Concept-Based Consumer Research [J]. Psychology & Marketing, 2002, 19(3):235-248.

[60] Reed Ⅱ, A. Activating the Self-importance of Consumer Selves: Exploring Identity Salience on Judgements [J]. Journal of Consumer Research, 2004, 31(2): 286-295.

[61] Reed Ⅱ, A. and Wooten, D. B. Susceptibility to Normative Influence and Protective Self-Presentation [J]. Journal of Consumer Research, 2004, 31(3): 551-556.

[62] Roth, M. The Effects of Culture and Socioeconomics on the Performance of Global Brand Image Strategies [J]. Journal of Marketing Research, 1995, XXXII(May): 163-175.

[63] Schau, H. J. and Gilly, M. G. We Are What We Post? Self-Presentation in Personal Web Space [J]. Journal of Consumer Research, 2003, 30(3): 385-404.

[64] Schau, H. J. and Russell, C. A. Me, My Self, and My Brands (Session Overiew) [J]. Advances in Consumer Rsearch, 2005, 32: 335-338.

[65] Sirgy, M. J., Grewal, D., Mangleburg, T. F. and Park, J. O. Assessing the Predictive Validity of Two Methods of Measuring Self-Image Congruence[J]. Academy of Marketing Science, 1997, 25(3): 229-241.

[66] Solomon, M. R., The Role of Products as Social Stimuli: A Symbolic Interactionism Perspective [J]. Journal of Consumer Research, 1983, 10(3):519-528.

[67] Thompson, C. J. and Hirschman, E. Understanding the Socialized Body: A Poststructuralist Analysis of Consumer' Self-Conceptions, Body Images, and Self-Care Product[J]. Journal of Consumer Research, 1995, 22(September): 139-164.

[68] Thompson, C. J., Pollo, H. R. and Locander, W. B. The Spoken and the Unspoken: A Hermeneutic Approach to Understanding the Cultural Viewpoints That Underlie Consumers' Expressed Meanings[J]. Journal of Consumer Research, 1994, 21(3): 432-451.

[69] Thompson, C. J. Caring Consumers: Gendered Consumption Meaning and the Juggling Lifestyle [J]. Journal of Consumer Research. 1996. 22(4): 388-407.

[70] Thompson, C. J. Interpreting Consumers: A Hermeneutical Framework for Deriving Marketing Insights from the Texts of Consumers' Consumption Stories [J]. Journal of Consumer Research. 1997, 34(4): 438-455.

[71] Thompson, C. J. and Tambyah, S. K. Trying to Be Cosmopolitan [J]. Journal of Consumer Research, 1999, 26(3): 214-241.

[72] Thompson, C. J. and Arnould, E. J. Consumer Culture Theory (CCT): Twenty Years of Research [J]. Journal of Consumer Research. 2005, 31(4): 868-882.

[73] Tsai, Shu-pei. Utility, Cultural Symbolism and Emotion: A Comprehensive Model of Brand Purchase Value[J]. International Journal of Research in Marketing, 2005, 22: 277-292.

[74] Wang, J-H, Piron, F. and V. X. Mai, Faring One Thousand Miles to Give Goose Feathers: Gift Giving in the People's Republic of China[J]. Advances in Consumer Research, 2001,28: 58-63.

[75] Wattanasuwan, K. The Self and Symbolic Consumption [J]. Journal of American Academy of Business, 2005, 6(1): 179-184.

[76] Zhou, Lianxi and Hui, Michael K. Symbolic Value of Foreign Products in the People's Republic of China [J]. Journal of International Marketing, 2003, 11(2): 36-58.

2 理论基础

本章将讨论本书研究的理论基础，包括自我理论、象征消费理论、面子消费研究以及后现代的消费理论和营销思想等。这些理论或思想不仅是我们理论地建构象征性品牌形象构念及其维度体系的基本支撑，也是我们考察象征性品牌形象(各个象征意义维度)的效应及面子、消费者的后现代性等变量在这些效应中所具有的调节作用的重要理论依据。

2.1 自我理论

2.1.1 自我概念及其层级结构

自我理论是本书研究的一个总体的、基本的视角，也是我们建构象征性品牌形象概念和维度体系的理论基础，因此在这里有必要首先介绍和讨论与本研究相关的自我理论。

对于什么是自我(self)，学者们曾经给出了许多不同的定义，不同研究者在使用这一术语时所指的含义是有较大差异的。例如，有的学者在使用"自我"这一术语时，它的含义常常是狭义的，可能仅仅指的是一个人作为独立的个体，区别于他人的内在的"我"，它等同或类似于"个人自我"(personal self)或"独立自我"(independent self)的概念；而另一些学者在谈论"自我"时所指的却可能是一个"总体的我"(global self)，它是一个非常广义的概念，既包括个体根据自己的内在特征定义的自我(即个人自我)，也包括个体根据自己的人际关系、归属的群体、在社会结构中扮演的角色等定义的外在的"我"。

尽管学者们在自我的定义上还没有形成统一的看法，但Robins、Norem和Cheek(1999)认为，所有的研究者都是围绕两种基本现象而对自我进行定义的：一种是正在进行中的“自我意识”(self-awareness)，另一种则是稳定的心理表征。前者对应于詹姆斯(1890)所讲的“主我”(I)，后者则对应于詹姆斯的“宾我”(me)。其中，主我指的是“我们对于我们正在思考或我们正在知觉的意识”(Brown，1998)，它是知觉的主体，或者说它是一个代理者(agent)、行动者和执行者；宾我指的是我们对于“我是谁”或“我是什么样的人”的看法和感受(Brown，1998)，它是知觉的对象或客体。尽管主我和宾我是自我的两个重要方面，但不同学科对它们的关注程度是不一样的。哲学家们更多关注的是主我，心理学家们则更多关注的是宾我。营销学者和消费者行为研究者所关注的重点大多也是宾我。

由于宾我既是自我认识的对象，也是个体的自我建构与表达中的客体(object)，正是它才导致了象征消费，产生了对作为象征资源的产品和品牌的购买和使用(参见本章第二节象征消费理论)，所以本书所关注的也是宾我，而且本书中的其他部分在使用“自我”这一术语时，若非特别指出，也就是指的宾我。

自我的理论体系是庞大的，与本书的研究内容有关的主要是自我结构方面的理论。我们的研究中所采纳的自我理论，有两个观点是需要特别指出的。一个是自我的多重性或多维性观点。传统的观点一般认为自我是单一的、稳定的，存在着某种本质的、核心的自我(Firat和Shultz，1997)。但越来越多的研究者已认识到，自我实际上是多重的、复杂的和动态的，它是由许多成分所构成的(Wattanasuwan，2005)，例如，作为父亲的自我、作为儿子的自我、作为教师的自我、作为丈夫的自我、作为歌迷的自我、作为登山爱好者的自我，等等。而且这些不同的自我对于特定个体的重要性(即自我重要性)是不一样的(Reed Ⅱ，2004)，有的相对更重要，有的次之，而有的则几乎可以被忽略不计。因此，自我实际上可以被看作是一个等级结构(Hogg，Terry和White，1995)。

另一种观点是有关自我层次结构的，它与本研究中对象征性品牌形象维度的理论建构具有直接的关系。这种观点认为，人们多重的、复杂的自我结构具有一定的层次性或层级性。Brewer 和 Gardner(1996)的研究表明，自我可以被区分为“个人自我”(personal self)、“关系自我”(relational self)和“集体自我”(collective self)三个层次。Robins，Norem 和 Cheek(1999)，Brown(1998)则在此基础上提出了自我由“个人自我”、“关系自我”、“社会自我”(social self)和“集体自我”四个层次所构成的理论框架，从而对自我的层次结构提出了更加完整和明确的解释(参见表2-1)。在该框架中，个人自我反映的是人们对“私我”(private self)的信念，包括人格特质、价值观、态度和能力等；关系自我反映的是人们在亲密关系背景中如何看待自己，如“我是××的丈夫”；社会自我反映的是人们在更一般的人际关系中如何看待自己，包括他们的社会角色、地位和声望等。集体自我则反映的是人们对参考群体如宗教、种族、民族和国家等群体的认同。

表 2-1　**自我的层次结构**

<table>
<tr><th>自我层次</th><th>描述</th><th>取向</th><th>例子</th><th>自我评价的基础</th><th>文化差异</th></tr>
<tr><td>个人的</td><td>知觉到的生理特征、特质、价值观和能力等</td><td>私人的</td><td>“我是一个性格内向的人”</td><td>个人的特质、价值观、态度等，它们是否与社会的或渴望的标准一致</td><td>独立的/个人主义的</td></tr>
<tr><td>关系的</td><td>与我们有着直接的个人联系的其他人</td><td>亲密的</td><td>“我是张三的妻子”</td><td>为与我们有特殊关系的人所取得的成就而感到自豪</td><td rowspan="3">相互依赖的/集体主义的</td></tr>
<tr><td>社会的</td><td>社会角色和在他人心目中的名声</td><td>人际的</td><td>“我是一个受欢迎的教授”</td><td>公众的认可，他人的赞赏</td></tr>
<tr><td>集体的</td><td>我们所属的社会类别</td><td>公共的</td><td>“我是中国人”</td><td>以种族、民族等团体为自豪</td></tr>
</table>

资料来源：根据 Brewer 和 Gardner(1996)，Brown(1998)及 Robins、Norem 和 Cheek(1999)的研究整理。

上述四个层次的自我分类框架主要是由西方学者在对西方人及对东西方跨文化比较的研究中提出的，中国台湾学者杨国枢(2004，2009)则通过对中国人自我的研究提出了一个华人的自我四元论。该四元论主要是以有关中国人的社会取向论(杨国枢，1993，1995)为基础所建构的。杨国枢(1993)认为，社会取向与个人取向是人类与环境互动的两种最基本的模式，西方人与环境互动的方式是个人取向的，而中国人则是社会取向的。他还将中国人的社会取向区分为关系取向、权威取向、家族取向和他人取向四个级次(杨国枢，1993)，并指出这四个级次正是华人的四大社会生活范畴或主要的互动场域，而个体在这四大社会场域中的互动运作则发展出了四种客体的我(self-as-object)，即关系取向自我、权威取向自我、家族取向自我及他人取向自我。但他也同时认为，由于长期社会现代化的结果，个人取向和社会取向在当代华人的心智系统中是并存的，也就是说，在华人的自我结构中除了四种社会取向的自我之外，也存在个人取向的自我(杨国枢，2009)。因此，在杨国枢看来，中国人"客体我"或宾我实际上包含个人取向自我、关系取向自我、权威取向自我、家族取向自我和他人取向自我五个层级，但杨氏出于简化的目的，将关系取向自我与权威取向自我合并，仍称之为关系取向自我，从而便建构了华人的自我四元论(参见表 2-2)。

表 2-2 **华人的自我四元论**

自我的结构	个人取向自我	关系取向自我	家族取向自我	他人取向自我
互动对象	自己	有关系的他人	家族或其他团体	非特定他人
角色涉入	淡化社会角色涉入	高度社会角色涉入	高度社会角色涉入	低度社会角色涉入
认同对象	自己	关系中的对方	家族或其他团体	非特定他人
责任类型	对个人的责任	对关系对方的责任	对家庭或团体的责任	对非特定他人的责任

续表

自我的结构	个人取向自我	关系取向自我	家族取向自我	他人取向自我
自我一致性	跨情境和时间的自我一致性	因关系而异	因团体而异	他人取向自我一致性
主要动机	主动性需求，如自主、独立、个人成就、自尊等	关系性需求，如关系性面子、关系取向自尊、自我提升等	归属性需求，如大我需求、团体保护、团体面子及自尊等	扩散性需求，如公众性面子、他人取向自尊、自我提升等

资料来源：杨国枢，2009。

通过比较西方学者提出的自我层次论与杨国枢的四元论，我们会发现，两者之间并没有较大的实质性差异。个人取向自我与“个人自我”、关系取向自我与“关系自我”基本上是相同的概念；家族取向自我与“集体自我”是一致的；他人取向自我与“社会自我”也是非常接近或类似的。因此，本书的研究中我们将主要采用西方学者所提出的将自我区分为个人自我、社会自我、关系自我和集体自我四个层级的分类，并以此为理论基础来建构象征性品牌形象的概念及其维度体系的理论框架。

2.1.2 身份理论与社会身份理论

要理解消费者自我的结构及自我对其消费行为的影响，我们还必须重视身份理论(identity theory)和社会身份理论(social identity theory)在各自的理论建构中所提出的相关解释。这两种理论都以角色(role)作为关注的重点，认为我们每个人在生活中都会扮演许许多多的社会角色，而当这些角色被内化或者与自己融合为一体时，角色便转化为角色身份(role identity)；人类个体的自我就是由这些角色身份所组成的(Hogg，Terry 和 White，1995；Stryker 和 Burke，2000)。

身份理论是根据自我与社会的交互关系来解释人类的社会行为的，它的起源可以追溯到 Mead(1934)的观点。该观点认为，社会通过它对自我的影响而对社会行为产生作用(Stryker 和 Burke, 2000; Hogg, Terry 和 White, 1995)。在具体的解释中, 则涉及两个关键的概念, 即“身份显著性”(identity salience)和“承诺”(commitment)。该理论认为, 某些身份相对于其他的身份会与自我更加相关(Hogg, Terry 和 White, 1995)。角色身份在自我中是划分等级地被组织起来的, 有些身份处在较高的等级位置, 而另一些身份则处在较低的等级位置。那些处在或接近等级顶端的身份将更容易在特定的情境中被唤醒, 它们对自我定义的作用更大。身份显著性就是指一种身份在跨情境(不同情境)中被激活的可能性, 或者不同个体的同一种身份在相同的情境中被激活的可能性(Stryker 和 Burke, 2000)。根据这一定义, 身份显著性应是相对稳定的①; 在自我的等级结构中所处位置越高的身份, 与行为的关系越密切。特定的身份在自我等级结构中的位置实际上反映了该身份的自我重要性(self importance), 它是一个关键性的个体差异变量(Reed Ⅱ, 2004)。

由于身份显著性的差异, 相同身份的人们在特定的情境中可能具有不同的行为。例如, 一位“父亲”在周末工作, 另一位父亲却在周末陪自己的孩子。之所以产生这种行为上的差异, 原因即在于身份的显著性。人们甚至可能在与角色无关的情境中采取与角色一致的行为。例如, 父亲身份显著的人在工作的时候也可能从事与他的父亲角色相关的行为。尽管身份理论明确地提出了显著的身份导致与角色一致的行为的假设, 但也有研究者(如 Stryker, 1968)认为, 在有些情境下, 由于情境性的需求很强烈, 它可能导致行为的选择仅仅由情境本身而不是由身份显著性所决定。

如同对行为的影响一样, 显著性身份也可以产生情感性的后

① 也有学者把身份显著性视作情境性的构念, 并将其定义为一种短暂的身份被唤醒的状态(Reed Ⅱ, 2004; Forehand, Deshpande 和 Reed, 2002), 因此, 在这些论述中, 身份显著性与自我重要性并不是相同的构念, 身份显著性不仅受到该身份的自我重要性的影响, 而且也会受到情境因素的影响。例如, 当我们在上班时, 我们的职业身份可能会相对容易地被唤醒, 而当我们在家里时, 我们的家庭身份则会相对容易地被唤醒。

果。显著性身份相对于处在自我等级结构中较低位置的身份来说，它们对于个体的自我意义(self-meaning)感、自尊感、心理健康等将施加更大的影响(Callero，1985；Thoits，1991)。除此之外，身份显著性还会影响人们的关系，特别是来自他人的感知和评价(Callero，1985；McCall和Simmons，1978)。身份理论家提出，显著性身份将使扮演相同角色的他人给予积极的评价。同时，以特定角色身份为条件的社会关系的数量和重要性将影响该身份的显著性——这一思想集中体现于身份理论家对“承诺”的理论建构。

身份理论家认为，身份的显著性是由对角色的承诺决定的。承诺被定义为“个体与特定他人的关系依赖于他或她是某种人的程度”(Stryker和Stratham，1985)，它所反映的是重要的他人被认为希望此人占据某种特定角色位置的程度。如果人们感知到许多重要的社会关系是由占据特定的角色位置所决定的，那么对该角色身份的承诺就是高的；该角色的退出将导致个体失去某个心理上重要的社会网络。

Stryker(1980)区分了两种承诺：①互动承诺(interactional commitment)，反映的是与特定身份相关的角色的数量；②情感承诺(affective commitment)，指的是与身份相关的关系的重要性，即当失去这些社会关系时，它所产生的情感反应的强烈程度。对某种身份的承诺(包括互动承诺和情感承诺)越强，身份的显著性水平就越高。就网络关系而言，一个人的重要社会关系越依赖于特定的身份，该身份相比于其他身份的显著性就越高。类似地，包容在某种社会关系网络中的人数越多，该身份的显著性就越突出。

通过上面的论述可以看出，身份理论是根据“社会影响自我进而影响社会行为”的范式(Mead，1934)而对社会行为提出解释的。简单来说，社会由模式化的(patterned)互动和社会关系网络所组成，个体则通过角色直接参与并生活在这些社会关系网络之中。由于社会角色是被赋予社会关系网络中具体位置(positions)的期望(expectations)；身份就是被内化的角色期望，因此，人们要进入关系网络、参与互动并赢得关系网络中他人的认可和赞赏，就需要采取和保持与角色期望(身份)相一致的行为。

社会身份理论则是有关群体间关系、群体过程和“社会自我”的社会心理学理论。它起源于 Tajfel(1959，1963，1969，1970)有关知觉中社会因素及有关种族主义、偏见和歧视的早期著作，并于20世纪中晚期在 Tajfel 与 Turner 等人的合作研究中得到了明确的阐述。到了20世纪80年代，Turner 等人(Turner，1985；Turner 等. 1987)自我分类理论(self-categorization theory)的提出，则使社会身份理论获得了进一步的发展(Hogg，Terry 和 White，1995)。尽管自我分类理论与社会身份理论有所不同，但它仍可被看作是后者的一个重要的组成部分(Hogg 和 McGarty，1990；Hogg，Terry 和 White，1995)。

社会身份理论的核心思想是，一个人所属或者他认为自己所属的某个社会类别(social category)，如阶层、民族、政治派别、运动队等，提供了“他是谁”的一种自我定义；而且这是根据他所属的社会类别的特征而被定义的。人们拥有许多作为社会类别成员的身份，并且它们在总体自我中的相对重要性是有差别的。每一种成员身份在个体的心智中都被看作是一种社会身份，它描述和规定了个体作为群体成员的属性，即描述和规定了个体应思考和感觉什么，如何思考和感觉以及他们应如何行动。因此，当特定的社会身份在特定的情境中变得显著并因而成为自我调节(self-regulation)的基础时，自我知觉和行为就成为典型的和标准的内群体的，所感知的相关外群体成员则成为典型的外群体的，而群体间的行为便具有竞争性和歧视性。社会身份不仅仅是描述性和规定性的，它们也是评价性的。它们提供对特定社会类别及其成员(相对于其他相关社会类别)的评价，并且这种评价通常具有广泛的共享性或一致性。由于社会身份具有重要的自我评价后果，群体及其成员往往具有强烈的采取行动的动机，以获得或维持有利于内群体，进而有利于自我的群体间的比较。

为了解释社会身份现象，社会身份理论家重点对社会分类(social categorization)和自我提升(self-enhancement)两种社会认知过程进行了分析。一般来说，“分类”强调的是被归为同一类的“刺激”(包括物品、人和自我等)之间所感知的相似性以及被归为不同类别的刺激之间所感知的差异性。例如，当那些相信男人比女人更具攻击性的女性把自己归为女权主义者时，她们将倾向于夸大男人的攻击性，把所有的男人都看作是比女人更具攻击性的，而看不到男人之间在攻击性上的差异，也看不到并非所有的女人都是非攻击性的(Hogg，Terry 和 White，1995)。

依据社会身份理论，当人们将自己和他人区分为内群体和外群体时，个体的自我实际上是根据所属的社会类别的成员身份来定义的，因此在自我与作为整体的群体之间并没有心理上的差距或区分，也就是说，自我的认知呈现本质上是“去中心化的”(depersonalized)：他们被感知为内群体原型(prototype)的化身而不是一个个独特的个体。个体“把他们自己更多地看作某一社会类别中可以互换的典范，而不是根据与他人之间的差异所定义的独特的个体”①(Turner 等，1987)。因此，自我的认知呈现(cognitive representation)从“个人的自我”(personal self)转移到了“集体的自我”(collective self)。

自我的去个性化是许多群体现象背后的基本过程，如社会刻板印象、群体黏性、种族中心主义、协作与利他主义、情绪传染与移情、集体行为、共享规范以及消费者行为中的从众消费行为等。正是通过去个性化，人们才有效地使自我知觉、行为与内群体原型取得一致，并因而将个体转变为群体成员、将个体性(individuality)转变为群体的行为。然而，去个性化通常发生在内群体与外群体比较的情境；也就是说，自我作为群体成员的分类更可能发生在感知的内群体成员间差异较小而他们与外群体成员间的差异较大的时候。换言之，内群体不能孤立于外群体而被定义，它们是根据与外群体的比较或对比来定义的。由于自我是在内群体层次上被定义的，自我的意义感、价值和自尊来自在与外群体的比较中获得的更

① 转引自：Yuki，M.. Intergroup Comparison Versus Intragroup Relationships：A Cross-Cultural Examination of Social Identity Theory in North American and East Asian Cultural Contexts[J]. Social Psychology Quarterly，2003，66(2)：166-183.

积极的内群体评价。因此，群体地位和群体间的差异便是关键。

根据社会分类理论，自我的认知呈现表征为群体的原型，它是群体成员所共享的特征(Yuki，2003)，或者说是定义社会类别或群体属性(如信念、态度和行为等)的主观表达(Hogg，Terry和White，1995)。原型特征既反映了内群体成员间的相似性，也反映了内群体与外群体间的差异性。内群体的成员被感知为彼此相似的，因而内群体作为一个整体被感知为同质的(Doosje，Ellemers和Spears，1995；Haslam等，1996)。但原型特征通常并不是明确的，而是模糊的；它常常是需要通过典型成员(代表群体特征的实际成员)或理想类型(群体特征比较模糊的抽象)来感知的。

尽管如此，人们仍可以对真实的群体成员包括自我的原型性(prototypicality)，即一个群体成员在多大程度上接近或相似于群体原型做出评价。这暗示了群体成员在原型特征的表现上是有差异的：有些成员会比另一些成员更具有原型特征；相对的原型性可能会导致群体成员被"中心化"或"边缘化"。在这一意义上，"去个性化"并不是绝对的，尤其是在东方集体主义的文化背景下，人们的群体行为很可能更多地源自对群体内的差异的关注，而不是群体间的关系与比较(Yuki，2003)。这是本书在探讨面子对中国人的象征消费及其对品牌象征意义的反应时将予以特别关注的一个方面。

自我分类的过程将受到自我提升(self-enhancement)的引导，以使内群体的规范和标准主要是对内群体有利。社会身份理论认为，人们在与他人进行比较时具有积极地评价自己的基本需求，而自我提升可以通过以有利于内群体的方式所进行的内、外群体间的比较来获得。例如，人们可以采用有利于内群体的指标来进行群体间的比较，以实现自我提升，进而改善他们的集体自尊。主观信念结构(subjective belief structure)则会影响人们在通过赢得了积极评价的社会身份寻求自我提升时的行为选择。例如，如果一个群体相信它较低的社会地位是合法的和稳定的，同时又相信成为较高地位群体的成员是非常可能的，该群体就不太可能表现出很强的团结性或者从事直接的群体间的竞争。它的成员将会试图摆脱这一现有的社会身份(作为低地位群体成员的身份)，并渴望进入具有优势地位的群体，成为它的一员。相反，如果一个群体相信它的较低地位是不合法的和不稳定的、社会的流动是不可能的，而不同的社会秩序是可得的，那么，它就会团结并从事直接的群体间的比较。

总体来说，上述自我理论主要涉及自我的构成及其对个体或群体的社会行为的影响，对于我们分析象征性品牌形象的维度体系及其不同的维度对消费者的作用是非常有帮助的。但要弄清楚自我与消费者行为之间的关系，从而完整地理解本研究中基本的理论建构（有关象征性品牌形象及其维度体系的理论建构），还必须对象征消费理论，特别是自我与象征消费之间的关系、象征消费所产生的结果（如品牌关系）等有较为系统的认识。

2.2 象征消费理论

2.2.1 从“物”的消费到“符号”的消费

在过去的几十年里，特别是20世纪80年代以来，由于在西方社会后现代主义向几乎所有社会生活（包括消费生活）、艺术、科学、知识和学术等领域的“惊人”渗透与扩散，这些领域便出现了一种所谓的“后现代转向”：包括理论的和实践的两个方面的转向。在理论领域，尽管后现代主义的最引人瞩目之处可能在于它“对高级现代主义的既有形式，对占据大学、博物馆、美术馆以及基金会等这样或那样的主导性的高级现代主义的刻意反动”①，但它并不仅仅是作为对现代主义的批判而出现的（Borgmann，1992；Vattimo，1992），也不仅仅停留在对现代主义的批判之上，它实际上也包含“指向一种考察世界、解释世界的新范式”②的理论运动。在实践领域，后现代转向则被看作是“从现代世界到后现代世界的

① ［美］弗雷德里克·詹姆逊．文化转向［M］．胡亚敏，等，译．北京：中国社会科学出版社，2000：1-2.

② ［美］斯蒂芬·贝斯特，道格拉斯·科尔纳．后现代转向［M］．陈刚，等，译．南京：南京大学出版社，2002.

划时代的转型”(Best 和 Kellner，1997)，它意味着人类正在步入一个新的后现代时代，或者说出现了某些“后现代状况”(如超现实、碎化、元叙事的终结等)(Firat 和 Venkatesh，1995)，而这些状况与现代时代之间则存在一定的断裂，并导致了当代人的认同形态、价值观念、生活方式、情绪、态度和体验等的改变。

在对林林总总的后现代状况与现象的观察与解释中，波德里亚(J. Baudrillard)的兴趣主要集中在消费，并把美国看成是消费社会的老家(瑞泽尔，2003)。他将商品系统和以广告为基础的沟通系统看作是一种正在形成的“意义符码”，这种意义符码将自己的控制同时施加于社会中的物品和个体两者之上。他的核心思想是，在当代的消费社会中，物品(消费的客体)已成为一种其价值由符码①所决定的符号，我们可以根据这种符号来进行相互理解和沟通。因此，当我们消费物品时，我们实际上是在消费符号，并在这个过程中界定我们自己。也就是说，我们在很大程度上就是我们所消费的东西，人们是以他们所消费的物品为基础而将自己与其他类型的人相区别的。在波德里亚看来，消费是“一种操纵符号的系统化行动”，也是“一种积极的保持关系的方式”，而对于商品来说，“为了成为消费对象，该对象必须变成符号……它被消费，绝不在于其物质性，而在于其差异性”②。

然而，波德里亚(2000)也指出，符号或象征的消费并不是后现代的消费社会才有的现象，它甚至可以追溯到人类久远的原始部落时期。原始部落的人们在宗教节日里对其宝贵财富(如独木舟、棉被、雕有花纹的铜器)的竞相破坏活动——将其焚烧或扔进大海，不仅具有符号特征和象征的意义，而且也可以为人们创造一种在饥饿和贫穷中感受“丰盛”的体验。

---

① “符码”(code)在波德里亚那里是一个含糊多变的概念，这里我们姑且将之理解为“一种将各种稳定不变的术语集结合成信息的规则系统”(瑞泽尔，2003)。

② Baudrillard, Jean. Selected Writings [M]. Cambridge: Polity Press, 1988: 21-22.

但后现代人们的象征消费与原始部落的人们已有所不同，不仅日常消费的重点从“物”的消费转向了“符号”的消费，它还要求作为符号或象征的商品必须被景观化和审美化，以满足消费者将其日常生活“审美呈现”的需求(费瑟斯通，2000)。“通过媒体与陈列的广告宣传以及日常生活中的城市建筑景观与表现，进行影像生产的商业中心就必然通过影像来经常地再生产人们的欲望。因此，决不能把消费社会仅仅看作是占主导地位的物欲主义的释放，因为它还使人们面对无数梦幻般的、向人们叙说着欲望的、使现实审美幻觉化和非现实化的影像。”①于是，艺术进入了生产与再生产过程，所有的事物，即使是日常事物或者平庸的现实，都可归于艺术的记号下，从而成为审美的。艺术与日常生活之间的界限消解了，它被转移和应用到了工业设计、广告及相关的符号与影像的生产工业之中。任何日常生活用品都可能而且必须以审美的方式来呈现，并且唯有如此，它才可能受到市场和消费者的欢迎和青睐。

消费者日常生活审美呈现的另一层含义，是以景观或审美的方式对自我或自我形象的生产与再生产；而这里，自我或自我形象则成了被生产的客体或产品。消费者通过自我的景观化、审美化，使之成为“可出售的”(marketable)、受欢迎的、令人愉悦的客体。Firat 和 Shultz(1997)认为，后现代消费者已经具有了充当生产者的强烈倾向，并且这种倾向在两个方面凸显了出来：一方面，消费者将自我知觉为一种被提供给市场的产品，并且积极参与市场对他们的自我形象的生产和再生产(在这一意义上，消费者自身也就成了被再生产，同时也被消费的产品)；另一方面，他们逐渐地成了在生产和再生产他们自我形象中使用的产品生产过程中的伙伴。因此，消费具有了生产的性质，生产与消费之间的差异被消解，甚至被颠倒了(Firat，1991)。“生产绝不会停止，它是一个持续的过程，在消费的每一瞬间都有某种东西被生产：一个客体，某人，或者一般意义上的能指、形象和象征。象征的生产变成了种特殊的活

① ［英］迈克·费瑟斯通. 消费文化与后现代主义[M]. 刘精明，译. 南京：译林出版社，2000：98.

动。象征没有任何特殊的起源，并且可以通过符号系统来操纵。在这个过程中，消费者变成了象征/景观的消费者，因为那就是客体如何被呈递给他/她的。在这个象征/景观的世界，在一个市场统治的时期，消费者寻求意义和体验，而营销者创造景观。"①

可见，象征消费的兴起并日益发展成为一种主导的消费形态，与后现代社会状况的出现是分不开的。Debord(1983)把当代社会描述为景观的社会——一个每一件事情都从真实的经验中被排除从而变成它自身的颠倒的再现的王国。在一个景观的社会，景观定义了真实，而所有源起于它的体验和话语都变成了一种景观。人们普通的举止和日常活动被重新包装成迷人的和富有诱惑力的，商品包含着预先规定的角色和生活方式，甚至不满和批判都被商品化并被出售给体验和生产它们的人们。因此，用 Debord(1983)的话来说，"真实在景观中抗争，却只有景观是真实的"。

波德里亚(1983)扩展了 Debord 的理论，提出"超现实"(hyperreality)的概念，并称它为"比真实本身更加真实"(Baudrillard，1983)。"超现实"(hyperreality)是迄今被讨论得最为广泛的后现代性状况或后现代文化之一。波德里亚指出，当代西方社会已越来越成为"超现实"，人们不是生活在"现实"而是生活在"超现实"之中。根据波德里亚的观点，超现实是对虚假的、模拟的、想象的"真实"或者过去的"真实"进行了真实化的东西。超现实包含模拟，它不是被生产出来的，而始终是一种被再生产出来的东西。它之所以被称为超现实，似乎有两个理由：它超越了在现代(或科学)时代被认为是现实的那些东西；它也包含一些过去和现在的不真实的东西(Firat，1991)。

在今天的媒体和营销实践中，超现实无处不在，比如 MTV、由"历史"景观构筑的主题公园(如迪斯尼、杭州的宋城)、互联网上的虚拟空间、电视直播的伊拉克战争、大型多人在线游戏以及各

① A. F. Firat, A. Venkatesh.. Liberatory Postmodernism and the Reenchantment of Consumption[J]. Journal of Consumer Research, 1995(22): 239-267.

种各样的体验商店等。在超现实不仅被承认，而且被市场营销所实践的后现代文化中，消费者的“阅读”能力和“阅读”方式都改变了(Firat，1991)。一个经常被谈论的超现实及其所导致的人们阅读方式改变的例子是 MTV。“这种跳跃闪烁的 MTV，近乎为一种研究的理想类型。观众们如此紧紧地跟踪着变换迅速的电视图像，以至于难以把那些形象的所指，连接成为一个有意义的叙述，他(或她)仅仅陶醉于那些由众多画面迭连闪现的屏幕图像所造成的紧张与感官刺激。”①

这就是说，在超现实的后现代性条件下，人们不再寻求本质、中心和隐藏在表层下面的某种深层意义，影像、符号、形象等本身就成了人们在购买和消费时所追求的本质(Cova，1996)。他们不仅仅消费产品(或其使用价值)，也(甚至替代地)消费这些产品的象征意义，即形象。通过形象，后现代消费者建构了他自己的日常生活，并且感受自身存在的意义。

人们对形象进行消费则最终是为了从形象中获得情感体验(胡金凤，2002)。这种消费，本质上可以看作是一种享乐主义消费。在享乐主义消费中，情感代替了功能，象征价值代替了使用价值。在现代性条件下，享乐主义曾被贬为低级、无深度的，并被谴责为自毁的。在后现代时代，享乐“不再是权利或乐趣的约束机制，而是公民义务约束机制”。② 人们把追求享乐看成一项事业，并将其与清教徒的事业相提并论(Baudrillard，1970)。于是，享乐主义消费被“合法化”，对从未有过的全新刺激和更强烈的情感体验的追求成为后现代的人们在日常生活实践中的共同旨趣。

尽管一般认为中国社会尚处于现代化的过程之中，似乎象征消费并不能成为这个社会的主流。然而我们也应看到，中国的传统文化，特别是源自儒家教义的传统文化，却使得象征消费在中国人的

---

① [英]迈克·费瑟斯通. 消费文化与后现代主义[M]. 刘精明，译. 南京：译林出版社，2000：7-8.

② [法]让·波德里亚. 消费社会[M]. 刘成富，全志钢，译. 南京：南京大学出版社，2001：70-71.

日常生活中始终具有重要的、突出的地位。中国人自古就讲“千里送鹅毛，礼轻情义重”，这里的“鹅毛”就是承载情义的象征性符号，它是被作为象征来消费的。东西方文化的区别之一在于“权力差距”(power distance)信念：东方人(包括中国人)相对于西方人更期望、接受和认可不平等权力的存在(Hofstede，1980)。在一个期望和认同权力差距的社会里，社会等级制度和观念不仅合理存在，而且被广泛认同，对于中国人来说，社会等级不仅意味着成就，而且是一个人及其家庭、亲友乃至宗族的确定性标志(Hsu，1981)，因此反映在消费行为中，中国人的消费行为也同样具有很强的等级性，并且许多的商品被赋予了特权、地位、财富等象征意义(Wong和Ahuvia，1998)。研究者发现，中国消费者相对于欧美消费者来说，他们更重视昂贵的、可以代表特权身份的品牌以及可以强化拥有者个人形象的商品(Richins，1994)。中国传统文化中的面子观或面子意识与物质主义相关(Wan等，2008)，导致了中国消费者对价格昂贵的奢侈品的强烈需求与偏好(Wong和Ahuvia，1998)，它也使得中国消费者具有了显著的“从众性”、“区分性”和“他人取向”的面子消费或象征消费倾向(Li和Su，2006)。

可见，中国传统文化本身就造就了中国人的地位消费、面子消费、个性消费、人情消费等许多象征消费倾向，并使得这些消费在中国人的日常生活中占据了重要的地位。在当代的全球化背景下，源自西方世界的后现代主义必然对它产生进一步的影响。事实上，由于西方国家在文化、经济和政治上的广泛影响，我们几乎可以在全球的任何一个地方感受到它的存在(Firat，1991)。更有后现代理论家断言，西方的后现代主义本来就起源于中国(霍伊，2004)。因此，我们可以相信，在中国传统文化与西方后现代主义文化的交互作用之下，象征消费对于中国人的重要性及其在日常生活中的地位将会更加突出。这正是本研究选题的一个根本原因所在。

2.2.2 自我、意义与象征消费

上面已经从社会、文化的“宏观”层次分析了象征消费的兴起，下面的分析重点将转移到个体的“微观”层面。我们将着重分析和

探讨四个方面的问题：①作为消费者的个体为什么要进行象征消费，或者说象征消费的动因是什么？②如何认识消费者的作为“象征空间”的自我？③作为消费者的个体如何通过象征消费进行他或她的自我建构？④从文化的视角来看，当代的象征消费是否具有某些典型的形态或特征？

1. 消费者的自我：象征消费的动因解释

一般认为，象征消费的动因源自消费者的自我(self)或身份(identity)：消费者常常使用象征化的产品和品牌来建构、维持和表达他们的自我。这种观点实际上在许多的消费者研究中处于核心的地位，它所隐含的假设是，自我将直接转化为象征消费，象征消费则具有建构和表达自我的潜力(Schau 和 Russell，2005)。由于自我的意义是抽象的、无形的，消费者必须借助于有形的物品(如产品和品牌)和具体的消费行为，来定义和表达他们的自我(Schau 和 Gilly，2003)，进而达到自我提升(Grubb 和 Grathwohl，1967)、自我验证(Kleine 等，1993)、维持“过去的自我”之感(Belk，1990)、实现“自我的过渡”(Belk 和 Melta，1991)、改善自尊(Banister 和 Hogg，2004)以及赢得社会认可(Keller，1993)的目的。简言之，象征消费是由与自我相关的需求和目标所激发的。

实际上，我们每一个人都处在不断寻求自我的过程之中，希望通过对生活意义的寻求来建立或恢复一种有关“我是谁”的自我感。尽管对意义的寻求并不是当代社会所独有的现象，它甚至可以被看作是人类存在的一种基本形式，但是，随着社会经济和文化的变迁，当代人的自我却更多地面临着“日益迫近的个人无意义的威胁”或者消弭于“无我”之中的可能。因此，从自我产生于空虚或虚无的观点来看，个体为了获得一种“存在”的自我感，就不得不持续地用意义来填补这种空虚(Wattanasuwan，2005)，并借助于这些意义在他们的自我与他人或群体之间建立起社会的联系。无疑，意义的寻求对于自我的建构、维持和沟通都是至关重要的。

人类个体为了建构自我所寻求的意义，则是可以从物质的客体中获得的。因为文化的意义(如有关社会分类、文化价值的意义)

虽然是无形的，但它们常常会经过人类的实践而被“物化”，即转移到物质的客体中，从而使它们具有意义“表述”的功能(McMracken, 1986)。而在当代的社会文化状况下，个体建构自我所需要的最重要的象征资源(具有象征意义的物质客体)，就是产品和品牌(Thompson 和 Arnould, 2005)。正是由于产品和品牌成了文化意义的物化形式，它们才可能被消费者用作自我建构与表达的象征或符号，充当人与人之间社会交往和沟通的媒介(Schau 和 Gilly, 2003)，进而发展成消费者的“延伸自我”(Belk, 1988)或他的“所爱之物”(Ahuvia, 2005)。

2. 作为“象征空间”的自我

如果人们从事象征消费就是为了自我的建构或表达，那么，将自我视作一个“象征空间”(Newsom, 2004)对于理解消费者的象征消费行为是有帮助的。我们可以通过“空间”和“时间”两个维度来对作为“象征空间”的消费者自我进行描述(参见图 2-1)。

未来	未来的 个人自我	未来的 关系自我	未来的 集体自我
现在	现在的 个人自我	现在的 关系自我	现在的 集体自我
过去	过去的 个人自我	过去的 关系自我	过去的 集体自我
	个人的	关系的	集体的

图 2-1 消费者作为“象征空间”的自我

资料来源：王长征，2007。

传统上，社会心理学家的兴趣似乎更多地放在了自我在空间的延伸上(表现为“自我边界”的扩展)，并且认为寻求“延伸的自我感”是人类的一个基本动机(Brewer, Gardner, 1996)，如从社会身份中获得一定的自尊或自我满足。许多自我理论在个人自我(反映了个体区别于所有他人的那些方面）和社会自我（反映了个体被他人或重要的群体所同化的那些方面）之间做出了区分。例如，Markus 和 Kitayama（1991）研究了自我概念中的文化差异，提出了“独立性自我”（independent self）和“互依性自我”（interdependent self）的分析框架（Markus，Kitayama，1991）。依据他们的观点，独立性自我是由个体区别于他人的特性所定义的，这些特性包括个体的能力、态度、价值观、动机和人格特质等。互依性自我则是根据重要的关系、群体身份和社会角色来定义的。根据他们的观点，西方人（以美国人为代表）与东方人（以中国人和日本人为代表）的区别之一就在于，生活于个人主义文化中的西方人倾向于对自己形成独立性自我的解释，而生活于集体主义文化中的东方人则倾向于对自己形成互依性自我的解释（Cross 等，2003）。

在这些理论中也隐含或明确提出了对社会自我的两个层次的进一步划分（Brewer，Gardner，1996）：一个是源自个体与特殊的他人之间的关系和相互依赖的社会自我，另一个是源自较大规模的群体或社会分类中的成员身份的社会自我。例如，Greenwald 和 Breckler（1985）提出了“私我”（private self）、“公我”（public self）和“集体自我”（collective self）的概念（Greenwald，Breckler，1985）。公我代表的是自我概念中对重要他人的评价最为敏感的方面，它由有关个体与他人之间的交往和关系的自我认知所构成。集体自我则反映了重要参考群体的规范和特征的内化，它由与群体认同（group identification）相一致的自我认知所构成。

在上述理论的基础上，Brewer 和 Gardner（1996）提出了“个人自我”（personal self）、“关系自我”（relational self）和“集体自我”（collective self）三个层次的自我分析框架。根据他们的分类，个人自我是个体化的、差异化的自我概念，它类似于 Markus 和 Kitayama（1991）的独立性自我的概念；关系自我是源自与重要他人之间的联系和角色关系的自我概念，它非常接近于 Markus 和 Kitayama（1991）所定义的互依性自我；集体自我则与社会认同理论和社会分类理论中的社会身份（social identity）概念一致，指的是根据群体的成员身份所定义的自我。在这一分类中，从个人自我到关系自我、再到集体自我，可以看作是个体的自我在空间上的一种“延伸”，因此也就构成了图 2-1 中所描述的自我“象征空间”的一个维度。

此外，为数不多的研究者对自我的时间维度进行了讨论。尽管有一些传统的社会心理学的讨论可能已经超出了自我的空间维度，但它们没有明确提出时间上自我延伸的概念。其中，颇为著名的便是将自我区分为实际自我(actual self)、理想自我(ideal self)、社会自我(social self)和理想的社会自我(ideal social self)的理论框架。然而，这些理论并没有把关注的重点放在自我的时间维度上。相反，在市场营销和消费者研究领域，Belk(1990)则明确提出了个体的自我可能在时间维度上被延伸的观点。

Belk(1990)指出，拥有物有可能成为消费者的“延伸自我”，这是一种空间的延伸。通过这种延伸，拥有物可以使我们变成“更大的人”(bigger people)。然而，自我也可以在另一个维度，即时间维度上被延伸，因为除了根据直接的环境被定义外，我们也根据我们的过去和未来而被定义。类似地，Kleine 等人(1995)对物恋(material possession attachment)的研究也发现了“依恋空间”中存在的时间维度。

3. 消费者的象征工程：自我的叙事与建构

那么，消费者是如何进行自我建构的呢？自 Belk(1988)的一篇题为《拥有物和延伸自我》(*Possessions and the Extended Self*)的经典论文发表以来，叙事理论对于自我的概念化就逐渐为消费者研究者所广泛接受(Ahuvia，2005)。依据该理论，消费者的自我可以被描述为需要利用象征资源来建构的一个象征工程或身份工程(Thompson 和 Arnould，2005)。在这个工程的建设中，消费者生活中的重大事件便联系在一起构成了一个故事，人们根据这个故事才能理解他们自己及其生活的意义。消费者的故事不仅使人们能够理解他是谁、他是一个什么样的人，而且能够为个体创造一种连贯的、整体的自我感；它既解释了特定的个体与他人、群体之间发生的亲密关系，也解释了他对另一些人、另一些群体的拒绝。因此，人们的自我感是通过叙事被建立起来的。在这一意义上，消费者的身份叙事可以被视为一种戏剧表演(Murray，2002)，它使得消费者能够使用商品这一道具上演他个性化的文化剧本，叙述他个人的故事。

通过身份叙事，商品(包括品牌)不仅被赋予了个性化的意义(Escalas，1996)，而且它们在消费者自我的建构中扮演了关键性的角色。在相当程度上，他们正是通过对具有象征意义的物品和行为的选择来实现自我定义的(Schachter，2002)。消费者在选择、获得、持有和使用物品、象征和媒体，在选择和付诸某个行动，在建立、维持和发展人际关系网络的过程中，都会有时间、情感、精力和其他资源的投入。这些投入便构成了个体对于某个特定领域的累积性承诺，包括拥有物承诺、社会承诺、媒体承诺等。而这些投入或承诺的高低，也就决定了特定的自我或身份对于个体的重要性(Kleine 等，1993)。以网球运动爱好者为例，一名网球运动爱好者拥有的相关物品(如球鞋、运动衣、球拍等)越多(表明他的拥有物承诺越大)，他越大量地获取相关的媒体或出版物提供的信息(媒体承诺)，他作为网球运动爱好者的这一特定的身份对于他来说就会越重要。

对于消费者如何利用产品、品牌等象征资源进行自我的定义和表达，我们也可以“超女”迷来做进一步的说明。作为一名“超女”迷，“我”可能大量地搜寻、阅读有关“超女”的信息和报道，观看“超女”的电视节目，出席“超女”的演唱会，与其他人谈论“超女”，展示本人拥有的相关物品(如“超女”的照片)，甚至购买和使用“超女”在广告中代言的商品。在这些消费过程中，随着承诺(即在时间、金钱、情感、精力等资源上的投入)的不断增加，“我”才逐渐发展出一种作为“超女”迷的自我感，并且因为我的这些消费行为才成功地与他人沟通这一特定的自我，赢得其他“超女”迷的承认或赞赏，而这反过来又会通过“反射性的自我评价”，进一步强化“我”作为一名“超女”迷的自我感。在这一过程中，具有象征意义的物品(如“超女”的照片、她们代言的品牌)和行为(如出席“超女”演唱会)都发挥着关键性的沟通作用。

但是，由于当代的消费者个体往往拥有多重的、动态的和矛盾的自我，他们在现实生活中也可能遭遇自我分裂或碎化(Firat等，1995)的危险(Ahuvia，2005)。在面对这种情形时，不同消费者个体的态度、体验和选择可能是不一样的。对于有些消费者来说，他们可能不再寻求某种“核心的”或“本质的”自我，他们也不再去试图建构一种连续的、宏大的叙事；相反，他们仅仅以一种游戏的心态对待他们的自我，通过投身于不断的自我形象转换的游戏，寻求在每一种情境、每一个瞬间的自我建构与表达中获得一种积极的情感愉悦和体验(Firat和Shultz，1997；王长征，2006)。对于他们来说，明智的生活策略就是尽量避免维持某种固定的认同，而不是坚持某种固定的认同(鲍曼，2002)。因此，反映在现实的消费生活中，我们常常可以观察到，有些消费者并没有一个连续的、稳定的自我形象，他们在每一种消费情境中所呈现的自我形象可能都是不一样的。事实上，只要有购买能力，他们就会为了在某种情境中塑造和表达某种自我形象，尝试性地、暂时地购买和消费一些商品，然后，他们会很快地放弃这些商品，带着另外一些商品进入另外一种情境，转向另外一种形象。这就是有些社会学家和营销学者所称的一种“自我碎化”的后现代社会状况。

4. 个人主义与部落主义的象征消费

消费是“文化渗透的”(费瑟斯通，2000)。由于后现代时代可以被看作是个人主义和新部落主义并存的时代(Cova，1997)，而且本书的研究涉及了个性消费、地位消费及群体性象征消费，所以这里有必要分析个人主义和部落主义两种文化取向对象征消费的影响。

现代性是作为一种承诺将人类从蒙昧和非理性中解放出来的进步力量而走上历史舞台的。自文艺复兴以来，被西方社会所推崇和正当化的一种基本意识形态，就是个人主义。个人主义所强调的是具有独立自决权的个人主体。作为现代的启蒙工程之一，就是要将人类从传统的“公共调解形式”(如家族、村落、宗教等)中解放出来，以成为自由的个人主体。因此，在现代的观念中，社会的联系实际上被看成了约束个体，即妨碍个体的某种东西(Cova，1997)。

作为意欲从社会束缚中解放出来的现代追求的一个逻辑结果，后现代性便具有了个人主义的特点(Cova，1996)。从社会束缚中解放出来的后现代个体，重新拾回了自我，并且总体上成了自治的。在理论上，个体的自由权利已不再受到经济、政治、知识和意识形态等条件的限制。可以说，我们已经进入了一个“平凡个体”的时代——任何人都可以，而且必须采取个人行动以生产和展示他自己的存在、他的区别的时代(Elliott，1999)。后现代个体现在变成了观光者或流浪者(鲍曼，2002)，他们不再有或者很少有持久的社会联系。社会的碎化，尤其是消费的碎化，则是这种后现代个人主义最显而易见的结果。

然而，在后现代时代，人们在感受个体自由的同时也看到了自由的赎回：他必须为自由，为品牌和产品的过剩付出代价。例如，物质的富足将人们从现代社会导致人类“异化”的工作，包括购物本身中解放了出来。但是，传真、电视、电话、互联网等技术尽管允许人们之间进行“虚拟”的互动，却产生并加剧了个体的与世隔绝。个体的孤立又进一步导致了个体的自恋和传统社会的解体，他总是处在寻求认同，即对生活意义的寻求过程之中。因此，后现代时代可以看作是个人主义发展到极致，从而导致严重社会解体的时代。

传统社会的解体导致了现代参照结构的缺失，而这反过来又促使人们产生了“对价值的渴望”和“对社区的欲望”(Cova，1997)。为了寻求认同和意义，后现代社会中便出现了重构社会的企图。那些最终从社会束缚中被解放出来的人们，现在又发起了一种相反的社会运动，即基于情感的自由选择重构他们的社会世界。在后现代社会中，我们便看到了一种所谓的新部落主义的兴起。

“部落”(tribe)概念源自人种学，人种学用它来描绘古代社会的特征，在那里，社会秩序的维持并不依赖于中心权力的存在。后现代部落的维持依靠的是成员在社会互动过程中共享情感时的体验，这种体验可以被看作是向已经被现代思想所拒绝的前现代思想的一种回归，它重视的是与进步相反的观点，如社区、地方感、怀旧……“部落”一词在后现代的语境中指的就是这种准古代价值观的再现：一种认同、宗教信仰、不同信仰的调和、群体自恋等的聚集平台或地方感。它可以指代一群人、某个地域或者一种感觉，也就是说，后现代社会已碎化成一个个短暂的、不稳定的而且是情感方面的部落。在这一意义上，新部落代表了后现代社会的动态特性。

我们可以依据拉丁方法①来对当代社会的部落化进行更深入的理解：社会是一个由微观群体集合成的网络，在这些微观群体中，个体共享强烈的情感联系、一个共同的亚文化、一个生活愿景(De Marseille，1994；Maffesoli，1996)。在我们的时代，这些微观群体发展了它们各自复杂的符号和意义，并且形成了多少有一些稳定的部落，而这些部落对于各种社会科学来说是看不见的。每一个个体都属于数个部落，在每一个部落中他都可能扮演一个不同的角色和戴上一个特殊的面具；这意味着，社会学分析的理性工具不能对他进行归类。对于个体而言，属于这些部落已经变得比属于某个社会阶层或细分市场更加重要。社会地位，即个体在某个社会阶层中的固定位置，逐渐被社会构型(societal configuration)——即个体在他的部落之中或部落之间动态和灵活的定位——所取代。

可见，新部落主义意味着对某些准古代价值观的再现(即对一种身份、宗教信仰、不同信仰调和、群体自恋的地方感的强调)，它试图复活村庄或街区的社区原型。但是后现代的部落不是空间上可以明确定义的社区，它们本质上也是内在不稳定的、短暂的、小规模的、情感的，并且不为任何现代社会已确立的参数所固定。相反，它们是通过共享的情感和热情而聚集在一起的，而且也只以通过符号和仪式表明其成员承诺的形式而存在。

① 指拉丁社会营销学派(the Latin School of Societing)的一种视角和方法，它的核心命题是，联系(the link)比物品更重要。相对来说，北欧学派把消费(仅仅)看作是自我的定义，而拉丁学派则坚持认为，为了联系价值而消费的产品和服务，至少同为了它们的使用价值而消费的一样多。在这里，物品(或商品)实际上被视为人们建立或维持社会联系的一种媒介，从而使物品具有了符号意义，进而使消费成为一种文化(Lury，1996)。

相对于细分市场来说，部落的成员是异质的，细分市场的成员则是同质的，而且一个个体可以同时归属于多个部落。在今天的社会中，我们已可以看到许多这样的新部落，如滚轴溜冰者、网络聊天者、哈雷摩托的拥有者、“红学”爱好者或者球迷等组成的部落。如果说个人主义所寻求的是通过摆脱社会的联系来获得个体的自由，那么，部落主义所寻求的则是通过建立社会的联系来实现情感与体验的共享。

总体来看，部落已经“复活”，而个人主义仍未隐退，当代社会已经进入一个个人主义与部落主义并存的文化时期①。它们同时左右着当代人的消费和生活，而他们似乎也并未因此感受到矛盾、冲突和焦虑。因为消费被当作了“过程的瞬间”(Poster，1975)，消费者关注的仅仅是“当下”，即通过每一瞬间成功的自我建构来获得积极的体验和情感的愉悦，而不再将消费总体化、一般化，即将消费看作是一种“中心化的叙事”(Firat 和 Shultz，1997)。

个人主义和部落主义的影响，便产生了“个人主义的象征消费”和“部落主义的象征消费”(王长征，2006)。个人主义的象征消费是为了定义自我，建立区别，张扬个性。在这种消费中，主要涉及人(消费者)与商品(在这里，商品等于符号)之间的关系，而且往往涉及一组商品，人与人之间的关系并不直接。但是，在消费者为自我创建的意义与其向社会传达的意义之间却经常存在一定的紧张关系。一般来讲，解决这种紧张关系需要消费者之间进行积极的意义谈判，谈判的基础则依赖于他们在多大程度上共享集体的想象力(Elliott 和 Wattanasuwan，1998)。因此，营销(特别是广告)可以在为消费者创造共享的文化意义上发挥关键性的作用。部落主义的象征消费则主要是为了建立社会(或社区)的联系，建构社会的身份与认同，从而达成情感的分享并获得一种归属感。它经常表现为部落的仪式活动(如游行、集会等)以及对一组能够识别和区分部

① 正是这两种文化价值取向的并存，才导致许多研究者观察到了“个性消费”以及相对较小的研究者社区观察到了“部落消费”。在这一意义上，个性消费和部落消费也可以看作是当代消费文化的两种基本的表现形态。

落成员与非成员的商品符号的选择和使用。因此，它不仅涉及人与商品(等于符号)的关系，更重要的是涉及人与人、个体与群体之间的关系，商品的主要作用是为人与人之间的社会联系和认同关系提供积极的支持。

由于自我直接转化为象征消费，人们从事象征消费的根本动机就是为了实现自我的建构与表达，因此，我们有理由相信，个人主义将促进消费者对品牌的个人形象(或品牌个性)的积极反应，而部落主义将促进消费者对品牌的集体形象的积极反应。这一判断将是本书探讨品牌的个人形象和集体形象效应的基本依据。特别是，正是由于象征消费所产生的消费者与品牌的关系本质上是一种自我—品牌关系，本书的研究才将自我—品牌联结(self-brand connections)作为衡量消费者对象征性品牌形象的反应的一个核心变量。

2.2.3 自我建构中的商品角色及品牌关系

Solomon(1983)指出，产品不仅被消费者用于对潜在需求的反应(传统的信息处理模型所关注的重点)，而且也被用于对消费者的社会行为的刺激。从象征互动主义(symbolic interactionism)的视角来看，许多产品的消费所带来的主观体验导致了消费者对社会现实、自我概念和行为的建构。越来越多的消费者研究者所形成的一个基本共识是，产品在人们的生活中不仅扮演着功能的(通过执行必需的功能、帮助它的使用者实现对环境的控制和解决外部强加的问题)和体验的(通过提供感官愉悦、审美享受、娱乐、一般性的情绪唤起以及安全感和温馨感等)角色，它们也具有身份的功能(function of identity)。在个体层次上，产品可以通过建立孩子与父母的联系、将过去的经验和关系有形化以及充当延伸的自我而被用于个体的自我概念与个性的表达(Belk，1988；Prentice，1987；Maclnnis 和 Jaworski，1988)。在群体和社会层次上，产品可以通过发出个体所处社会位置和所扮演角色的明确信号而帮助人们进行身份的建构和管理(Prentice，1987；Solomon，1985，1988)。

Fournier(1991)根据产品意义的有形性(tangibility)、情绪性

(emotional response)和共享性(communality)三个维度，将产品区分为八种类型：

(1)实用产品(objects of utility)。实用产品的意义与它的特有属性和利益及其所提供的需求满足有关。它的使用受外部产生的需要解决的问题所驱动。这类产品包括必需品和那些帮助消费者对环境进行控制的产品(如空调、罐头开启工具)。

(2)行动产品(objects of action)。行动产品的价值取决于它给用户带来的体验和情绪。它的主要功能是给用户提供刺激、兴奋和唤起，如运动型汽车、音乐、爱情小说等。

(3)鉴赏产品(objects of appreciation)。它们是被作为一个整体而被体验和鉴赏的产品，如表演艺术、家庭装修和优质葡萄酒。鉴赏产品给用户带来的主要是享受或娱乐，而不是一般的唤起。

(4)转换产品(objects of transition)。这些产品在使用者的过渡期为他们提供宁静、安全、温暖和舒适的感觉，它们能帮助消费者完成角色的转换(如商务套装)或者唤起他们对快乐时光的回忆(旧的大学运动衫)。

(5)童年产品(objects of childhood)。它们是童年时期曾被使用、代表着童年记忆的那些产品。

(6)仪式强化产品(Ritual Enhancers)。这类产品与习惯性行为和个人仪式有关，被用作重要的个人体验的调节器。它们对于用户的价值高度依赖于仪式(早晨起床后喝一杯咖啡的仪式性消费)；离开了仪式，它们也就失去了意义。

(7)个人身份产品(objects of personal identity)。个人身份产品被用于表达实际的或理想的自我，并传达个人所拥有的核心价值观。消费者对它们的使用和展示是为了建立自己的个性，如自行车运动装备被用于表达个人的兴趣爱好、有关航海的书籍被用于向别人暗示自己的理想或抱负等。这些产品象征着有意义的事件、关系和经历，它们本身并没有什么意义，其价值在于它们被赋予了丰富的情绪、感情和知识。

(8)位置和角色产品(objects of position and role)。这些产品传达的是文化层次上的自我，它们具有帮助消费者融入社会的功能。

这类产品包括地位象征(如旅行经历)和角色相关的一组产品(如雅皮士使用的产品)。

尽管本书中的研究并没采用上述分类方法，但 Fournier(1991)根据有形性(客体意义的基础是主观的、象征的还是客观的、有形的)、共享性(客体的核心意义是文化的还是个人的)以及情绪性(产品给消费者所带来的情绪体验的高低)三个维度进行的讨论，对于本研究却是非常具有启发意义的。事实上，品牌形象研究在相当程度上就是在客体意义研究这一大背景下展开的。例如，Keller(1993)将品牌形象定义为通过消费者记忆中的品牌联想反映出来的对于品牌的各种感知，并将品牌联想根据它们的抽象程度区分为属性、利益和态度三种类型。其中，利益联想又被区分为功能、体验和象征三种利益。Aaker(1997)有关品牌个性的研究，是建立在消费者有可能将人的特征赋予产品和品牌的理论假设之上的。近年来不断增多的基于身份信号(identity signals)理论所进行的有关消费者对具有身份信号的产品反应的研究(如 Wang 和 Wallendorf，2006；Berger 和 Heath，2007)，也是与客体意义研究密不可分的。

本质上，象征消费就是通过产品和品牌所代表的象征意义的占用，以达到自我建构或表达的目的。因此，在象征消费的条件下，消费者与品牌的关系，实质上就是一种自我—品牌关系。由于消费者个体拥有多重的、复杂的、动态的，甚至是冲突的自我(Reed 和 Bolton，2005；Ahuvia，2005；Firat 和 Venkatesh，1995)，并且不同的自我会导致不同的消费选择，因此，任何消费者—品牌关系模型，要对品牌的象征定位具有现实的理论指导意义，都不能不考虑消费者自我及其构成(而不是把它简单地当作一个“总体”)，以及特定的自我—品牌关系所赖以产生的基础和条件。然而，以往的消费者—品牌关系研究似乎并没有对此给予应有的重视，虽已认识到消费者与品牌的关系本质上就是一种基于意义的关系(Thompson，1997)，但除了极少数的例外(如王长征，2006；Fournier，1991)，基本上都是将消费者的自我作为一个总体来对待的。

以往的研究主要建构了三种类型的消费者—品牌关系模型(见图 2-2)。第一种是传统的消费者—品牌关系模型(图 2-2(a))，它包含的是一种简单的消费者与品牌之间的双边关系。该模型(包括它的扩展模型，如 Fournier 于 1998 年提出的品牌关系质量模型)不仅将品牌人格化，而且把它视作消费者的关系伙伴(Fournier，1998)。它所隐含的假设是，“人—物”关系是可以替代“人—人”关系或者两者是可以互换的(Cova，1996)。因此，在这种模型中，只存在人(消费者个体)与物(品牌)之间双向的意义转移与交流。

第二种是“消费者—消费者—品牌”关系模型(图 2-2(b))，在这种模型中，研究者引入了“消费者—消费者”关系维度(Grubb 和 Grathwohl，1967；Belk，1988；Muniz 和 Guinn，2001)。其核心思想是，品牌在消费者的人际交往和社会互动中扮演着重要的角色，它可以充当人与人之间沟通的媒介(Belk，1988)，同时也承认消费者与品牌之间存在一种交流，即“意义”在两者之间的转移(Grubb 和 Grathwohl，1967)，但品牌主要是对消费者与消费者之间的社会联系起到一种支持性的作用，而非支配性的作用(Cova，1996，1997)。

第三种是群体层次上的消费者—品牌关系模型，代表性的是 McAlexander 等人(2002)提出的“以顾客为中心的品牌社区”模型(图 2-2(c))。该模型的特点是，它将消费者(焦点顾客)在品牌社区中的关系区分为品牌、产品、营销者和消费者四个维度，并且根据这四个维度来测量消费者个体在品牌社区的融入度(integration in brand community)，以此来判断品牌关系的质量。它所强调的不是品牌融入消费者的自我，而是个体对其所属群体(品牌社区)的融入。

上述三种模型对于解释和理解现实生活中某些特殊的象征消费现象是有帮助的。例如，第一种模型可以为品牌成为消费者的“延伸的自我”(Belk，1988)、“关系伙伴”(Fournier，1998)以及消费者对品牌的“依恋”(attachment)等个体层次的象征消费现象提供部分的解释，后两种模型则可以各自为部落消费、消费亚文化和品牌社区(Muniz 和 Guinn，2001；McAlexander 等，2002)等集体层次的象征消费现象提供一定的解释。然而，这三种模型却存在一个共同的局限或不足：它们要么没有涉及消费者的自我，要么仅将消费者

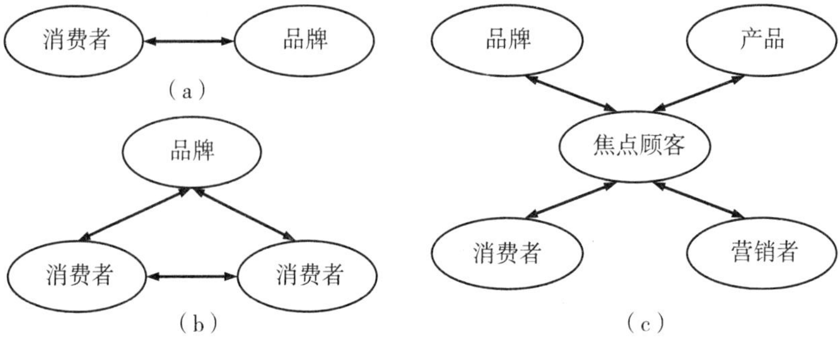

图 2-2　现有的消费者—品牌关系模型

资料来源：王长征，2006。

的自我当作一个“总体”，没有深入、系统地反映象征消费条件下的自我—品牌关系。

针对上述模型建构中的不足，本书作者曾基于社会心理学中所提出的包含“个人自我”、“社会自我”、“关系自我”和“集体自我”四个层次的自我分类框架(Brewer 和 Gardner，1996；Brown，1998；Cross 等，2003)，提出了一个基于象征意义的自我—品牌关系模型(见图 2-3)。

根据自我理论(包括身份理论和社会身份理论)对人类行为的解释，当不同层次的自我运行或在总体自我中变得显著时，个体自我定义的焦点、自我评价的基础和社会动机的性质等都会改变，进而对其消费行为产生关键性的影响。例如，对于消费者个体来说，当某种社会情景使他的个人自我在其总体的自我中相对显著时，他很可能就会更多地去考虑个性象征性的品牌，如百事可乐、动感地带等(象征着时尚、独立、反传统的个性)；当社会自我相对显著时，角色象征性的品牌，如奥迪、奔驰等(象征着成功和社会地位)很可能就会成为他的选择对象；当关系自我相对显著时，他很可能就会去寻求关系象征性的品牌，如可口可乐、巨人脑白金等(象征着亲情、友谊)；当集体自我相对显著时，他所寻求的则可能是群体象征性的品牌，如“Harley”(摩托车品牌)、“Jeep”(汽车品牌）等（象征着特殊的亚文化群体）。基于象征意义的自我—品牌关系模型见图 2-3。

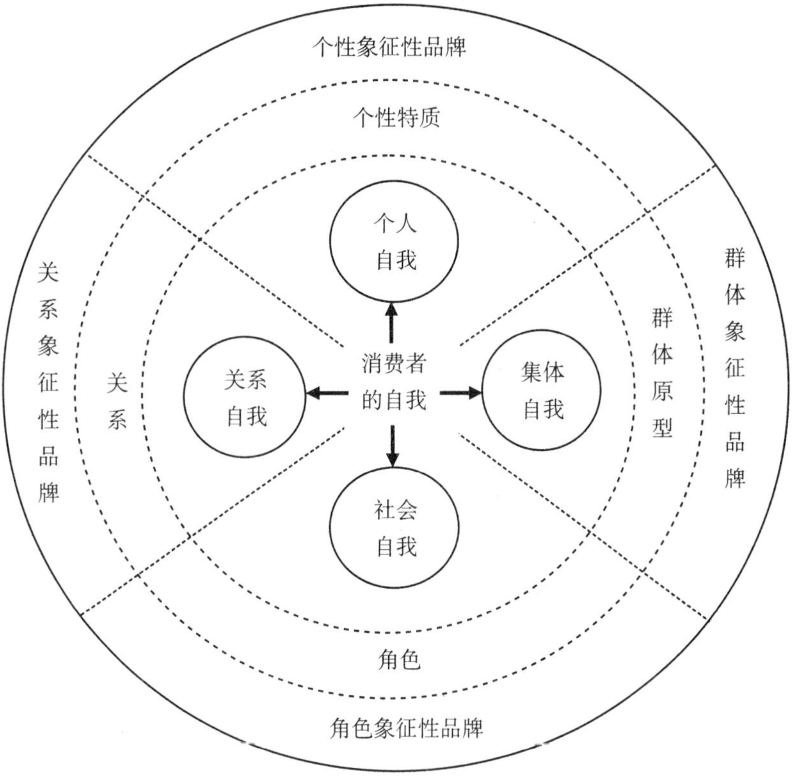

图 2-3　基于象征意义的自我—品牌关系模型

资料来源：王长征，2006。

因此，对于特定的品牌来说，只有当它被赋予的象征意义与消费者自我定义的意义相“匹配”时，消费者才可能接受和选择该品牌，愿意建立和发展与它的关系。换言之，企业通过品牌定位而塑造的象征性品牌形象，必须与消费者试图建构、发展和表达的特定自我保持一致。由于消费者个体拥有多重的，甚至是冲突和矛盾的自我，同一个品牌被消费者同时用来表达他的多种不同自我的情况，在现实生活中是很少发生的。这意味着，就品牌的象征定位而言，必须首先决定塑造何种类型的象征性品牌，即在个性象征性品牌、角色象征性品牌、关系象征性品牌和群体象征性品牌中做出选择，在此基础上，进一步决定与哪些具体的个性特质，哪种角色、关系或群体原型建立特殊的品牌联想，从而最终与消费者的特定自我建立一种联系。

上述思想或观点既为我们概念化和发展多维的“象征性品牌形象”构念提供了重要的理论基础，也为我们探讨象征性品牌形象效应与作用机制提供了重要的启示。在象征性品牌形象构念的理论建构中，我们不仅将象征性品牌形象定义为被赋予(或注入)品牌的自我意义(或象征意义)，而且根据品牌所代表或表达的意义所对应的自我概念，将其区分为“个人形象”、“社会形象”、“关系形象”和“集体形象”四个维度。在讨论象征性品牌形象的效应与作用机制时，我们将自我—品牌联结(self-brand connections)作为“效应链”考察的一个中心环节，并基于现有的品牌关系理论(包括品牌涉入、品牌信任、品牌忠诚等研究领域的成果)将消费者的自我、自我—品牌联结、品牌忠诚等联系了起来。

2.3 面子消费研究

2.3.1 面子概念

1.“面子”的理论建构

“面子”作为一个理论概念的发展，一般认为始于胡先缙(1944)基于“脸面分野”的理论建构。她指出，中国人对于如何获取个人的声誉和地位存在两组标准：一是“面子”，指经由个人的努力、成功、夸耀等而获得的声誉；二是“脸”，即通过个人的道德品格完善而赢得的他人的尊敬。自胡先缙之后，则出现了许多针对面子的不同定义，其中包括 Goffman(1955，1959)所提出的面子概念。尽管后来的定义在理论视角、关注重点、使用的术语及文字表达上各有特色、也存在颇多的争论，但“西式的”面子研究基本上采纳了 Goffman 的定义，而“中式的”面子研究则基本上遵循了胡先缙的定义(翟学伟，2011)。

以 Goffman 为代表的西式研究将面子的定义与自我概念(self concept)或自我形象(self image)联系了起来。Goffman(1955)给出的面子定义是：“面子这一术语是指在某一特定的交往中，个人按照他人也会认定他会遵循的那个行为准绳，而有效地声称自己所得到的那个正向社会价值。面子是依据被认可的社会态度，给自我描绘的形象——而这一形象也能让他人分享，因为这时他靠美化自己，显示其职业或德性上的优越性。”这一定义中值得关注的是，它强调了：(1)面子是一种自我形象；(2)这一形象传达或包含个体职业或德性的意义；(3)该形象能获得他人的积极评价，即所谓的正向社会价值；(4)个体赢得他人对其自我积极评价的前提是必须遵守一定的行为规范；(5)面子依赖于他人的在场，它是在社会互动情境中所要求和产生的。因此，简单地讲，Goffman 定义的面子就是个体通过与他人的互动而得到确认的一种积极的自我形象(Chan 等，2009；Goffman，1967)。

Goffman 的追随者对面子定义的差异主要体现在对面子背后的“自我”的认识上。例如，Brown 和 Levinson(1978)的礼貌理论认为面子就是每个人要求他人认可的公众自我形象；Ting-Toomey 和 Kurogi(1998)所指的面子，是依他人的态度和行为而定的公共的、社会的和流动的自我概念；Lim(1994)则将面子看作一个人向他/她人所声讨的积极的公共意象。可以说，正是由于受到 Goffman 的启发，后来的一些心理学家才对面子背后的自我进行了关注，并由此发展出西方的印象整饰理论，进而将中国人的面子功夫与西方人的印象整饰等同了起来(翟学伟，2005)。

由于 Goffman 的定义是以美国的个人主义文化为基础的，并且以试图建立一个可跨文化地应用于解释所有人际互动模式的一般理论为目的，它实际上缺少了许多对于中国文化背景中面子特色的考察(翟学伟，2011；Bond 和黄光国，1986)，因此，大多数中国本土学者采纳了胡先缙的定义，并在此基础上推动了面子构念本土化建构的发展。例如，金耀基(1977，1985)把面子区分为社会性的

“面”和道德性的“面”，认为社会性的“面”是“依个人在社会阶梯上所占据的身份地位而决定的声望”；道德性的“面”是“团体对一个具有道德声誉的人的尊敬”，是人人都可以或者至少都有可能拥有的。这一定义虽被其他学者看作几乎是胡先缙定义的翻版(翟学伟，2011)，但它首次将脸面观与中国人的“耻感”文化联系了起来，这意味着中国人之所以重视面子，许多时候是为了避免产生内心的羞愧和耻辱感。何友晖(1974)虽对脸、面未做区分，但详细论述了面子与行为标准、个人品质、地位、尊严、荣誉等概念之间的区别，并将“脸面”定义为“个体要求别人对他表现出的尊敬和(或)顺从”，而别人是否对他表现出尊敬或顺从，则依赖于他在社会网络中的地位以及人们对他在该位置上所发挥的作用和所采取行动的评价。

尽管一般都认可面子不同于尊严的观点，但在一些研究者的定义中仍然使用了这一术语。如周美伶和何友晖(1992)把面子定义为“个人所声称，而且为他人所认可的社会尊严(social esteem)或公众形象(public image)”。美国汉学家费正清指出，面子是一种社会性的东西，个人的尊严将从适当的行为及社会赞许中获得(Fairbank，1999)。哲学家成中英(2006)则从主观和客观两个向度上对“面子”的社会含义提出了进一步的解释：从主观向度上看，面子体现的是与社会关系及整个社会相关的个体自尊价值和自身的重要性，人们据此相信他们可以得到自尊，获得社会中其他成员的尊重；从客观向度上看，面子是个人被相同社会或社区中的其他成员认可的社会位置，或更多表现为在特殊场合被特殊人认可的社会地位和价值。成中英还同时对“脸”与“面子”进行了区分，指出“脸”是一个人用以面对世界和他人的东西，它所表示的是一个人拥有的基本的尊严和受人尊敬的品质。

从上述这些各有侧重的论述中我们可以看出，个人的面子可能既依赖于某种客观的事实(如个人的社会位置或身份地位、品质)，也依赖于他人的评价性反应(他人基于对“事实”的评估而做出的反应或表明的态度，如尊敬、顺从、认可等)，并由此会导致个体产生不同水平的自我价值感、自尊感或尊严感等内在的包括认知与情绪上的心理反应。

或许是因为意识到面子的建构无法绕开当事人的自我或身份，被视为脸面研究领域后起之秀的陈之昭(1988)又重拾“自我”和“自我形象”的心理学术语，认为面子是“在自我或自我涉入的对象所具有且为自我所重视的属性上，当事人认知到重要他人对该属性的评价后，所形成的具有社会意义或人际意义的自我形象”。该定义不仅将自我本身，而且将自我涉入的对象(包括个人和团体)纳入进来，并且把自我和自我涉入对象的属性以及重要他人对这些属性的评价看作是影响面子的关键性变量。认识这一点，对于我们所关注的面子消费研究是有重要启发意义的：(1)依据自我涉入理论，自我涉入的对象可以是任何的事物，故而除了陈之昭所关注的个人和团体之外，它也可以是“拥有物”，包括产品和品牌；(2)以往的研究基本上局限于个体层次的“个人面子”问题，但我们也应注意到，当自我涉入的对象是他人(个人)时将可能产生“关系面子”的问题，而当涉入的对象是团体时还将可能产生“团体面子”的问题；(3)当拥有物被认为可以用来增进和改善无论是个人的、关系的还是团体的面子时，拥有物便被赋予了一定的“面子价值”；(4)本质上讲，拥有物的面子价值将取决于重要他人(包括个人和团体)对其所承载的社会意义或人际意义的评价。

由于无论是以 Goffman 为代表的西式研究，还是以胡先缙为代表的中式研究对中国人的脸面观以及它的社会条件、运行与结果等的认识都各有其可取之处与不足，翟学伟(1995，2005，2011)便采取了一种跨文化的、多学科的研究视角，提出了一个更具综合性的对于中国人“脸面”的定义。在翟学伟(2011)的定义中，“脸是一个体(或群体)为了迎合某一社会圈内的共同要求，通过一系列有利于自己或相关者的手法或功夫，在一定社会情境中表现出的符合他人期待的形象”；“面子是具有某种形象的个体(或群体)，判断他人的评价与自我期待是否一致的心理过程及其结果，其基本目的是获得或维持自己在他人心目中的地位序列，简称心理地位，其外在效果体现于社会赞许的程度”。从翟氏的论述来看，这一定义中的“脸”实际上近似于西方语境中的“面具”，也就是西式研究中所侧重的通过印象整饰或角色表演而获得的自我形象；或者中国传统语境中所讲的“相”，只不过，他将脸的“所有者”或“表演者”的范围从个体扩展到了群体。相对更有特色的是这里的“面子”定义。它不仅暗示了“个人面子”和“群体面子”，而且明确地将其定义为个体或群体通过特定的形象而在他人心目中赢得的地位(简称为心理地位)。这也意味着“脸”与“面子”是一个“统一的连续体”，两者之间既有统一又有分离(翟学伟，2011)。

总体来看，由于中国人面子的构成及其含义的复杂性和情境性，理论上要形成一个统一、公认的面子或脸面的定义是困难的。尽管仍然存在争议，但我们也能看到现有的研究在对面子的理论建构上还是有相当多的共识，这些共识包括但不仅限于：(1)面子是在与他人的社会互动中产生的，因而它是情境性的；(2)面子与个体的自我有关，尽管不同的研究者在定义时所突出或强调的“那一方面”的自我(如内在的品德、人格或外在的角色、身份等)存在着差异；(3)面子是通过印象整饰或角色表演所获取的，它与他人的正向评价有关；(4)面子反映了一个人所享有的身份、地位、财富、声望等，而一个人所拥有的身份、地位等反过来也可以成为被用来进行印象整饰、维持或获取面子的资源；(5)一个人面子的有无或多寡会给他带来认知、情感上的体验，也就是说，它包含认知和情感的成分。这些认识对于我们理解中国消费者的面子及其对消费者行为的影响都是重要的。

2. 消费者行为研究中的面子概念

在涉及面子与消费的相关研究中，大多数营销学者和消费者行为研究者直接采用了源自其他学科中的一般性的面子定义，特别是Goffman和Ting-Toomey所提出的定义。例如，Li和Su(2006)在探讨面子如何影响消费，Chan和Sin(2009)在分析面子关注和命运信念对中国消费者对服务失败容忍度的影响时，都采用了Goffman(1967)的定义。Bao，Zhou和Su(2003)在探讨面子意识与风险厌恶对消费者决策制定风格的影响，Liao和Wang(2009)在考察面子意识在物质主义对品牌意识的影响中的作用时，都采用了Ting-

Toomey(1988)的定义。如同前文所述，由于 Goffman 和 Ting-Toomey 的面子定义是以西方个人主义文化为参照的，所定义的面子基本上等同于“自我形象”，其侧重点在于“我的”形象(即个人的自我形象)，而“我们的”形象(如集体形象或集体面子)被相对忽视，因此，这种定义对某些中国消费者行为，比如从众性消费行为的解释力很可能是相当有限的。

或许正因为如此，部分营销学者开始强调指出，面子观是一种在集体主义的文化中对人类行为有着重要影响的文化价值观(Zhou 和 Nakamoto，2000；Zhou 和 Belk，2004)。Li 和 Su(2007)虽然在有关面子如何影响消费的研究中是基于 Goffman(1967)的定义进行面子讨论的，但他们明确指出，由于个人主义文化强调的是“我的身份”(I-identity)和个人的自尊，个体自主地做出决策并对自己的决策负责，因此，西方人的面子实际上是个体的自我面子(individual self-face)；由于集体主义文化强调的是“我们的身份”(we-identity)，中国人的自我概念是在与他人的关系中被情境性地定义的，因此，中国人的面子代表的是家人、亲戚、朋友甚至是同事的声望，实则是一种社会的自我面子(social self-face)。Li 和 Su(2006)还进一步认为，中国人的面子相对于西方人更加强调遵守角色规范和满足他人期待的责任和义务而不是个人的自由意志，不是自我面子导向而是他人面子导向。他们的研究也表明，中国消费者的从众性消费倾向显著高于美国消费者。

类似地，Hong 和 Schmeitzer(1996)认为，中国人的集体意识决定了个人努力获得成功是为了给家族争光，所以购买高档商品很多时候并不属于个人行为，而是为了家庭、职业等群体关系的需要。Ger 和 Belk(1996)强调，将奢侈品作为礼物送给家庭成员、用奢侈品包装自己的家人以突出自己家族的财富和地位，对于处于东方文化背景下的中国消费者来说是很重要的。Tu(1992)也发现，中国人由于倾向于互依性自我(interdependent self)的建构，他们在消费中更多关注的是外部的社会性需求而非内在自我的需要，他们常常通过购买和拥有奢侈品来使自己归属于具有一定等级地位的社会群体，并与其他的群体相互区分。上述这些观点都暗示，中国人所寻求的面子具有倾向于社会或群体的自我面子、强调个人的责任和义务以及重视他人面子的特点。

然而，我们注意到，Li 和 Su(2007)等营销学者依据传统文化的分析在突出中西方面子概念的差异时，很可能有意或无意地低估了个人自我面子对于中国人的重要性。因为一方面中国人对于面子的重视程度在今天并没有减弱(翟学伟，2011)、在中国改革开放以后甚至还有所增强(姜彩芬，2009)，而在当代社会、经济和文化全球化背景下，中国人的面子观念难免会受到西方个人主义文化的影响；另一方面，如果我们假设中国人的面子就是社会的或群体的自我面子(或者说他们不关心个人的自我面子问题)，那么我们将很难解释诸如“在熟人面前丢脸”、“在朋友面前失态(丢脸)”之类的中国现象。事实上，中国人的面子是被情境性地定义的(翟学伟，2011)，在有的情境下，它是群体的自我面子(如为国争光、给××城市丢脸)；而在另一些情境下，它是个人的自我面子(例如，一名女生可能会因为错进了男厕而觉得自己丢了脸，但她并不会因此而觉得给自己的家庭丢了脸)。

即使是对个人自我面子的重视程度，中国人也可能要高于西方人。至少现有的研究并没有证明中国人对个人面子的关注程度不如西方人。例如，现有研究表明，集体主义文化中的人在总体“面子关注”(Oetzel 和 Ting-Toomey，2003；Zane 和 Yeh，2002)和“面子意识”(Bao 等，2003)测量上的得分显著高于个人主义文化中的人；在人际冲突的背景中，中国人比美国人对面子(包括他们自己的面子和他人的面子)给予了更大关注(Oetzel 和 Ting-Toomey，2003；2001)。在消费者行为研究领域，Bolton 等学者(2010)发现，中国消费者对于内群体价格比较相对于外群体价格比较所产生的价格非公平性感知和负面情绪(如由面子驱动的羞愧感)更强于美国消费者。这意味着，中国消费者在某些情境下可能更重视内群体成员之间的比较和个人面子，而不是群体之间的比较和群体面子。

尽管采取多维的面子视角探讨中国人的面子在象征性品牌形象效应中的作用可能是更为恰当的，但基于本书的研究目的和关注重点以及我们基于多维的面子视角对“个人身份面子”、“家庭身份面子”、“朋友身份面子”及“职业身份面子”的实证结果，这些不同的身份面子之间具有较高的相关性(参见本书第五章相关内容)，在本书的研究中我们仍采用了总体性的面子概念与测量方法。现有研究中有关个人自我面子和社会自我面子的讨论启发我们在分析面子对象征性品牌形象(包括个人的、社会的、关系的和集体的)影响消费者反应的调节作用时，不应有失偏颇。事实上，我们的实证研究结果显示，面子与品牌的个人形象对消费者的自我—品牌联结存在积极的交互作用。

2.3.2 面子如何影响消费

面子对消费者的心理与行为具有广泛而深刻的影响。根据现有的研究，中国人的面子一方面导致了消费者对具有地位、成就、财富等象征意义的奢侈品或高价位商品的购买与消费倾向，另一方面也使得消费者对于某些特定的营销刺激具有了差异性的反应。例如，在总体的、倾向性的反应层面上，面子与奢侈品消费(Li 和 Su，2006；Wong 和 Ahuvia，1998；姜岩，2009)、炫耀性消费和地位消费(朱晓辉，2006；袁少锋等，2009)、品牌意识和价格敏感性(Bao，Zhou 和 Su，2003；Liao 和 Wang，2009)、高价位商品购买(张梦霞，2005；潘煜，2009)、物质主义(Wan 等，2009；Liao 和 Wang，2009)等消费倾向之间都有显著的相关性。

在具体的、差异性的反应层面上，面子会影响中国消费者对价格公平性的感知。当中国消费者发现自己支付的价格高于内群体中的其他成员(朋友)时所感知的价格公平性，要显著低于当他们发现自己支付的价格高于外群体成员(陌生人)时所感知的价格公平性(Bolton，Keh 和 Alba，2010)。由于服务接触涉及人际互动，它增加了消费者对面子问题的关注，因此，面子关注对消费者对服务失败的不满存在放大效应，而且这一放大效应在社会性失败(相对于非社会性失败)中会更强；同时，由于服务消费常常发生在有他人在场的情境，而他人在场又会增加消费者感受到的面子威胁，所以，在非社会性失败的条件下，面子对消费者不满的放大效应在有他人在场时要比没有他人在场时更强(Chan，Wan 和 Sin，2009)。

杜建刚和范秀成(2008，2010)的研究则揭示，尽管服务中的功利失败和象征失败都会导致消费者感知到面子损失，而面子损失则会加剧消费者的负面情绪，并增加他们对企业的补救预期和抱怨倾向(杜建刚，2010)；企业在服务失败后提供的功利补偿和象征补偿也都有利于激发消费者的面子获得感和正面情绪、缓解他们的负面情绪，并且面子的获得会增加消费者再次惠顾和向他人推荐的行为倾向，但消费者个体的面子需求(好面子倾向)在上述关系中也存在一定的调节作用，特别是，个体的好面子程度越高，服务补救越能激发他们的面子获得感和正面情绪反应(杜建刚，2010；杜建刚和范秀成，2008)。

由于本书的关注点之一是在面子的作用下不同象征性品牌形象(个人的、社会、关系的和集体的)所产生的效应的差异，因此，上述有关面子对消费者行为影响的研究和探讨对于本书中的相关研究具有重要的启发。在本书的相关研究中我们提出，在面子的作用下，不同的象征性品牌形象对于消费者的自我—品牌联结的形成与发展的影响可能是不一样的。

2.4 后现代营销思想

本书中有关消费者的后现代性(the nature of postmodern consumer)如何影响他们对象征性品牌忠诚的探讨是在后现代的语境中展开的。因此，这里有必要就后现代主义的兴起背景、营销领域的现代主义与后现代主义之争、后现代营销的思想渊源及营销学者提出的后现代消费文化状况和营销范式等相关的后现代主义的思想和理论进行一定的梳理与讨论，以期为本书中相关部分的研究框架和假设的提出奠定适当的基础。

2.4.1 后现代主义的兴起

“后现代”(postmodern)这一术语在 20 世纪 30 年代就已出现。1934 年，Federico de Onís 在西班牙使用“后现代”一词指称对抗

1905年至1914年间现代主义形式的西班牙和拉美文学(Rose, 1991)。从那时起，该术语日益频繁地在与现代主义文学风格的关系中继续被使用。在建筑学领域，该术语首次在Hudnut(1945)提及新的活动房屋时被使用。1966年，Pevsner使用短语“后现代风格”(post-modern style)来意指建筑领域的一种新折中主义。在社会理论中，C. Wright Mills于1959年使用这一术语意指启蒙思想的瓦解，而Amitai Etzioni在1968年使用“后现代时期”(the postmodern period)这一短语来描述第二次世界大战后传播、知识等领域中的变革。这两位社会学家对该术语的使用便预示了在利奥塔(Lyotard, 1979)那里得以明确的“后现代状况”这一研究主题。

在营销领域，尽管早在20世纪50年代就已出现今天被视为后现代风格的营销实践(如大众金龟车在广告中使用双关语“Lemmon”一词对自身品牌的戏谑)，然而一直到20世纪八九十年代，伴随着后现代主义的急剧扩散，特别是消费和营销现象日益成为许多非营销学科中后现代话语的中心，西方营销学界才开始严肃、认真思考它可能对营销所产生的影响或冲击。其中的大多数研究体现了利奥塔(Jean-François Lyotard)、德里达(Jacques Derrida)、福柯(Michel Foucault)、波德里亚(Jean Baudrillard)等人的思想，而这些思想通常被看作是“后现代主义”或“后结构主义”的理论。

毫无疑问，后现代主义的兴起有着其复杂的社会、经济和文化的背景。第二次世界大战以后，西方国家在社会、经济、文化、政治以及消费生活等许多领域都发生了深刻的、剧烈的变化，从而导致了与传统社会或现代性(modernity)之间的断裂，并使它步入了一个所谓的“后现代性”(postmodernity)的时代(瑞泽尔，2003)。作为一种文化风格或理论范式的后现代主义正是在这种后现代性的社会环境中形成的(贝斯特和科尔纳，2002)。

一方面，第二次世界大战后艺术和文化领域发生的后现代运动，消解了艺术与日常生活、高雅文化与大众文化之间的界限，并使得人们的日常生活出现了审美化的趋向。这一趋势反映在消费生活领域，就是出现了将“生活转化为艺术作品的谋划”(费瑟斯通，

2000)。在后现代社会的条件下，他们越来越多地、也不可避免地会试图通过消费来实现“自我”的审美呈现，完成自我或身份的建构与表达(Schau 和 Gilly，2003；Wattanasuwan，2005)。因此，象征消费(symbolic consumption)成了后现代消费社会的一个显著的特点(Firat 和 Venkatesh，1995；Cova，1996)。

虽然现代人也通过象征消费寻求一种“我是谁”或“我是什么”的自我感，但后现代的人们却并不像现代人那样寻求某种中心的、本质的和统一的自我，相反，他们仅沉溺于运用后现代社会丰富的象征资源积极地、持续地从事自我形象转换的游戏，并且通过在短暂的、片刻的身份认同中获得积极的情感愉悦和体验(Firat，1997)。他们也更多地关注表层、形象和形式，而不是内容、意蕴或某种深层的意义(Cova，1996；Jameson，1984)。事实上，后现代性带给人们的往往被看作是一种“无深度的”(Jameson，1984)、“碎化的”和非连续的(Firat，1997)、消费者享有“自治空间”的(Holt，2002)以及以“参与”为本质特征(Cova，1996)的全新体验。如果在一般意义上可以说“体验是消费的中心”(Addis 和 Podestà，2005)的话，那么，这种“后现代性体验”(Cova，1996；费瑟斯通，2000)必然就是后现代消费的中心和后现代消费者所寻求的核心价值所在。

另一方面，在社会和经济领域所发生的巨大变化，也改变了人们的思维、态度、情绪和体验，特别是消费者与公司之间的关系。“后工业主义”和“后福特主义”就是被用来形容经济生活中巨变的最具代表性的两个术语。前者指的是从能源驱动型商品生产向信息驱动型服务生产的转变以及在第三产业(零售和运输)、第四产业(贸易和金融)和第五产业(健康和教育)中就业人数和创造的财富在整个经济中所占比例的迅速增长。后者指的是由亨利·福特发明的大规模生产方式在当代经济生活中相对重要性的下降，它通过“柔性生产方式”(如大规模定制)的采用而改变了公司对大规模市场的依赖。后工业主义和后福特主义的兴起实际上根本性地改变了现代大工业生产方式下的公司与消费者之间的关系，它不仅使产品与过程、企业与顾客、生产与消费之间的边界模糊了(Firat，1990，

1997)，而且使公司丧失了大规模生产(或大规模营销)所赋予它的绝对权力(Addis、Podestà，2005)。与此同时，随着后现代消费文化的高涨和影响的扩大，消费者个体在日常生活中也更多地包含个人主权的追求(Holt，2002)。然而，现代营销范式并不能适应这一变化。它实际上假设消费者是被动的、顺从的，甚至是可以被"操纵"的。在这种范式下，营销者往往以文化权威或精英的身份自居，并且采用一种简单的、直白的、居高临下的、布道的方式向消费者进行说教，却没有给消费者留下任何参与的空间(Holt，2002)。

由于现代营销范式与后工业主义、后福特主义，特别是与后现代消费文化之间所存在的高度紧张，加之一部分开拓性的公司率先并成功地进行了后现代范式的实验，现代营销范式(包括它的核心理念、理论模型和4P组合方法等)的效力也就逐渐受到了怀疑和挑战。例如，Gummesson(1987)指出："目前的营销观念……是不现实的，它需要被取代。"英国最受尊敬的营销学者之一Thomas(1993)也坦言，他在花了30年的时间来传播这种营销观念之后，最后却不得不怀疑它是否还会继续有效。事实上，许多学者都曾暗示，现代营销正在遭遇它的"中年危机"(Brown，1998)。更为激进的观点甚至宣布了"科特勒已死"(Smithee，1997)，认为他的理论和模型是完全无效的。

为了摆脱现代营销范式所面临的危机，在相当程度上也是为了谋求整个学科发展的出路，营销学者们纷纷开出了各自的处方，包括"新营销"、"关系营销"、"体验营销"、"数据库营销"、"微观营销"、"整合营销"等。这些概念虽然常常被看作是营销已经进入后现代时代的证据，并且由于它们与后现代主义之间存在的某些相似性或一致性而被简单地视为后现代主义的，然而，这些"万灵药"却往往缺乏牢固的哲学基础(Brown，1994)，或者所采纳的思想体系(特别是它们的本体论和认识论)在本质上仍然是现代主义的。与这些营销概念不同的是，后现代营销思想家们首先批判和颠覆的就是现代营销的哲学和认识论基础。

2.4.2 营销话语中的后现代主义与现代主义之争

今天的现代主义与后现代主义之争，无疑反映了在营销学者们中间所拥有的对于消费者和市场营销的不同看法以及产生这些看法的不同的思维方式。这意味着两种可能(Featherstone，1990)：(1)现实本身确已发生了变化；(2)现实并没有发生变化，而我们的认知或我们理解事物的视角和方式等发生了变化或出现了分歧。对后一种可能的承认，正与马克斯·韦伯的警句相吻合："每个人所看到的都是他自己的心中之物。"①所以，后现代主义者往往断言，任何理论以及"本质上是理论的知识"(Cooper 和 Burrell，1988)，都是人为建构和话语的产物，而不是对外部客观世界真实的、准确无误的"再现"，因此不同的理论之间并无所谓的优劣与等级之分(Cals 和 Smircich，1997)。这就是说，对于世界或世界中任何事物的解释，都不存在唯一性，没有任何解释可以声称是终极的，尽管客观解释的不可能性并不意味着所有的解释都具有同等的说服力(Arnold 和 Fischer，1995)。这一断言对于后现代主义具有重要的策略上的意义，它实际上已成为后现代主义者在当今的话语世界中争夺其自身发言权的一个"制高点"②。它同时也部分地反映了后现代主义者所采纳的不同于现代主义的哲学思想和认识论原则。

上述两种可能在许多后现代主义营销学者和消费者研究者，如 Firat(1991，1997)，Firat 和 Venkatesh(1995)，Cova(1996，1997)，Brown(1995，1998)，Thompson 和 Hirschman(1995)，Thompson(1997)以及 Arnold 和 Fischer(1995)等人那里都是受到极大关注的。在相当程度上，后现代主义正是在这些方面集中火力，

---

① 转引自[英]迈克·费瑟斯通. 消费文化与后现代主义[M]. 刘精明，译. 南京：译林出版社，2000：3.

② 后现代主义与现代主义一样，它同样需要有一定的策略来争夺它的话语权和提升它的地位。只不过，它们在具体的策略上有所差异。例如，实证主义的期刊文章采用数字、表格等修辞策略来建构"真理"。阐释主义的"文化"文章则使用不同的，诸如来自情境中行动者的引语等修辞学的论据(Cals 和 Smircich，1997)。

发起了对现代营销范式的批判或攻击。这种后现代主义对现代主义的攻击，则产生了在市场营销领域最近30年中可能最具深远影响的一种理论的论争与对峙，即后现代主义与现代主义之间的对峙。

首先，在这场对峙中，后现代主义对现代主义所发起的最重要的、也可能是最致命的攻击，就是前者对后者的哲学基础的批判①。西方国家现代化的历史，因其在科学、技术和物质上的成就，而被许多人欢呼为一个成功的故事(Cahoone, 1988)。尽管存在许多成功的证据，后现代的怀疑主义仍然质疑和批判现代主义在其哲学、文化和经验上的主张。

批判一：现代主义作为在启蒙原则下被建立的一种社会/历史结构，已经走到了它的尽头(Foucault, 1984)。在现代时期，我们有关什么建构了现代的个体或社会的观点，受到了特定历史力量，即科学、理性和技术的支配。后现代主义者指出，我们在我们的周围所看到的并不仅仅是科学和技术的产物，而且是文化的存在(cultural presence)，包括美学、语言和实践的过程的产物。对于我们有关消费者和生产者、消费和生产的观念的形成，这些文化过程的影响同经济力量的作用不相上下。批判者认为，现代主义就其信奉的哲学而言，已经变得狭隘、教条和一元性。依据这一批判，现代主义无法接近丰富的人类体验，它把社会秩序看作是透明的，并且只处理表面的真实和简单的解决方案(Vattimo, 1992)。同时，现代主义代表了一种具有局限性的有关组织和消费者的观点，即把组织和消费者均看作是纯粹的"认知代理"(cognitive agent)。通过使科学和技术优先于文化和象征的再现(representation)，它已越来越怀疑多元主义，而蔑视替代的或与之矛盾的观点。

批判二：现代主义就其对一个道德上有序的、理性建构的、技术导向的、似乎是进步的和无情的统一的社会秩序的追求而言，已经失败了(Rosenau, 1992)。这一失败是因为，它所承诺的物质进

① 有关后现代主义者对现代主义的批判，请参见：Firat, A. F. and Venkatesh, A. Liberatory Postmodernism and the Reenchantment of Consumption [J]. Journal of Consumer Research, 1995(22): 239-267。

步已被证明是虚假的，而贫穷的状况、人类的痛苦和暴力仍然是我们生活中的标记。现代主义工程已经使消费者成为理性经济系统的非自愿的参与者，这个系统不能为消费者提供任何情感的、象征的和精神的抚慰(Angus，1989)。实际上，现代主义已经将“生活世界”边缘化了(Harbermas，1984)。因此，后现代主义者寻求的是“对人类生活进行重新施魅”，并将消费者从压制的理性/技术的图谋中拯救出来。

批判三：现代主义把世界化约为简单的二元对立：主体/客体、男性/女性、生产者/消费者、营销者/顾客、文化/自然、能指/所指、西方/东方等。每一个二元对立都代表着一种差异，并且通常是第一个术语被赋予高于第二个术语的优等地位。后现代主义把这些二分法看作是使偏好的真理合法化的不成功的历史努力。在这一意义上，Vattimo(1988)把后现代主义称为一种重塑渗透在现代主义教条中的“差异哲学”的运动。

批判四：现代主义是自相矛盾的。现代主义的自相矛盾是它的理想和现实之间的非连贯性。现代主义的自相矛盾和不一致性再没有任何地方能比它在消费者道义(ethos)上那么显而易见的了。例如，有三种关于消费者的不同观点和话语同时存在于现代性之中(Firat 和 Venkatesh，1995)。第一种观点把消费者放在了与生产者对立的位置，根据这一观点，生产者创造价值，消费者则摧毁它。因此，消费是一种亵渎和破坏行为，因为不会有价值能通过破坏被生产出来。第二种观点把消费者看作是一种商品和偶像化的客体(Jhally，1987)。相对于这些不讨好人的有关消费者的观点，第三种观点则通过大众市场营销的口号，诸如“消费者是上帝”、“消费者永远是正确的”等，使消费者变得“至高无上”。我们该如何来理解这些既轻视消费者又给消费者以荣耀的自相矛盾的观点呢？后现代主义揭示了这些矛盾，并将消费提升到与生产相同的水平，在这个水平上，消费也被看作是一种价值生产活动。

批判五：这一种批判是由女性主义者发起的。尽管早期的女性主义代表了一种在男性主导的世界中追求妇女平等的政治运动，后来的女性主义者则越来越多地转向了对现代主义的抨击。女性主义者攻击现代主义，认为笛卡儿的主体根本上讲是一种在更广义的性别化主体的伪装下的男性主体的哲学建构。这意味着，女性主义从解构主义那里得到了启发，而后者本身就攻击笛卡儿的中心化主体的论述。换句话说，女性主义把德里达对逻各斯中心主义的批判转化成一种对阳具崇拜主义的批判(Jardine，1985)。这种对现代主义的女性主义批判倾向于揭露把消费者的自我当作与身体分离的精神、与社会分离的个体以及控制着她/他所创建的客体的人类主体的现代建构。后现代主义不仅揭示了在消费者的现代建构中的自相矛盾，而且也提出了有关消费者是什么的完全不同的观点(Firat 和 Venkatesh，1995)。

其次，在认识论上，后现代主义反对现代主义在科学与艺术、理性与情感、功能与象征以及普遍与特殊等之间所确立的二元对立关系(Firat 和 Venkatesh，1995)。这个层次上的对峙集中体现在营销的科学与艺术之争，即在“营销是一门科学，还是一门艺术”上的论争。这一争论由来已久，并不仅限于后现代主义与现代主义两大阵营的对垒之中。事实上，早在 60 年前，Converse(1945)在《营销学杂志》(*Journal of Marketing*)上发表一篇题为《营销科学的发展：探索性研究》的论文之后，科学与艺术之争就已开始了①。在这篇论文中，Converse 在对 64 位营销研究者的问卷调查结果所作的评论中，暗含了对其所称的“营销科学知识”的等级划分。不久，营销对科学的渴望就受到了质疑(Brown，1998)。例如，Vaile(1949)断言，营销就是一门艺术，创新、创造和狂妄的言行在其中盛行，而市场行为的极度复杂性使得建立某种或某些一般理论是不可能的。类似地，Bartels(1951)强调，营销并不是、也不能被看成一门科学，因为保证“科学”称谓的工作并非仅仅是由营销研究者所进行的，尽管科学地研究营销现象是可能的，但成问题的正是将营销建成一门科学的想法。据说，Bartels 发现了某些在营销研究

① 有关营销中的科学与艺术之争的详细论述，可参见：Brown，S. Postmodern Marketing Two：Telling Tales [M]. London：International Thomson Business Press，1998。

中采用科学方法的证据，并由此得出结论，随着进一步的理论思考和更为系统的学术研究，营销在时机成熟的时候完全可以成为一门科学。Bartels 的暗示，加之越来越多的人开始谈论“营销科学”，便促使 Hutchinson(1952)写下了以下一段具有挖苦讽刺意味的话：

“在评价营销科学发展中所取得的进步时，人们被诱导考虑到问题被讨论的时间较短而给予谅解。但是，不论要求什么样的宽容，人们都可能对迄今所取得的进步多少感到有一点失望……似乎没有什么证据来支持这样一种声明，即所需要的只是时间和耐心，鲜艳而耀眼的营销科学将最终呈现在我们的面前……然而在发展某种独特的理论方面，营销领域一直表现缓慢存在一种真正的原因。这是一个简单的原因：营销并不是一种科学。它更是一门艺术或一种实践，因而更类似于工程学、机械学和建筑学，而不是物理学、化学和生物学。将科学家为获得知识而做的研究与市场研究者对顾客的追求联系起来是再滑稽不过的了。在现实中，……该领域的许多甚至可能大多数的决策采用了类似于科学的方法，这种决策就跟看一份交通地图或时间表差不多。”①

尽管 Hutchinson 等人为营销中“科学热情”的降温做了“英雄式”的努力，但科学的信仰者在 20 世纪 60 年代早期的这场竞争中仍然取得了胜利(Brown，1996)。在这一时期，由于“福特和卡内基报告”(*Ford and Carnegie Reports*)和著名的“两种文化”(Two Culture)论战的影响，“营销科学学会”(Marketing Science Institute)的成立，加之美国营销学会(AMA)有关促进营销科学发展目标的宣言以及 Buzzell(1963)赞美科学世界观的作品，也就不再有人认真地对营销渴望科学地位的适当性提出质疑(Brown，1998)。但是，该时期仍然有大量的有关营销学科是否已经实现了它的成为科学的目标的讨论。对于有些评论者来说，营销已经成为一门科学或原始科学(Mills，1961；Lee，1965；Robin，1970；Kotler，1972)。对于另外一些评论家来说，它距离成为一门科学还有很长的路要

① Hutchinson, K. D. Marketing as a Science: An Appraisal[J]. Journal of Marketing, 1952, 16(January): 286-293.

走，或者它正在追求一种令人愉快的但多少有点理想主义的白日梦(Borden，1965；Halbert，1965；Kernan，1973；Levy，1976)。然而，正如Schwartz(1965)所指出的那样，不同观点的表达并没有反映出任何人是反对建立和发展营销科学的。实际上，争论的高潮起始于1976年，当时Hunt(1976)在一篇被大量引用的、获奖的论文中，根据科学的三种特性(明确的主题、在基础上的统一和学科间承认的研究程序)对营销学术研究的现状进行了评价，并发现它(或其某些方面)已具有了科学的三种特性。因此，他得出结论认为："营销的实证研究，可以适当地被看作是营销科学。"①

但是，因营销成为一门科学而给亨特Hunt(1976)带来的欣喜并没有维持多久。Anderson(1983，1986，1989)率先对营销科学的基本哲学假设提出了挑战：被描述为"实证主义"或"逻辑经验主义"的这种已被广泛接受的观点，是建立在一系列假设之上的，它实际上假设存在一个简单的外部世界，它可以通过独立的观察者运用客观的方法进行经验的测量，并且也是可以通过对其普遍规律的揭示而被解释和预测的。Anderson认为，传统的实证主义的观点(他称之为"科学")并不适合市场营销，相反，相对主义的方法可能为营销提供更多、更丰富的东西。尽管存在一个外部的、"彼在"(out there)的世界，但是如果离开人的情感、知觉和解释，要达到这个世界却是不可能的。现实并不是客观的和外在于观察者的，而是被社会地建构、由人类行动者赋予其意义的。有关这个世界的知识，是"相对的"，它取决于不同的时代、背景和研究社区。因此，在相对主义那里，并不存在判断知识的普遍标准，不同的研究社区建构了不同的世界观，而科学是一个社会的过程，知识的地位和科学标准等是根据多数人的意见而被确立的。类似地，Peter和Olson(1983)也支持这种相对主义的立场，他们断言，科学实际上是营销的一种特殊情形，成功的营销理论是那些由于其支持者的高超的营销技能而使它在"观念的市场"(the marketplace of ideas)中

① Hunt, S. D. The Nature and Scope of Marketing [J]. Journal of Marketing, 1976, 40(July): 17-28.

获得上佳表现的理论。

当然，相对主义的思想和观点必然激起科学的捍卫者们的激烈反应。例如，作为科学信仰的最有影响的捍卫者之一，Hunt (1984, 1990, 1992)尤其对相对主义予以了痛斥，认为相对主义不仅导致了虚无主义、非理性主义、不连贯和细节问题，而且有可能破坏西方世界在过去400年中所取得的科学和技术的进步。

严格地讲，Hunt 与 Anderson 的论战并不能算作在“现代主义对后现代主义”的对峙中的一种争论①，但它却开启了对科学世界观的后现代批判的大门(Brown, 1998)。对西方科学范式的批判，实际上是后现代主义形成和发展一个条件(尽管后现代主义并不仅仅是在对现代主义的批判中发展起来的)。更准确地讲，后现代主义的一个突出特点就是它对“科学主义”(scientism)的抛弃，即它不再相信科学能够解决所有的问题，不再相信科学就是一种“好”东西和科学本身是毋庸置疑的(Sorrell, 1990)。尽管后现代主义者承认科学为人类带来了大量的物质利益，但他们也注意到了科学所产生的一系列的消极后果，即人类为取得科学成就而付出的社会的、环境的和政治的代价。

因此，对于“激进”的后现代主义者来说，“科学”的称谓不再是一种荣耀；相反，它是一种令人感到耻辱的称谓。他们一般将科学描述成冷酷的、算计的、独裁的、缺乏想象力的、非人道的、欺骗性的、自私自利的、家长式的、贪婪的、破坏性的和危险的，认为它是一种使人类悲惨化而非解放的力量，绝不可能使我们获得更多的快乐，或者成功地解释生活的意义(Appleyard, 1992; Midgley, 1992; Haynes, 1994)。尽管上述激进的观点并不为所有的后现代主义者所接受和支持，但它在当代的营销观察者中间却引

① 有些人将相对主义归为后现代主义，或者将两者混为一谈，这可能是一种误解。因为这种混淆忽视了这样一种事实：被后现代主义质疑和相对化的现代主义的绝对之一，正是绝对主义与相对主义之间的现代主义的二元对立。参见：冯俊. 后现代主义哲学演讲录[C]. 北京：商务印书馆，2003：45-47.

起了相当大的共鸣。例如，L. McTeir Anderson(1994)在对本学科第二次世界大战后取得的学术成就所进行的讽刺性评论中指出，对科学身份和地位的追求已严重破坏了营销的可信性。类似地，Kavanagh(1994)对营销科学在伦理、道德和精神上的贫瘠或沦丧提出了批判。事实上，即使是营销科学的杰出倡导者也放弃了他们早期对科学的奢望(Buzzell，1984；Hunt，1994；Kotler，1994)，而且不是别人、正是Hunt本人后来也接受了“科学家是营销者”——由Peter和Olson(1983)在十年前提出时被他断然拒绝并加以谴责的一种立场。

由于科学梦想的破灭和对营销科学本身的失望，许多营销学者便开始了他们所声称的“艺术(或美学，或语言学)转向”。例如，其中一些研究者开始积极倡导对艺术和文学作品(如小说、电影、剧本和诗歌等)的研究，认为这些艺术和文学作品提供了对营销状况的有意义的洞察，或者强调从人文社会学科中而不是从传统的“硬”科学中获得本学科所梦寐以求的好处。他们不仅研究“文学中的营销”，他们也研究“营销中的文学”(Brown，1995，1998)。他们认为，后现代主义的核心就是有关文化、语言、美学、叙事、象征模式以及文学的表达和意义的思想(Firat和Venkatesh，1995)。就认识论而言，他们把所有的知识(理论)都看成某种建构，即看作是语言或话语的产物。他们质疑科学、真理、知识、理性、进步等享有的普遍和先验的地位，并且认为可能根本不存在诸如先验真理(Derrida，1970)、终极真理(Foucault，1980)、元叙事(Lyotard，1984)等之类的东西。因此，后现代主义并不将科学作为知识的主要媒介，而是赋予叙事、话语、主观的估计、审美的关注在知识的场域中以同等的地位。

最后，后现代主义与现代主义的对峙，也体现在两者之间在方法论的分歧上。出现这一分歧的标志性事件是在消费者研究领域实施的一个被称作“消费者奥德赛”(Consumer Odyssey)的研究项目。消费者奥德赛是一个定性研究项目，在这个项目中，一个跨学科的消费者学术研究小组对各种各样的消费场所进行拜访和考察。该小组由一群顶尖的消费者研究者组成，他们分别受过社会学、心理学、人类学、消费者行为学和营销研究等方面的专业训练。1986年夏天，这些研究者驾驶着休闲车进行了一次环太平洋的发现之旅。他们运用的数据收集方法包括消费者访谈录音、摄影、现场笔录、个人旅行日记等。他们拜访了沿途所经过的几乎所有的消费场所，包括百货商店、乡村集市、宅前出售点、旅游景点、戏剧表演、摇滚音乐会、野餐和婚礼等场所，目标是在所到之处以一种不打扰别人的方式来观察人们对产品和服务的购买、消费和处置行为①。

消费者奥德赛之所成为一个标志性事件，就在于它在方法论上打开了一扇门②，使该领域接纳了人种学、现象学、符号学、解释学、后结构主义、叙事学和内省法等定性的研究方法。正是这些方法以及支撑这些方法的哲学思想和认识论在市场营销和消费者研究领域的广泛渗透与影响，才导致了今天被称作阐释主义或后现代主义的研究的兴起和高涨。这种研究主要集中于理解特定的产品、服务、品牌或消费经历对于消费者的意义以及消费者与产品、品牌、服务和促销之间不同的基于意义的关系（Thompson，1997；Hirschman 和 Holbrook，1992）。它也不仅仅限于购买决策，还揭示消费者的生活方式、消费者的幸福、满足以及物质性事件和世俗活动在其生活中所具有的地位和作用（Hirschman 和 Holbrook，1992）。

2.4.3 后现代的消费文化与营销范式

消费文化与营销范式之间实际上存在一种动态的辩证关系。在任何给定的时代，都有一套公理性的假设和原则支持企业的营销活动。消费文化是支持人们消费什么和如何消费的意识形态基础结构，有关消费文化的公理性假设则构成了营销范式与其技术产生的

① 参见：杰格迪什·N. 谢斯和本瓦利·米托. 消费者行为学：管理视角[M]. 罗立彬，译. 北京：机械工业出版社，2004：183-184.

② 参见：戈登·福克塞尔，罗纳德·戈德史密斯，斯蒂芬·布朗. 市场营销中的消费者心理学[M]. 裴利芳，何润宇，译. 北京：机械工业出版社，2001：326.

基础。营销范式则是指导公司如何开展营销活动的一套原则，它是在现有消费文化的公理性假设中运行的。当公司在这些原则定义的可能世界中竞争和实验时，它便产生了许多营销技术。作为消费者和营销者集体行动所维持的脆弱的一致性的一部分，消费文化蕴含着一种平衡的假象(Holt，2002)：(1)公司在现有营销范式的原则指导下，在为顾客创造价值上展开竞争。进取性的公司不断地创造出新的营销技术，甚至出现营销技术的滥用(汉森，2003)。这些技术在消费文化中制造了冲突。(2)消费者在寻求各种身份地位和欲望的满足时，他们在文化创造上集体地变得更有知识和智慧，并反过来导致了其欲望的膨胀。这种膨胀，最终产生了挑战营销者地位的反思与行动。

当公司进取性地推进营销范式以及当消费者变得更具反思性或者采取“反文化”(counterculture)的抵制行动时，在文化中发展起来的传统营销技术就逐渐失去了它们的有效性。消费者为了寻求冲突的解决，同时营销者为了寻求新的改善绩效的营销技术，文化实验便一个接一个地发生了。公司和消费者——在追求各自利益的实验中走到一起——经历一个集体的选择过程，通过这个过程，一种新的消费文化和营销范式逐渐被制度化。在此基础上，解决方案将与更广大的公众产生共鸣，以致他们在一定程度上会帮助解决其与旧有范式的冲突。消费文化与营销范式就是在这种动态的辩证关系中不断演进的。因此，后现代主义或后现代取向的市场营销和消费者研究者对后现代消费文化状况的认识与其对后现代营销范式的概念化和主张往往一脉相承，有着共同的包括世界观、认识论和方法论的哲学基础。

这些共享的基础主要源自杰出的后现代主义者，包括德里达、福柯、波德里亚和利奥塔等人的思想①。依据他们的观点，世界并

① 他们的思想已被引入诸多的管理学科之中，形成了所谓的“后现代管理理论”。参见：Calás，M. and L. Smircich. Postmodern Management Theory [C]. Aldershot：Dartmouth Publishing，1997。本节中有关于这些后现代思想家理论的介绍，但部分来自这本论文集中不同作者的论述。

不像现代主义者所坚信的那样，它就是“彼在”(out there)的东西，并且等待着我们去发现、认识和对它进行控制；相反，世界是由我们有关它们的语言所建构的，或者说语言就是我们所认知的世界，世界并不存在于我们的语言或话语之外。而且，语言也并不是无歧义的，在语言的能指(文字或语音)与所指(语言所代表的意义)之间的关系总是人为的、武断的，根本不存在一一对应的关系。这意味着，后现代主义实际上全面地、根本性地否定和摒弃了现代主义的本体论(有关世界本质的看法)、认识论(有关知识的基础的看法)和方法论(获得知识的方法)。

1. 波德里亚的消费社会与超现实

波德里亚讨论了由生产和工业资本主义所统治的现代性时代的终结以及由符码①(code)所控制的后现代性时代的开始(Kellner, 1987)。波德里亚认为，在现代的工业社会中，生产是基石，而在后现代社会中，消费变得至少与生产同等重要。在他看来，当代的西方社会，已经是一个消费社会。他的核心思想是，在当代的消费社会中，物品(消费的客体)已成为一种其价值由符码所决定的符号，我们可以根据这种符号来相互理解和沟通。当我们消费物品时，我们实际上是在消费符号，并在这个过程中定义了我们自己。因此，消费是“一种操纵符号的系统化行动”，而对于商品来说，“为了成为消费对象，该对象必须变成符号……它之被消费，绝不在于其物质性，而在于其差异性”②。但是，波德里亚指出，消费社会并不是自由的，我们的消费，即我们消费什么和不消费什么，却是由符码所控制的。也就是说，我们并不是在购买我们所需要的东西，而是在购买符码告诉我们应该购买的那些东西。进而言之，

① “符码”在波德里亚那里是一个含糊多变的概念，可以大致地将其理解为“一种将各种稳定不变的术语集结合成信息的规则系统”(瑞泽尔，2003)。

② Baudrillard, Jean. Selected Writings [M]. Cambridge: PolityPress, 1988: 21-22.

需要本身是由符码所决定的。

波德里亚进一步指出，今天的人们正生活在一个“模拟的时代”——如迪斯尼对现实世界的模拟，同时现实世界对迪斯尼进行模拟。在那里，“拟象”(simulacra)，即对物或事件模拟的复制品，现在构成了“现实”。现实不仅是可以被再生产的东西，而且是已经被生产的东西，即“超现实”(hyperreality)。由于模拟的广泛存在，现实与模拟、产品与形象、真品与赝品之间的界限逐渐消失了，所谓的“真理”或“现实”也就不复存在。既然不存在任何真理或现实，所有的一切都是一种模拟，符号便不再指代任何现实的东西，剩下的只是符号与符号之间的关系，它们的意义也只有在这些符号之间的关系中才能被发现。所以，我们现在所拥有的不过是一些“能指的游戏……在那里，符码不再指向任何主观或客观的‘现实’，而只是指向它自身的逻辑”①。换言之，我们的社会已是一个意指(Signification)社会，消费者及其所消费的商品都变成了符号或能指(Signifier)，一种自由漂浮的能指(Firat，Venkatesh，1995)。

波德里亚的论述实际上将我们带入了一个由符码所控制的，所有的商品都已符号化而所有符号都是商品的一个“超现实”的世界。尽管波德里亚本人明显是一位消费社会的批判者(瑞泽尔，2003)，后现代主义的营销学者一般也拒绝波德里亚的悲观主义的结论(Firat，Venkatesh，1995)，但他的思想在营销学者们中间仍然产生了重要的影响。例如，在霍尔特(Holt，2002)有关现代品牌营销范式借助于符码(指以广告为基础的沟通系统)对消费者实施操纵所招致的消费者抵制的研究，大量的以象征消费(symbolic consumption)和消费者认同工程(identity project)为主题的消费文化研究②，在Firat和其同事(Firat，1991；Firat和Venkatesh，1995；

---

① 转引自[美]乔治·瑞泽尔. 后现代社会理论[M]. 谢立中，等，译. 北京：华夏出版社，2003：128.

② 有关消费者认同工程的研究，可参见Arnould和Thompson(2005)对20年来在*Journal of Consumer Research*上所发表的被称作“消费文化理论”的研究成果的评论。

Firat，1997；Firat 和 Schultz，1997）以及 Cova（1996）等人有关后现代消费状况①和后现代营销的研究中，都可以看到波德里亚思想的影响。

2. 利奥塔的后现代状况

利奥塔（Lyotard，1984）在其《后现代状况》（*The Postmodern Condition*）一书中详细考察和报告了发达社会的“知识状况”，并对西方科学世界观的根本假设发起了挑战。他认为，现代主义所强调的客观知识、普遍法则和绝对真理只不过是一种神话，它们是通过诉诸“进步”、“解放”、“理性”或“财富创造”之类的“元叙事”（metanarrative）而谋求合法化的。然而，自第二次世界大战以来，无数政治的和社会的灾难（如死亡集中营、新殖民主义和环境恶化等）已经宣告了源自这些元叙事或宏大话语的现代工程的失败。同时，随着知识“碎化”为越来越多的专门化领域，而且科学机构也变得越来越关心权力和它自身的不朽而不是对客观知识和永恒真理的追求，元叙事的影响力已经下降了。因此，在利奥塔看来，后现代的状况之一就是“对元叙事的怀疑”（Lyotard，1984）。

利奥塔认为，“后现代”这一术语代表了适用于“最发达社会中的知识状况”的一种认识论。而现代性代表的是科学的主导形式，它通过参照“元话语”（meta-discourse），也就是通过求助于诸如财富创造或者主体的解放之类的宏大叙事，来获得它的合法性。相对来说，后现代主义涉及对总体化、一般化元叙事的拒绝。因此，后现代的知识就是为了“提高我们对差异的敏感性，增强我们接纳不可通约的事物的能力”。

利奥塔的认识论是一种语言游戏方法，在这种方法中，知识只不过是建立在许多不同的话语之上的，每一种话语都有它自己的规则和结构。依据利奥塔的观点，每一种语言游戏都受到它自己特有的知识标准的限制。更重要的是，没有任何一种话语享有优先权。

① 营销学者中讨论得最多的后现代状况之一，就是波德里亚所讲的“超现实”。

这种后现代的认识论涉及对地方化理解的认识以及对许多不同的语言形式的认可。因此，后现代主义看到了宏大叙事的分裂以及对所有元叙事的不信任。

事实上，利奥塔拒斥他认为是现代的总体化的主人叙事(totalizing master narratives)，即正统的社会理论，特别是那些源自黑格尔等人的还原主义叙事(reductionist narratives)的东西。后现代社会是一个行动者与在以多样性和冲突为特征的环境中的无数的语言游戏进行战斗的社会。正如利奥塔在《后现代状况》英文版的附录中所说："让我们发动一场针对总体性的战争；让我们成为不登大雅之堂的事物的见证人；让我们赋予差异以活力并拯救它的名誉。"

自利奥塔之后，"元叙事的终结"常被用于描述主人话语(即"宏大理论")遭受零散声音的对抗，或者说主人话语的霸权经常受到质疑与挑战的情形。例如，在组织研究领域，恩科摩(Nkomo，1992)指出，竞争(race)的话语常常被排除在组织研究之外，然而表面上似乎是"普遍的管理理论"(universal management theories)的那些东西，实际上是它们的作者的特殊社会和文化地位的产物。换句话说，元叙事的终结强调，以前为每一个学科承诺无所不包的总体化的话语(如Litchfield 1956年提出的一般管理理论)，已经让位于碎片的描述(fragmentary illuminations)和地方理解(local understandings)(如当代组织研究中的多重范式的文献，后福特主义的组织理论，在第三世界中兴起的新组织形式，等等)。

在营销和消费者研究领域，所谓的"科特勒已死"不过就是元叙事终结的一种隐喻式的表达。后现代取向的营销学者不仅强调对边缘的、不稳定的非主流群体及消费者个性化意义的研究(如Thompson和Haytk，1997；Thompson，1997；McCracken，1986)，而且将"碎化"视为一种典型的后现代消费文化状况(Firat和Venkatesh，1995；Firat，1997；Firat和Schultz，1997)，认为后现代时期的知识、市场、产品乃至消费者的自我、生活方式等都已发生了碎化。而这种后现代的碎化将是本书在探讨消费者的后现代性如何影响他们对象征性品牌的忠诚时所关注的一个重点。

3. 德里达的解构主义

德里达的后现代主义是建立在解构方法(deconstructive approach)基础之上的，它通过转换构造(construction)的概念，揭示社会世界的标准结构(normative structure)是多么肤浅。德里达的目的是揭示理性过程是如何用来模糊逻辑的不可判定性(undecidability)的，而后者则处于社会行动的核心(Cooper 和 Burrell，1988)。对于德里达来说，标准社会结构产生于使统一性(unity)和同一性(identity)优于分离(separation)和差异的系统。在当代社会中，它发生在一种现代主义的竞技场之中，这里存在着理性与非理性之间的竞赛。

德里达发展出了一种独特的用于解释人类矛盾心理的文本分析方法。文本既是话语之间产生交互作用，同时又是对其实施解构过程的场所(Cooper，1989)。在解构理论中，德里达的目的是揭露存在于所有文本中的内在矛盾。他认为，普遍然而错误的假设是，文本反映了作为思想沟通媒介的语言的含义；也就是说，思想是第一位的，而语言仅仅是传递它们的载体。德里达认为，这反映了"逻各斯中心主义"的一种精神策略，因为它使社会行动围绕一种本原的"逻各斯"或者预设的先验结构(如精神、灵魂、理性等)而展开。逻各斯中心主义是一种具有给定原点(a given point of origin)的结构，这个给定的原点对文本自身的飘忽不定倾向进行审查。

内在于这一审查过程中的，是一种逻各斯中心主义的"包裹"(encapsulation)，或者一种被预先规定的边界维护的过程。为了抵消这一趋势，解构借助于孪生的"颠覆"(overturning)和"隐喻化"(metaphorization)运动(Cooper，1989)。颠覆过程假设，文本是围绕两极对立(如好与坏、男性与女性)被建构起来的，在这种两极对立中，一个术语支配着另一个术语。德里达(1981)指出，要解构两极对立，我们首先必须颠覆在某个给定时刻的等级秩序，对优等的术语予以颠覆。然而，这仅是第一次解构，我们还需发起第二次解构，即"隐喻化"运动，它是作为一种批评态度的解构的特有属性。隐喻化的目的是防止解构过程倒退到两极对立的简单结构。

德里达通过说明在两极对立中存在一种本质上的双重动态性来实现这一目的。这表明优等的术语仅仅根据次等的术语来定义，其本身产生了对前者的经常威胁。对立术语之间的关系实际上是相互依赖的关系，在这种关系中，每一个术语都“寄生”(inhabits)在另一个术语之中。不可判定的过程支撑着隐喻化的动态特征并且变成了文本穿梭(textual transportation)的中介，而在这种文本穿梭中，说话者或作者仅仅是获得再生(Cooper，1989)。

德里达的解构主义和文本分析方法已被营销学者广泛应用于诸如对各种营销观念的批判和对消费者的解释性研究。Firat 和 Venkatesh(1995)所提出和探讨的两种后现代消费文化状况——矛盾对立物并存和生产与消费的颠倒，也是受到了德里达解构主义对现代主义两极对立思想批判的启发。

4. 福柯的主体死亡

现代主义发轫于西方，可以追溯到文艺复兴时期。文艺复兴是以科学和民主为两大主题的，而归根到底，是“人的发现”。自此，文艺复兴的人学主题逐渐展现为在世界运动中的人的主体性原则和在主体性活动中的自我意识(个性原则)，在这个过程中，人的主体性得到肯定，而人的个性得到高扬。它强调人是世界的主人，世界就是“彼在”，它等待着我们去发现、认识并最终实现对它的控制。然而，现代主义运动虽然解放了个体，使自我独立，但随着其整体性丧失的是价值中心的丧失。无价值中心则意味着意义的根本性阙如，即个体存在的无意义。所以，在尼采宣告“上帝死了”之后不到一百年，福柯声称那个杀死上帝的“人”也死了，而詹明信诸人在“主体的死亡”景象中，直接看到了所谓“主体”一开始就不存在，不过是一种意识形态的海市蜃楼①。

福柯认为，并不存在完整的人类，人类已分化成语言的存在、经济的存在、生物的存在等；那种由各种文化科学知识建构出的人类已经死亡。詹明信(Jameson，1983)进一步论证道：“伟大的现

① 肖鹰. 存在与艺术：自我的现代命运[J]. 哲学研究，1996(6)：42.

代主义是……以如同你的指纹一样错不了的，如同你自己的身体一样不可比较的，一种个人的、私人风格的发明为基础的。但这意味着现代主义的审美是以某种方式有机地与独一无二的自我和私人的身份（identity），一种独一无二的人格（personality）和个性（individuality）联系在一起的，而这独一无二的人格和个性可以期望产生它自己的世界想象并且形成它自己独一无二、明白无误的风格……然而今天，社会理论家，心理分析家，甚至语言学家，更不用说在文化领域工作并且推动文化和形式变革的我们这些人，都在从许多不同的角度探讨那种个人主义和个人认同只是一种过去的事情……”

今天，“主体的死亡”不只是指作为心理的、文化的和社会的存在的不可逃避的情境，而更多的是指了解我们自身的迫切性。这就是说，我们需要根据我们时代的各种话语来进行详细的考察。我们就是各种各样的话语（Barns，1991）。如果我们坚持世界实际上是由这些共享的话语所构建的观点，那么我们认为我们是如何的“独特”和“有个性”就并不重要了；我们只不过是我们经历并生活于其中的话语；我们只不过是话语网络中不停地往返移动的点（traversing points）。因此，当“你”或“我”，即这个“独一无二的个体”，思考或者说话或者写作或者阅读的时候，谁正在做这些？你的（我的）“独特的言词”，或者我们继承的话语和世界观，它们是否可以在我们的时代被说出？“主体的死亡”为知识建构中增加的复杂性提供了背景，因为它允许我们集中于任何话语与其“作者”之间成问题的关系。例如，如果我所想、所写或所说来自于并非我所独占的，并且完全是模糊性的和不确定性的话语时，那么其他的人就可以提出他们自己的对“我的语言”进行的在我看来似是而非的解释。

如此一来，问题便变成了，一种意义如何保持它相对于任何其他意义的“真理”地位？一个人如何证明他就是他自己（或者说“我就是我”）？“主体”或“作者”的现代虚构解决了这个难题，因为这个修辞学的个体——统一的、整体的、平衡的、一致的、创造性的、专业的个体——拒绝了多重的经验性解释。换句话说，对于我们任何人来讲，一个碎化的“自我”是病态的、精神分裂的……因此，在多重性经验的背后潜藏着精神错乱的阴影。这种意识形态通过“个体”独特性、分离和总体性的话语——有关主体/作者控制(意义)的能力和被(知识)控制的话语——掩盖了我们在其中发现“自我”(selves)以及我们的“他者”(others)的一个碎化、模糊和互文性(intertext)的世界，从而有助于保护现代的学科。

主要基于以上的后现代哲学、社会学、语言学等学科中的思想，Firat 和 Venkatesh(1995)，Firat 和 Shultz(1997，2001)等学者提出和阐述了以下 10 种后现代消费文化状况：(1)开放性或包容性；(2)超现实(hyperreality)；(3)永恒的当下(perpetual present)；(4)矛盾对立物并置；(5)碎化(fragmentation)；(6)承诺的丧失；(7)主体去中心化(decentering of the subject)；(8)生产与消费的颠倒；(9)对形式或风格的强调；(10)承认无序与混乱。本研究关注的重点是超现实和碎化在象征性品牌形象产生效应中的作用，同时由于篇幅上的考虑，下面将主要介绍和讨论与本书中的研究相对较为密切的几种后现代的消费文化状况。

1. 主体的去中心化及颠倒的生产与消费

在现代社会，作为主体的人及其需要是被关注和讨论的焦点与中心。主体生活条件的改善，属于现代性的工程。这个工程以及它的所有冲突，都在马斯洛的需要层次论中得到了体现(Kilbourne，1987)。然而，在后现代性中，主体却已“死亡”，被去中心化了。主体的去中心化(decentering of the subject)意味着人的控制地位的丧失，主客体之间差异的消解。主体不是在控制而是在被控制，它实际上变成了消费过程中的一个客体。也就是说，在后现代时代，产品逐渐成了社会的本质，而消费者逐渐成了再生产产品意象的手段(Firat，1991)。

伴随着主客体差异的消解，后现代消费者具有了充当生产者的强烈倾向(Firat，1997)。这种倾向在两个方面凸显了出来：一方面，消费者将自我知觉为一种被提供给市场的产品，并且积极参与市场对他们的自我形象的生产和再生产(在这一意义上，消费者自身也就成了被再生产，同时也被消费的产品）；另一方面，他们逐渐成了在生产和再生产他们自我形象中使用的产品生产过程中的伙伴。因此，消费具有了生产的性质，生产与消费之间的差异也被消解，甚至被颠倒了。

在后现代主义中，颠倒的含义在于，消费并不是结束，而是有许多创造和生产的时刻。它不是消费者个人的、私人的破坏活动，而是一种社会活动，在那里，符码、意义和关系被生产和再生产。因此，生产绝不会终止，它是一个持续的过程。在这个过程的不同时刻，只有生产形式的变化。在通常被看作生产的时刻，生产者是人，产品是商品。在通常被看作消费的时刻，生产者是商品，产品是人。

然而，所谓的“主体死亡”(death of the subject)并非如有的评论家所说的那样，意味着个性的终结，“独特自我的经验和意识形态”的结束①。事实上，它可能仅仅意味着“失去了自我认同的统一”②。只不过，为了建立区别和个性，人们似乎陷入了一个不断循环的“区别—类同”的怪圈之中(波德里亚，2001)。我们看到，当某个消费者使用还有数百万其他人在使用的香水、服装样式、汽车等产品时，他确实能够感受到独特性和差异性。后现代文化正是在这种似是而非的矛盾中得到了很好的体现(Firat，1991)。许多人并不觉得有什么独特性是不能通过大众消费的产品来获得的。原因在于，市场为他们提供了充分的选择，市场不断地构建饱含符号意义的竞技场，消费者则通过这个竞技场构建他们的认同。

但是，消费者的实际选择范围是不同的，它受到消费者个体资源(如时间、金钱、精力等)和企业在个体/微观层次上所提供的条件(如退出障碍、参与空间等)的约束。后现代消费者缺乏的是对宏大工程和无所不包的“总体化”形象的承诺，而追求的是差异性

① [美]弗雷德里克·詹姆逊. 文化转向[M]. 胡亚敏，等，译. 北京：中国社会科学出版社，2000：5-6.

② [英]尼格尔·多德. 社会理论与现代性[M]. 陶传进，译. 北京：社会科学文献出版社，2002：163.

和地方体验(Cova, 1996)。他们希望成为过程的一部分并且经历沉浸到情景之中的体验，而不是被动接受已经完成的产品和形象。因此，后现代性体验的本质是参与；没有参与，消费者是纯粹被娱乐，而不是体验①。

2. 碎化及消费生活中的折中主义

詹明信曾经论及，后现代文化的特征之一，就是“时间碎化为一系列永恒的当下片断”(fragmentation of time into a series of perpetual of presents)②。当游戏被缩短、被细小化的时候，后现代的人们便生活在了一系列碎化的、不连续的片断之中。在后现代社会，一切事件之间以及事件与它们的起源、历史和内容之间在表达上都是非连续的、不连贯的。因此，在后现代文化中，是传播的形式、风格或技术创造了表达或形象的成功(Firat, 1991)。

后现代的这种碎化也反映在消费者的日常生活之中。在后现代性条件下，在不同的消费场合或扮演不同的角色时，例如，当消费者吃冷冻食品、看电视、刷牙、给猫喂食时，后现代主义的消费者不再寻求中心的、一致的本质(即现代的“宏大叙事”)，而越来越倾向于，通过获得能使他们在每一种情境或每一瞬间都“有市场”(marketable)、讨人喜爱和令人羡慕的自我形象，寻求在各个非连续的、不同片刻上的良好感觉。结果，他们投身于一种不断模仿和转换形象的游戏之中，以充分利用能从中找到自我的每一种情境。这就发生了自我的分裂、碎化。在后现代文化中，自我不再是一致的、真实可靠的或中心化的(Gergen, 1991; Laing, 1969)。

由于自我形象是通过在市场中获得的产品或服务进行表达的，

---

① 笔者认为，相对来说，没有参与的被动娱乐，可以被看作是现代性体验(如现代主义的距离审美)；有参与的、距离被消解的体验(如距离消解的审美)，才是真正意义上的后现代性体验。参见迈克·费瑟斯通(2000)的相关论述。

② 片断可以被理解为一个非连续的、没有结果的、孤立的事件，也就是一个自我封闭的事件。参见[英]齐格蒙·鲍曼. 后现代性及其缺憾[M]. 郁建立，李静韬，译. 上海：学林出版社，2002：107.

因此，市场成了实现分裂的自我以及在片断化的时刻感觉良好的中心。市场自身也是碎片化的，因为它似乎没有了一个中心的、一致的“宏大叙事”。这就解释了，为什么市场中的许多消费者和产品以及所有的关系都是真实的瞬间；每一种改变都要求消费者不做出任何深度的承诺(Firat，1997)。的确如此。消费者只要有购买能力，就可以尝试性地购买，并且很快扔掉它；或者在一种情境中为了表达一种形象而暂时地使用它，然后带着另外一些产品，转向另外一种形象。

总之，在后现代文化中，消费者不再坚持某种固定的自我形象和认同，而是更多地采取行动导向①，通过积极的参与和持续的形象转换，寻求在不断变化的、片刻上的认同中获得某种令人愉悦的情感体验。在后现代社会中，丰富的符号资源(如产品、品牌等)则进一步强化了这种精神分裂②(schizophrenia)式的体验。

3. 不确定性及承诺的丧失

如果说现代性代表了确定性，那么，后现代性则代表了不确定性(Bauman，1997)。在一个有序的现代世界中，世界往往被感知为确定的、可控制的和安全的，因此人们可以根据对未来的预期建立对他人的信任并做出长期的承诺。然而，在一个无序、混乱、非规则化的后现代世界中，世界被感知为不确定的、不可控制的和令人不安的。为了避免今天的投资变成明天的负债，鲍曼指出，“在后现代人生活游戏中，……明智的策略是，使每个游戏变短，……

① Holt(2002)在其案例研究中发现，消费者可能致力于一个以作为某一类消费者(其中一个被研究对象把自己看作是能够看穿市场宣传伎俩的消费者类型；另一个把自己看作是一种利用市场丰富的符号资源进行创造的消费者类型)的行为为中心的认同工程。在这一意义上，消费者仍然具有某种自我形象和认同的相对稳定性，但由于消费者行动导向的缘故，它却很难导致对任何特定品牌的忠诚。

② 精神裂变可以被看作是能指之间联系的中断，就是时间、记忆、历史的中断。它是詹明信在分析时间碎化时所运用的范式，也被波德里亚看作是后现主义的一个要素(费瑟斯通，2000)。

使游戏缩短意味着：警惕长期的承诺；拒绝坚持某种固定的生活方式；……不再献身于唯一的职业；不再宣誓对任何事、任何人保持一致与忠诚；……”①

随着元叙事由于碎化而终结，并且由于后现代社会不确定性的加剧以及在流动的空间中生活的自由，消费者做出承诺的需要也就不复存在了。所有的都被看作是再语境化、多层化和多重意义的形象。在这个不断转换形象的世界中，不存在个体需要对其做出承诺的唯一工程、唯一生活方式或唯一存在的感觉。如同哈维(Harvey，1989)所指出的那样，后现代主义创造了一个流动的和非总体化的竞技场，消费者可以自由地在不对任何事物做出承诺的条件下进行各种各样的体验。在这种情形下，消费者将忠诚于它的不是品牌，而是形象和象征，特别是他们在消费时所生产的形象和象征。然而，由于这些形象保持着不断的转换，消费者的忠诚并不能被固定下来(Firat 和 Venkatesh，1995)。

4. 超现实与享乐主义

今天的媒体和营销者制造了大量超现实的东西，如 MTV、娱乐主题公司(如迪斯尼、杭州的宋城)、互联网上的虚拟空间、电视直播的伊拉克战争、计算机游戏以及各种各样的体验商店，等等。在这些超现实中，有大量被模拟的人类角色、关系和性格，当它们被消费者在日常的生活中加以模仿时，它们也就被“真实化”了。例如，当电影或电视剧中想象、虚构的角色被观众模仿时，当广告中重复建议的男、女性别角色被消费者内部化之后，它们也就被再生产成了真实。

媒体和营销者为了拉近与消费者的距离，又会继续盗用和模拟日常生活中的“真实”……如此循环往复下去，整个世界也就变成超现实的了。在这个超现实的世界中，到处都是拼贴、模仿、戏谑和不同风格的混杂，已分不清哪些是模拟、哪些又是“真实”的日

① [英]齐格蒙·鲍曼. 后现代性及其缺憾[M]. 郇建立，李静韬，译. 上海：学林出版社，2002：104.

常生活，没有了任何可以通往原创的道路。在超现实中生活的人们，便越来越难以感受到真实性的存在。

对于后现代的消费者来说，他们只有把“自我”当作一件具有意义和真实性的艺术作品，才能实现自我认同的构建与表达(Holt，2002)，而这又必须借助于真实性的客体(具有特殊符号意义的产品、品牌)——这些可用于自我生产的原材料。然而，难题在于，所谓真实性的客体本身却是后现代社会的一个濒危物种：

一方面，作为对消费者差异化欲望的回应，时尚行业的季节性原则被越来越多的行业采纳，从而直接导致了越来越短命的产品：人为废弃的产品、一次性的产品、“速食”产品……所有这些产品都缺少了“记忆”和真实性(Marion，2001)。

另一方面，由于产品与符号意义(如成功的、性感的、叛逆的、男性气质的、女性气质的以及其他类似的意象)之间的任何联系都是武断的，因此一旦消费者察觉到某种意义是营销者操纵和预谋的(而不是来自真实的日常生活)，真实性也就不复存在了。事实上，当消费者了解了营销作为一制度如何运行之后，就有可能对品牌进行抵制，甚至对营销者试图传达的品牌意象进行彻底的颠覆(Holt，2002)。

事实上，在超现实不仅被承认，而且被市场营销所实践的后现代文化中，消费者的“阅读”能力和“阅读”方式都改变了(Firat，1991)。在超现实的后现代性条件下，人们不再寻求本质、中心和隐藏在表层下面的某种深层意义，形象本身就成了人们在购买和消费时所追求的本质(Cova，1996)。他们不仅仅消费产品(或其使用价值)，也(甚至替代地)消费这些产品的符号意义，即形象。通过形象，后现代消费者建构了他自己的日常生活，并且感受自身存在的意义。

人们对形象进行消费是为了从形象中获得情感体验。这种消费，在本质上可以看作是一种享乐主义消费。在此，情感代替了功能，象征价值代替了使用价值。在现代性条件下，享乐主义曾被贬为低级、无深度的，并被谴责为自毁的。在后现代时代，享乐“不再是权利或乐趣的约束机制，而是公民义务约束机制。”①人们把追求享乐看成一项事业，并将其与清教徒的事业相提并论(Baudrillard，1970)。于是，享乐主义消费被“合法化”，对从未有过的全新刺激和更强烈的情感体验的追求成为后现代的人们在日常生活实践中的共同旨趣。

由于消费文化与营销范式之间的辩证关系，后现代的消费文化(如果我们承认现实已发生了这种变化的话)已孕育出了一系列的所谓的后现代的营销技术与方法，并宣告了后现代营销范式的诞生；它的诞生，则意味着当代的营销范式已从传统的文化权威模式转向了消费者主权模式(Holt，2002)。具体的后现代营销技术主要体现在以下几个方面(王长征，2004，2006，2007；王长征和周玲，2005)：

(1)彰显自由主题。自20世纪50年代至今，市场营销已对消费者的自由欲望或主权追求做出了无数的回应。随身听、信用卡、手提电脑、移动电话、互联网等是极好的例子，它们都与移动、自由和流浪行为(nomadic behavior)的承诺，即摆脱时间和空间限制的令人兴奋的感觉有着联系。让我们考虑三个例子：身体工业(body industries)、个人计算机和蜂窝电话。这三个行业都积极地回应了消费者的自由欲望，并且那些最迅速地对消费文化的变化做出了反应的公司，都获得了巨大的成功。

身体定制行业(理发、化妆品、健身、穿孔、文身、整形外科等)的最大承诺之一是，只要她或他需要，就能实现建构她或他渴望是谁和是什么的自我形象的自由意志。“外貌定制”(customizing of appearance)和“外表”(look)打扮的核心是为了回避一种正式且有约束力的身份资格(相对于民族、宗教、种族和社会阶层)，并促进社会的交往和联系。对“社会遗产”的拒绝也就打开了通向各种可能或理想的自我形象的大门：不成为他人(父母、大师、老板)已经设计好的他或她；当他想的时候，成为他自己想成为的。

① [法]让·波德里亚. 消费社会[M]. 刘成富，全志钢，译. 南京：南京大学出版社，2001：70-71.

外表的相似性也允许认同“像我们的人们”；他们是属于相同“部落”(tribe)的人。因此，营销人员正在推销的，是增加的非语言沟通的能力，一种总是对其存在需求的产品。

从更加技术性的层面上来讲，许多公司(如IBM、Digital等)有能力设计第一台微型计算机。然而，它们对计算机用户的个人占用的需求太不敏感。对于美国西海岸的无政府主义者来说，计算机民主化代表了一个重要诉求(Breton，1987)。苹果计算机公司的麦金托什电脑于1984年投放市场，就是在“一个人，一台计算机”(one person，one computer)基础上进行促销的，它也代表了一种反“大哥”式的运作。这是20世纪70年代初美国“激进分子”社会工程的直接表达。

蜂窝电话的发展，也集合了许多“自由”的要素：一种新的与时间的关系、自治、观光行为和网络化。蜂窝电话把生活的三个部分(个人、职业和社会)结合了起来，它允许用户在同一时间做许多事情(如开车和打电话)，因此可以赢得时间。与固定电话的公用性质不同，蜂窝电话提供了私人的沟通方式，它是一种身体的延伸。丢失或遗忘它，就像丢失了你身体的一部分。固定电话联系的是两个地点，而蜂窝电话联系的是两个人。它增加了个体在地理位置上的可移动性，并且强化了这种无处不在(同一时间既在这儿也在那儿)的快乐。它提供了处在“局外”的安全感，尽管保持着联系。“自治的”个体将他自己放在了一个由他自主创建的网络的中心。

(2)真实性营销。如同前文所述，后现代时代的真实之物已成为一种濒危物种。在这种情况下，营销便由寻求真实性的客体，更多地转向了为消费者创造和提供一种真实性的感受。在20世纪80年代，李维斯501(Levi's 501)牛仔服就运用电影中的写实技术获得了广告运动的成功。今天，许多广告中使用了有点外行味道的、好像是偷拍的镜头。例如，在2001年，耐克、李维斯、健怡可乐和芬达都制作了偷拍的广告。百事可乐以一则风格相仿的广告推出了“红色密码”(Code Red)品牌，在该广告中，蓝球巨星麦克格雷迪(Tracy McGrady)和韦伯(Chris Webber)参加了在纽约市街道上举行的一场真实的临时拼凑起来的比赛。这则广告是用多个隐藏的摄像机拍摄的，突出了业余选手几近眩晕的兴奋以及迅速聚集起来的围观者全都渴望参与这一未经排练的即兴比赛的场面。广告的结束语是："红色密码。如同大街一样真实。"所有这些广告都是为了给消费者创造一种源自日常生活（而不是营销者所预谋、虚构）的真实性。

"奢侈品"往往被营销者看成一个巨大的"真实性水库"。阿帕杜莱（Appadurai，1986）并不把奢侈品看作是有别于必需品的一种特殊类型，而是将其看作具有以下某些或所有特征的一个特殊的"立法者"（register）：①通过价格被限制在精英分子之中；②主要由于选择性的分销通路，在获得上具有复杂性；③符号鉴赏力，即能够意指相当复杂的社会信息；④作为它们"适合"消费的一个前提的专业知识；⑤它们的消费与身体、个人、人格具有很高的关联程度。奢侈品营销的目的旨在模仿原创物品和艺术的真实性，而后者的价值是通过它与独一无二的使用者之间的一种独一无二的关系而界定的。它通过定位于"一种虚假的飞地，好像它并不是任何付得起钱的人都能得到的一样"（Appadurai，1986）的排他性安排，为消费者创造和提供一种"真实性"的感受。

营销也通过与过去或现在的被认为是真实的东西建立联系，来强化消费者对其品牌和产品价值源自真实生活的感知。哈雷·戴维森（Harley-Davidson）公司就是这方面的一个巨人，它既利用历史的，也利用亚文化中的可爱人物，为它的顾客建立一种印象，似乎哈雷是一家内心仍然保持在20世纪50年代的与时代不合拍的公司。公司细心地调解不守法安分的骑手间的关系，确保主流的消费者相信，哈雷自豪地支持不安分守法的霍布斯世界（Hobbesian world）的道德准则。这一极富想象力的哈雷品牌的建设，允许它的顾客将其作为一种真实的事物来体验哈雷对男性气质的看法，并且因为感受到公司称为"哈雷神秘"（Harley mystique）的气息而激动不已。

（3）充当讽喻、反思性的角色。1959年至1970年，DDB广告公司为大众"甲壳虫"所做的系列广告，是广告业历史上分析、讨论得最多，也是最令人钦佩的广告战役之一。它的这一广告战役的符号创新就是塑造讽喻、反思性的品牌角色。经典的DDB印刷广告，如“不中用的东西”(Lemon)和“想想小的”(Think Small)，采取的是一种谦卑的、自我感觉丑陋的姿态，嘲笑自己的产品。另一则广告表现了一辆从海滨驶回的汽车并写道：“丑陋就是肤浅”(Ugly is only skin-deep)，一个暗示“美的也是肤浅的”(Beauty is but skin-deep)的双关语。这种广告方法把观众的注意力吸引到广告本身和支持它的广告哲学。这种新的广告风格承认观众的广告阅读能力，“向读者诉说，而不要对他咆哮”就是DDB公司的广告哲学(Marion，2001)。20世纪80年代，李维斯501牛仔服等重新激起了讽刺和反思技术的运用，以使品牌与传统广告居高临下的自负保持距离。在20世纪90年代，寻求使品牌远离公开的劝说企图，则成了广告的共同特点。

(4)参与大众文化创新。在后现代社会，时尚观念、新产品或服务并非主要来自于“文化精英”或文化专家，而是街道和大众。在这种情况下，营销者必须从精英文化圈子中走出去，真正贴近那些大众文化的中心，去寻找创新的灵感与源泉。这些中心包括艺术和时尚社区、种族亚文化(如非裔美国人聚集区)、职业社区(如职业运动员、商业艺术团体)以及消费社区(如冲浪者、滑雪板运动者)等。一些品牌在大规模商业化之前已把精力投入文化中心。例如，山露(Mountain Dew)在20世纪90年代早期率先发起了极限运动，盖普(The Gap)1997年的著名广告使摇摆舞风行一时。这些品牌逐渐变成了文化生产者。它们是文化运动的一部分，并非纯粹是盗用被认同的大众文化的寄生虫。

(5)隐秘性营销。为了避免给消费者带来一种文化强制之感，一些公司寻求与品味制造者(tastemaker)之间的联盟。后者将利用他们的影响力，传播公司的品牌具有某种文化价值和文化意义的观点(如某品牌很酷)。这一思想可以追溯到过去常被称作公共关系的领域，在那里，营销者把产品放进流行的电视节目或电影中，或者雇用名人使用本公司的品牌。今天，品牌部署的范围已经大大地超出了这类文化产品和明星，它可能扩展到具有社会影响力的任何事物之上，比如喜欢泡在酒吧的消息灵通人士、青少年小团体中的成员以及拥有许多朋友的交际人士。像斯巴特尼克(Sputnik)和梦之队(The Dream Team)这样的专门化企业，已经组建了各自的“特种部队”来执行这种品牌营销的秘密使命。

(6)部落营销。“部落”(tribe)概念产生了一种对社会关系的新感知。寿命短暂的部落是小规模的、情感方面的，而且不为任何现代社会的固定参数所决定。换言之，他们是通过共享的情感和生活方式、共同的亚文化和消费实践而凝聚在一起的。后现代的部落，诸如网络聊天者、滚轴溜冰者或者哈雷·戴维森摩托车的拥有者，都有他们识别成员与非成员的产品、品牌和标志(如音乐、服装、发型等)。如同每一种持续的社会关系都要求有某种仪式来建立和维持一样，部落也依赖于它的仪式才得以构建和留住它的成员。仪式是共享信念和社会成员间亲密忠诚关系的部落表达。在这种情况下，人们寻求品牌和产品并不是为了它的使用价值，而是为了它们的“联系价值”(Cova, 1997)。图腾、仪式服装和仪式的地点都是一些具有这种价值的例子。品牌也可以被消费者用作构建他们认同的具有联系价值的符号。因此，营销者的角色是识别部落，并且决定支持哪一个和如何去支持。那些能支持个体与他人建立联系的产品或服务，将会赢得声誉并受到市场的追捧。

◎ 参考文献

[1]杜建刚，范秀成. 服务补救中情绪对补救后顾客满意和行为的影响——基于面子的研究[J]. 营销科学学报，2008(2).

[2]杜建刚. 服务补救中的情绪感染与面子研究[M]. 天津：南开大学出版社，2010.

[3][美]弗雷德里克·詹姆逊. 文化转向[M]. 胡亚敏，等，译. 北京：中国社会科学出版社，2000.

[4][美]戈登·福克塞尔，罗纳德·戈德史密斯，斯蒂芬·布朗. 市场营销中的消费者心理学[M]. 裴利芳，何润宇，译. 北京：机械工业出版社，2001.

[5]胡先缙. 中国人的面子观//黄光国，等. 面子：中国人的权力

游戏[C]. 北京：中国人民大学出版社，2004.
[6]胡金凤. 西方后现代消费思想述评[J]. 自然辩证法研究，2002，18(9).
[7]姜彩芬. 面子与消费[M]. 北京：社会科学文献出版社，2009.
[8][英]迈克·费瑟斯通. 消费文化与后现代主义[M]. 刘精明，译. 南京：译林出版社，2000.
[9]潘煜. 影响中国消费者行为的三大因素[M]. 上海：上海三联书店，2009.
[10][美]乔治·瑞泽尔. 后现代社会理论[M]. 谢立中，等，译. 北京：华夏出版社，2003.
[11][英]齐格蒙·鲍曼. 后现代性及其缺憾[M]. 郇建立，李静韬，译. 上海：学林出版社，2002.
[12][法]让·波德里亚. 消费社会[M]. 刘成富，全志钢，译. 南京：南京大学出版社，2001.
[13][美]斯蒂芬·贝斯特，道格拉斯·科尔纳. 后现代转向[M]. 陈刚，等，译. 南京：南京大学出版社，2002.
[14][德]Thorsten Hennig-Thurau、Ursula Hanesn. 关系营销——建立顾客满意和顾客忠诚赢得竞争优势[C]. 罗磊，主译. 广州：广东经济出版社，2003.
[15]王长征. 试论象征消费与品牌象征化[J]. 外国经济与管理，2007(4).
[16]王长征. 自我、象征消费与品牌的象征定位——构建品牌与消费者自我的联系[J]. 经济管理，2006(11).
[17]王长征. 从消费文化的变迁看后现代营销的整合[J]. 外国经济与管理，2006(1).
[18]王长征. 消费文化中的关系营销障碍与后现代主义市场营销[J]. 经济管理，2004(2).
[19]王长征，周玲. 面向"联系价值"的后现代部落营销[J]. 外国经济与管理，2005(2).
[20]王长征. 消费者抵制与品牌营销范式创新[J]. 外国经济与管理，2004(8).

[21]杨国枢. 华人自我的理论分析与实证研究：社会取向与个人取向的观点[C]//杨国枢，陆洛. 中国人的自我：心理学的分析. 重庆：重庆大学出版社，2009：87-129.

[22]翟学伟. 中国人的脸面观：形式主义的心理动因与社会表征[M]. 北京：北京大学出版社，2011.

[23]翟学伟. 人情、面子与权力的再生产[M]. 北京：北京大学出版社，2005.

[24]张梦霞. 象征型购买行为的儒家文化价值观诠释[J]. 中国工业经济，2005(3).

[25]张梦霞. 消费者购买行为的中西价值观动因比较研究[J]. 经济管理，2005(8).

[26]Aaker, J. L. Dimensions of Brand Personality[J]. Journal of Marketing Research, 1997, Vol. XXXIV(August): 347-356.

[27]Ahuvia, A. C. Beyond the Extended Self: Loved Objects and Consumers' Identity Narratives[J]. Journal of Consumer Research, 2005, 32(1): 171-184.

[28]Banister, E. N. and M. K. Hogg. Negative Symbolic Consumption and Consumers' Drive for Self-Esteem: The Case of the Fashion Industry[J]. European Journal of Marketing, 2004, 38(7): 850-868.

[29]Bao, Y., Zhou, K. Z. and C. Su. Face Consciousness and Risk Aversion: Do They Affect Consumer Decision Making? [J]. Journal of Psychology and Marketing, 2003, 20(8): 733-755.

[30]Baudrillard, J. Simulations[M]. New York: Semiotexte, 1983.

[31]Baudrillard, J. Selected Writings[M]. Edited by Mark Poster. Cambridge: PolityPress, 1988.

[32]Belk, R. W. Possessions and the Extended Self[J]. Journal of Consumer Research, 1988, 15(2): 139-168.

[33]Belk, R. W. The Role of Possessions in Constructing and Maintaining a Sense of Past[J]. Advances in Consumer Research, 1990, 17: 669-676.

[34] Belk, R. W. and K. Tian. Extended Self and Possessions in the Workplace [J]. Journal of Consumer Research, 2005, 32 (September): 297-310.

[35] Berger, J. and Heath, C. Where Consumers Diverge from Others: Identity Signaling and Product Domains [J]. Journal of Consumer Research, 2007, 34(August): 121-134.

[36] Bolton, L. E., Keh, H. T. and Alba, J. W. How Do Price fairness Perceptions Differ Across Culture? [J]. Journal of Marketing Research, 2010, 47(3): 564-576.

[37] Brewer, M. B. and Gardner, W. Who is This ' We '? Levels of Collective Identity and Self Representations [J]. Journal of Personality and Social Psychology, 1996, 71(1): 83-93.

[38] Brown, S. Postmodern Marketing Two: Telling Tales [M]. London: International Thomson Business Press, 1998.

[39] Brown, J. D. The Self [M]. London, U.K: McGraw-Hill Companies, 1998.

[40] Calás, M. and L. Smircich, Postmodern Management Theory [C]. Aldershot: Dartmouth Publishing, 1997.

[41] Callero, P., Role-Identity Salience [J]. Social Psychology Quarerly, 1985, 48: 203-215.

[42] Chan, H., Wan, L. C. and L. M. Sin. The Contrasting Effects of Culture on Consumer Tolerance: Interpersonal Face and Impersonal Fate [J]. Journal of Consumer Research, 2009, 36 (August): 292-304.

[43] Cross, S. E., Gore, J. S. and Michael, L. M. The Relational-Interdependent Self-Construal, Self-Concept Consistency, and Well-Being [J]. Journal of Personality and Social Psychology, 2003, 85(5): 933-944.

[44] Cova, B. The Postmodern Explained to Managers: Implications for Marketing [J]. Business Horizons, 1996, Novemerb-December.

[45] Cova, B. Community and Consumption Towards a Definition of the

"Linking Value" of Product or Service[J]. European Journal of Marketing, 1997, 31, 297-316.

[46]Cova, B. and Cova, V. Tribal Marketing: The Tribalisation of Society and its Impact on the Conduct of Marketing[J]. Special Issue of the Marketing Journal, Special Issue: Societal Marketing in 2002 and Beyond Version, 2001, January, 1-27.

[47]Debord, G. Society of the Spectacle[M]. Detroit: Balck and Red, 1967/1983.

[48]Derrida, J. Writing and Difference[M]. London: Routledge and Kegan Paul, 1978.

[49]Elliott, R. and Wattanasuwan, K. Brands as Symbolic Resources for the Construction of Identity [J]. International Journal of Advertising, 1998, 17(2): 131-144.

[50]Elliott, R. Symbolic Meaning and Postmodern Consumer Culture [C]//Rethinking Marketing, Brownlie, D., Saren, M., Wensley, R. and Whittington, R. (eds). London: Sage Publications, 1999.

[51] Fournier, S. Consumers and Their Brands: Developing Relationship Theory in Consumer Research [J]. Journal of Consumer Research, 1998, 24(4): 343-373.

[52]Firat, A. F. The Consumer in Postmodernity[J]. Advances of Consumer Research, 1991, 18: 70-76..

[53]Firat, A. F., Shultz, C. J. From Segmentation to Fragmentation Markets and Marketing Strategy in the Postmodern Era [J]. European Journal of Marketing, 1997, 31(3/4): 183-207.

[54]Firat, A. F. and Venkatesh, A. Liberatory Postmodernism and the Reenchantment of Consumption [J]. Journal of Consumer Research, 1995, 22(December): 239-267.

[55]Foumier, S. A Meaning-Based Framework for the Study of Consumer-Object Relations[J]. Advances in Consumer Research, 1991, 18: 736-742.

[56] Ger, G. and Belk, R. W. Cross-Cultural Differences in Materialism [J]. Journal of Economic Psychology, 1996, 17: 55-77.

[57] Goffman, K. The Presentation of Self in Everyday Life [M]. New York: Doubleday, 1959.

[58] Erving Coffman Interaction Ritual: Essays on Face-to-Face Behavior [M]. London: Doubleday, 1967.

[59] Grubb, E. L. andGrathwohl, H. L. Consumer Self-Concept, Symbolism and Market Behavior: A Theoretical Approach [J]. Journal of Marketing, 1967, 31 (October): 22-27.

[60] Holt, D. B. Why Do Brands Cause Trouble? A Dialectical Theory of Consumer Culture and Branding [J]. Journal of Consumer Research, 2002, June: 1-64.

[61] Hogg, M. A., Terry, D. J. and K. M. White. A Tale of Two Theories: A Critical Comparison of Identity Theory with Social Identity Theory [J]. Social Psychology Quarterly, 1995, 58 (4): 255-268.

[62] Hong, C. and Schweitzer, J. C. Cultural Values Reflected in Chinese and U. S. Television Commercials [J]. Journal of Advertising Research, 1996, 36 (1): 27-44.

[63] Keller, K. L. Conceptualizing, Measuring, and Managing Customer-Based Brand Equity [J]. Journal of Marketing, 1993, 57 (January), 1-22.

[64] Kleine Ⅲ, R. E. and Kleine, S. S. Mundane Consumption and the Self: A Social-Identity Perspective [J]. Journal of Consumer Psychology, 1993, 2 (3): 209-235.

[65] Kleine, S. S., Kleine Ⅲ, R. E. and C. T. Allen. How Is a Possession "Me" or "Not Me"? Characterizing Types and Antecedent of Material Possession Attachment [J]. Journal of Consumer Research, 1995, 22 (December): 327-343.

[66] Li, J. J. and C. Su. How Face Influences Consumption: A

Comparative Study of American and Chinese Consumers [J]. International Journal of Market Research, 2006, 49 (2): 237-256.

[67] Liao, J. and Wang, L. Face as A Mediator of the Relationship Between Material Value and Brand Consciousness[J]. Journal of Psychology and Marketing, 2009, 26(11): 987-1001.

[68] Lyotard, J. F., The Postmodern Condition: A Report on Knowledge[M]. Manchester: Manchester University Press, 1986.

[69] Maclnnis, D. and B. Jaworski. Information Processing from Advertisements: Toward an Integrative Framework[J]. Journal of Marketing, 1988, 53 (October): 1-23.

[70] Marion, G. Marketing Ideology and Criticism: 1960-1990. Draft Paper for 17th Colloquium on the Odyssey of Organizing, 2001.

[71] McAlexander, J. H., Schouten, J. W. and H. F. Koenig. Building Brand Community[J]. Journal of Marketing, 2002, 66 (January), 38-54.

[72] McMracken, G. Culture and Consumption: A Theoretical Account of the Structure and Movement of the Cultural Meaning of Consumer Goods[J]. Journal of Consumer Research, 1986, 13(1): 71-84.

[73] McCall, G. and J. Simmons. Identity and Interactions[M]. New York: Free Press, 1978.

[74] Muniz, A. M. and O'Guinn, T. C. Brand Community[J]. Journal of Consumer Research, 2001, 27(4): 412-432.

[75] Murray, J. B. The Polictics of Consumption: A Re-inquiry on Thompson and Haykto's (1997) "Speaking of Fashion" [J]. Journal of Consumer Research, 2002, 29(3): 427-440.

[76] Prentice, D. Psychological Correspondence of Possessions, Attitudes and Values [J]. Journal of Personality and Social Psychology, 1987, 53(6): 993-1003.

[77] Reed Ⅱ, A. Activating the Self-Importance of Consumer Selves: Exploring Identity Salience Effects on Judgments[J]. Journal of

Consumer Research, 2004, 31(2): 286-295.

[78] Reed Ⅱ, A. and L. E. Bolton. The Complexity of Identity[J]. MIT Sloan Management Review, 2005, 46(3): 18-22.

[79] Schau, H. J. and Gilly, M. G. We Are What We Post? Self-Presentation in Personal Web Space [J]. Journal of Consumer Research, 2003, 30(3): 385-404.

[80] Schau, H. J., Russell, C. A. Me, My Self, and Brands[J]. Advances in Consumer Research, 2005, 32: 335.

[81] Solomon, M. R. The Role of Products as Social Stimuli: A Symbolic Interactionism Perspective [J]. Journal of Consumer Research, 1983, 10(3): 519-528.

[82] Stryker, S. and P. J. Burke. The Past, Present, and Future of an Identity Theory[J]. Social Psychology Quarterly, 2000, 63(4): 284-297.

[83] Stryker, S. Symbolic Interactionism: A Social Structural Version [M]. Palo Alto: Benjamin/Cummings, 1980.

[84] Turner, J. C., Michael, A., Hogg, P. J., Oakes, S. D. R. and Wetherell, M. S. Rediscovering the Social Group: A Self-Categorization Theoty[M]. Oxford: Blackwell, 1987.

[85] Thompson, C. J. Interpreting Consumers: A Hermeneutical Framework for Deriving Marketing Insights from the Texts of Consumers' Consumption Stories [J]. Journal of Consumer Research, 1997. 34(4): 438-455.

[86] Thompson, C. J. and Arnould, E. J. Consumer Culture Theory (CCT): Twenty Years of Research [J]. Journal of Consumer Research, 2005, 31(4): 868-882.

[87] Thoits, P. A. On Merging Identity Theory and Stress Research [J]. Social Psychology Quarterly, 1991, 54: 101-112.

[88] Ting-Toomey, S. and A. Kurogi. Facework Competence in Intercultural Conflict: An UpdatedFace-Negotiation Theory [J]. International Journal of Intercultural Relations, 1998, 22 (2):

187-225.

[89] Wan et al. Do Traditional Chinese Cultural Values Nourish a Market for Pirated CDs? [J]. Journal of Business Ethics, 2009, 88: 185-196.

[90] Wang, J. and Wallendorf, M. Materialism, Status Signaling, and Product Satisfaction [J]. Journal of the Academy of Marketing Science, 2006, 34(4): 494-505.

[91] Wattanasuwan, K. The Self and Symbolic Consumption [J]. Journal of American Academy of Business, 2005, 6 (1): 179-184.

[92] Wong, N. Y. and Ahuvia, A. C. Personal Taste and Family Face: Luxury Consumption in Confucian and Western Societies [J]. Psychology & Marketing, 1998, 15(5): 423-441.

[93] Zhou, N. and R. W. Belk. Chinese Consumer Readings of Global and Local Advertising Appeals [J]. Journal of Advertising, 2004, 33(3): 63-76.

[94] Zhou, N. and K. Nakamoto. Price Perceptions: A Cross-National Study Between American and Chinese Young Consumers [J]. Advances in Consumer Research, 2001, 28: 161-168.

3 象征性品牌形象的维度与测量

3.1 引　　言

“品牌形象”(brand image)概念自20世纪50年代被引入以来，它不仅一直是消费者行为研究者所关注的一个焦点，而且常被看作是市场营销和广告研究的核心(Hsieh, Pan 和 Setiono, 2004)。在现有的对品牌形象构成或维度的研究中，Park, Jaworski 和 MacInnis(1986)提出的规范模型最为引人瞩目并已在后来的学术研究中得到了广泛的应用和支持。他们基于消费者的功能、体验和象征三种需求，将品牌形象相应地区分为“功能的”、“体验的”和“象征的”三种类型。然而，迄今有关品牌形象构成的讨论，基本上仍停留在这种抽象的分类层次上，而对象征性形象的维度，尚缺乏进一步的分析。

但是在现实的消费生活和企业实践中，我们却能强烈地感受到对象征性形象的维度进行专门研究的迫切性和必要性。这是因为，在当代(或后现代)社会和文化条件下，物质的消费已逐步让位于符号或象征的消费(Baudrillard, 1988; Baudrillard, 1983; Firat 和 Enkatesh, 1995)；与此同时，越来越多的企业也将其营销努力的重点从产品的物质属性和功能利益，转移到了它们的象征性或表达性的联想(McEnally 和 Chernatony, 1999)。在有关品牌形象管理实践的探讨中，Park, Jaworski 和 MacInnis(1986)等学者建议，企业在品牌上市之前应首先为它选择一个品牌概念，即决定为它注入什么类型的和哪些具体的意义。依据这一建议，一个企业如果并不了解构成象征性品牌形象的基本维度，或者说在向消费者进行品牌解释时将何种象征意义赋予品牌一无所知，那么企业便无从进行品牌的象征定位和形象管理。

本章将以“象征消费的需求和动机源自于消费者的自我”这一观点作为基本的逻辑起点，通过引入心理学中有关的自我理论，分析和探讨象征性品牌形象的维度，并开发一个测量该构念的量表。在此基础上，我们还将从消费者的角度通过考察象征性形象的不同维度对自我—品牌联结(self-brand connections)的影响，检验本书所建构的象征性品牌形象维度体系和所开发量表的适用性和有效性；从企业的角度通过对中国内地电视台所发布的电视广告内容的分析，进一步验证我们对包含四个维度(“个人的”、“社会的”、“关系的”和“集体的”)的象征性品牌形象构念理论建构的合理性。

3.2 象征性品牌形象概念的提出与理论建构

3.2.1 象征性品牌形象概念的提出

在品牌形象研究领域存在多个理论传统，其中之一就是对品牌作为一种象征所代表的意义的强调(Levy，1958；Noth，1988)。例如，Noth(1988)从符号学的角度分析，认为商品应被当作符号来研究，而它所代表的意义就是品牌形象。这种研究暗示，某些个人的或社会的意义必须被有意识地赋予产品，而作为象征的产品，只有当它可以被用来强化消费者的自我概念时，消费者才会购买和使用(Dobni 和 Zinkhan，1990)。

沿袭这一传统，Park，Jaworski 和 MacInnis(1986)认为“象征性品牌”是用来满足消费者的象征性需求的，并将它定义为“为了满足消费者对自我提升、角色定位、群体成员身份或自我认同的需求而设计的品牌”。Keller(1993)则将类似的概念纳入了品牌资产模型，把消费者有关品牌的象征性利益联想视作品牌形象的一个构成要素，强调了象征性利益与消费者对“社会承认或个人表达与外部取向的自尊”需求有关。基于 Keller(1993)及 Park，Jaworski 和 MacInnis(1986)的概念框架，Roth(1995)在有关品牌形象对产品绩效影响的研究中用“社会性形象”(social image)这一术语替代了“象征性形象”(symbolic image)，将它定义为“为了满足消费者获得群体成员身份和归属感的需求”而建立的形象。不难看出，上述学者对象征性品牌形象进行概念化时都将它与消费者自我相关的需求(即所谓的“象征性需求”)联系了起来。这与学者们普遍认识的人类象征消费的动机——自我的建构与表达——是一致的(Schau 和 Gilly，2003；Schau 和 Russell，2005；Thompson 和 Arnould，2005)。

然而，如果结合心理学中自我理论的研究成果以及消费者行为研究领域有关象征消费动机的讨论，我们就会发现，现有的研究对于“象征性品牌形象”的概念化都是不完全的。例如，在 Park，Jaworski 和 MacInnis(1986)的定义和论述中，“群体成员身份”和“自我认同”得到了强调，但“关系自我”(Brewer and Gardner，1996；Brown，1998)却没有被提及。Keller(1993)主要讨论了消费者的“外部取向”需求(如自尊和社会认可)。Roth (1995)的研究则仅局限于消费者的“集体自我”需求。不论是从自我的结构还是从源自不同自我的需求和动机来看，上述研究和讨论都是不完整的。

3.2.2 品牌形象的构成

现有文献中有两种研究直接或间接地涉及象征性品牌形象的构成：一是品牌形象研究；二是客体意义(或意指)研究。在品牌形象研究领域，研究者主要从消费者角度对象征性品牌形象的维度进行了探讨。Hsieh 等人(2002，2004)采用 Park 等人(1986)和 Keller (1993)的品牌形象概念，通过针对汽车行业的实证研究，成功提取了“声望”和“奢侈性”两个有效的象征性维度。Bhat 和 Reddy (1998)通过问卷调查和因子分析，析取了“声望”和“个性表达”两个维度。Elliott(1994)采用“刺激约束下的自由反应方法”，针对学生群体对运动鞋时尚品牌的“象征意义”进行了探索性研究，共获得了 12 个语义族，包括“时尚的”、“运动”、“昂贵的”、“舒服的”、“广告”、“产品特征”等。Río，Vázquez 和 Iglesias(2001)以运动鞋品牌作为刺激，探讨和检验了品牌所具有的“个人认同”

(personal identification)、“社会认同”(social identification)和“地位”(status)三种象征价值联想。

尤其值得一提的是品牌个性研究。在这类研究中 J. L. Aaker(1997)的贡献最为突出。J. L. Aaker 构建的品牌个性体系本身由五大维度、15 个次级维度和 42 个品牌个性特征词所构成。五大维度分别是真诚(sincerity)、刺激(excitement)、能力(competence)、高雅(sophistication)和粗犷(ruggedness)。由于这一维度体系是针对美国消费者的研究建立起来的，为了了解不同文化背景下品牌个性维度的差异，J. L. Aaker 和其同事(2001)还对美国、日本和西班牙的品牌个性结构进行了跨文化的比较研究。研究结果表明，真诚、刺激和高雅这三个品牌个性维度是上述三种文化所共有的，平和(peacefulness)是日本文化特有的，激情(passion)是西班牙文化特有的，粗犷是美国文化特有的，而能力在美国和日本文化中都有，在西班牙文化中却没有。

在品牌个性本土化研究方面，黄胜兵和卢泰宏(2003)采用与 J. L. Aaker(1997)相似的方法，对品牌个性维度做了本土化的研究，并识别了五大因素、66 个描述品牌个性的词汇。但其中的不少词汇不是典型的描述人格特质的词汇(可参见杨国枢(1999)，杨国枢、王登峰(1999)开发的中文人格特质形容词词表)，如“体面的”、“吉祥”、“环保的”等；而且所选取的有些词汇也容易产生歧义，如“家庭的”在不同的语境中往往有非常不同的含义，它并不像“恋家的”或“重家庭的”这样的词汇更经常地被用来描述人格特质。此外，品牌个性的本土化研究是基于西方人人格的“大五”结构，还是基于中国人人格的“大七”结构(王登峰和崔红，2005)或更多地考虑中国人的人格特征更为合适，也是成问题的。

还有部分作者从企业角度对象征性品牌形象的构成维度进行了探讨。Chernatony 和 Riley(1997)通过对品牌经理、品牌管理顾问等企业人士的深度访谈和词汇研究的方法，提取出了“个性”、“情感价值”、“无形/抽象因素”、“产品形象”、“情景意象”、“用户形象”、“个人隐喻”和“心理因素”等被用来表达或描述品牌的象征性属性的词汇(值得注意的是，这些词汇并非代表了象征性形象的不同维度，它们之间明显存在一定的重叠或交叉）。Aldern 等人(1999)则通过对多个国家的电视广告中符号元素的分析，探讨和验证了将品牌定位为某种文化(全球消费文化、本土消费文化和异域消费文化)的象征的可能性。

上述研究虽然从消费者和企业两个角度证明了象征性品牌形象/概念的存在，但已被识别和验证的象征性维度，却显得十分零散，尚无法据此构建一个全面、系统揭示和描述象征性形象的维度体系。J. L. Aaker(1997)构建的品牌个性体系在系统性方面虽然是一个例外，但品牌个性却并不能代表所有的象征性形象，特别是某些非常重要的象征性维度，如 Gardner 和 Levy (1955) 及 Levy (1959)所说的“社会意义”或“社会属性”。

严格来说，客体意义或意指(signification)研究是相对独立于品牌形象研究而发展的一个领域。它是用来分析消费的社会模式的一种重要方法，关注的焦点是客体(包括产品、品牌、行为、事件等)的意义是如何被模式化的。根据这种方法，消费的客体被视作是消费者在对客体的消费中所获得的意义的载体(Holt，1997)，也就是说，商品可以被看作是无形的意义的“物化”形式(McCracken，1986)。因此，有哪些意义会通过人类的文化实践而被赋予客体以及如何对这些意义进行合理的分类，便构成了客体意义研究中的核心问题。

在该研究领域，学者们已提出了许多的意义分类框架。例如，McCracken(1986)在有关文化意义如何从文化的世界向商品和消费者个体转移的讨论中，着重阐述了“文化类型”和“文化原则”两种意义。Friedmann(1986)采用源自存在主义现象心理学的“心理意义”的概念，提出了将产品意义区分为“有形的客观属性”(如汽车的成本、性能、风格)和“无形的主观属性”(如汽车的娱乐性和声望)的分析框架。Noth(1988)采取符号学的视角，认为品牌形象包括“技术”、“产品特征”、“财务价值”和“社会适宜性”等意义要素。Kleine 和 Kernan(1991)将客体的意义区分为“属性”(客体的物质特性)和“表现”(客体如何被象征性或工具性地使用)两个维度。Ligas(2002)提出了“功能意义”(包括产品的物质属性和“效用”)和

"象征意义"(产品对于个体的自我定义和表达所具有的意义)的分类框架。

不难看出，客体意义研究中对于意义的分类或维度的区分，与品牌形象的维度研究是十分相似的，两者之间具有许多共同之处。有些品牌形象的研究者就是直接用"意义"来定义品牌形象这一概念的。因此，客体意义研究方面的成果，对于品牌形象研究(包括概念的发展和维度体系的构建)无疑是具有重要参考价值的。然而，学者们对于意义的分类或维度区分，却大多带有明显的主观性和随意性，并因此在不同学者之间表现出了相当大的不一致或矛盾。此外，与品牌形象研究类似，客体意义的研究中有关 Ligas (2002)所说的"象征意义"的专门、系统的探讨，特别是相关的实证研究，同样是相对缺乏的。

总体来看，现有的研究已经表明象征性品牌形象是不同于功能形象和体验形象的一种客观存在，但已被识别和验证的品牌形象的象征性要素或维度，却显得十分零散和不一致；有些所谓的象征性要素或意义(如"广告"、"产品特征"、"情感价值"等)超出了象征性品牌形象的概念范畴。因此，我们尚无法直接地以这些已有的研究成果为依据构建一个能够全面、系统地揭示和描述象征性品牌形象的维度体系。

3.2.3 象征性品牌形象构念及其维度体系的理论建构

在象征消费研究领域，学者们一般认为，消费者并不仅仅是为了功能利益，他们至少同样多地，甚至替代地也是为了象征意义(symbolic meanings)而购买产品和品牌(Cova，1996；Firat 和 Enkatesh，1995；Levy，1958)。人们之所以将产品和品牌作为象征来进行消费，就在于他们存在持续的自我建构与表达的需要(Firat 和 Enkatesh，1995；Firat 和 Shultz，1997)；消费者需要通过对象征的消费来实现自我提升(Grubb 和 Grathwohl，1967)、自我验证(Kleine Ⅲ和 Kleine，1993)、维持"过去的自我"(Belk，1990)、改善自尊(Hogg 和 Banister，2004)以及赢得社会认可(Keller，1993)等需求的满足。这就是说，象征消费的需求和动机直接源自消费者的自我。

正是由于象征消费行为是由自我相关的需求和目标所激发的，消费者在产品和品牌中所寻求的象征意义，就必须是与自我相关的(而不是物质的、功能的或体验的)，即有些社会心理学家(如Burke，1997；Stryker 和 Burke，2000)所说的“自我意义”(self meanings)。社会心理学家认为，自我意义指的是人们用来定义自我的特征、规范和标准(Burke，1997；Stryker 和 Burke，2000；Yuki，2003)。例如，当“大学生”这一特定的社会身份被个体“内化”为他或她的一种自我概念时，由社会和文化所规定的大学生的规范和标准，如学业优秀、理智主义、善于交际、自信等就是一组自我意义(Burke，1997)。我们认为，当这些自我意义(或象征意义)被成功注入品牌时，它们就构成了品牌的象征性形象。因此，在本书中，我们将象征性品牌形象定义为“一个品牌对于消费者来说所代表或表达的自我意义”。然而，自我是“多重的”，我们每个人都拥有许多不同的自我，这些不同的自我驱动我们行为的社会动机(Brewer 和 Gardner，1996)，从而使我们在象征消费中所寻求的意义很可能是不一样的。因此，要理论地建构象征性品牌形象的维度体系，就必须考察自我的结构。

传统上，许多心理学家在“个人自我”(反映了个体区别于所有他人的那些方面)和“社会自我”(反映了个体被他人或重要的群体所同化的那些方面)之间做了区分。这种研究实际上已经暗示了对社会自我做出进一步区分的可能：一个是源自个体与特殊他人之间人际关系和相互依赖的社会自我；一个是源自较大规模的群体或社会分类中的成员身份的社会自我。在这一认识的基础上，Brewer 和 Gardner(1996)的研究识别和区分了自我结构中的“个人自我”(personal self)、“关系自我”(relational self)和“集体自我”(collective self)三个层次。其中，个人自我指的是个体化的、差异化的自我概念，它由个体区别于他人的特性所定义，这些特性包括个体的能力、态度、价值观和人格特质等。关系自我指的是源自与重要他人之间的联系和角色关系的自我概念，如“我是××的父亲”、“我是××的知心朋友”等；集体自我则与社会认同理论和社会分类理论中的社会身份(social identity)概念一致，指的是根据群体的成员身份所定义的自我概念，如“我是中国人”、“我是80后”、“我是M-zone人”等。

由于Brewer和Gardner(1996)的理论框架中似乎忽略了传统的“社会自我”(social self)概念中所包含的“社会地位”(Brown，1998)的含义，而对“地位品牌”(status brand)的购买和使用在消费者的日常生活中却是司空见惯的(O'Cass和Frost，2002)，因此，本研究将在概念框架中仍然保留“社会自我”这一术语，但仅把它定义为“个体由于他或她所处的社会位置及相应角色扮演而取得的成就、地位及相应地在他人心目中所赢得的声望与认可”。比如，人们可能形成诸如“我是一名受人尊敬的学者”、“朋友们都很给我面子”、“我是有身份地位的”之类的自我认识与评价，这些便是我们这里所定义的社会自我概念。这样，消费者的总体自我便被区分为“个人的”、“社会的”、“关系的”和“集体的”四个层次(见表3-1)，并构成了我们探讨象征性品牌形象维度的理论基础。

表3-1　**自我呈现的层次**

自我概念	自我定义的焦点	自我评价的基础	社会动机
个人的	个人	特质、价值观、态度	自我利益：如个人成就感
社会的	角色	角色规范	自我利益：如个人的声望、地位
关系的	关系	重要他人的评价和反应	他人利益：如他人的自尊、荣誉
集体的	群体	群体原型	集体利益：如成员的福利、去个性化

资料来源：根据Brewer和Gardner(1996)、Brown(1998)及Cross、Gore和Morris(2003)的研究整理。

显然，如果说自我的建构实质上就是对意义的寻求和占用(Escalas和Bettman，2005；McCracken，1986；Wattanasuwan，

2005)，那么，不同的自我所寻求的品牌的象征意义就是不一样的。可以认为，个人自我寻求的是品牌所代表的“个人的自我意义”(personal self-meanings)，如人格特质、价值观、态度、能力等；社会自我寻求的是品牌所代表的“社会的自我意义”(social self-meanings)，如社会地位、财富、声望等；关系自我寻求的是品牌所代表的“关系的自我意义”(relational self-meanings)，如亲情、友谊或爱情等；集体自我寻求的是品牌所代表的“集体的自我意义”，即特定的群体成员身份所隐含的成员之间共享的那些特征、规则和标准。因此，我们将象征性品牌形象区分为“个人的自我意义”、“社会的自我意义”、“关系的自我意义”和“集体的自我意义”(collective self-meanings)四种类型或维度。

将象征性品牌形象视作一个多维的而不是一维的构念，会有助于更好地理解消费者对不同象征性品牌的偏好和发展品牌关系的潜力。为了考察我们对象征性品牌形象理论构建的合理性，并为后续深入探讨象征性品牌形象在消费者与企业品牌关系建立、发展和维持中的重要作用提供研究基础，我们开发了一套象征性品牌形象的测量量表，并考察了该量表的稳定性和有效性。最后，我们通过对中国电视广告内容的分析进一步检验了四个维度体系建构的合理性和应用的可行性。

3.3 研究1：品牌联想测试

根据量表开发的程序，为了有效开发出象征性品牌形象量表，我们首先对象征性品牌性形象进行了探索性研究。该研究采用品牌联想测试方法，其主要目的在于获得消费者用以描述象征性品牌形象的词汇列表，从而为后续开发象征性品牌形象的正式量表提供依据。

3.3.1 研究方法

我们采用“刺激约束下的自由反应方法”(Elliott，1994)来实施品牌联想测试。该方法主要有3个步骤：(1)选择作为刺激物的品牌；(2)实施品牌联想测试，以获得最初的描述象征性品牌形象的词汇列表；(3)对词汇进行语义归类，以作为下一步象征性品牌形象量表开发的基础。

(1)样本

本研究采取便利抽样的方法，共邀请 380 名被试参与此次品牌联想测试，其中女性占 51.3%，年龄在 18~24 岁的被试占 75.3%，92.1%的被试具有本科及本科以上学历。

(2)刺激物的选取

为了选择全面和有代表性的品牌作为刺激物，根据 Aaker (1997)的研究，我们采用了以下三个筛选品牌的标准：①品牌的显著性，即所选品牌应是知名度较高的，以便能适用于普通的消费者；②品牌形象的多样性，即所选品牌应尽可能涵盖所有不同的象征性形象，以增加象征性形象词汇的广度。③品牌的广泛性，即所选品牌应能代表尽可能多的行业或产品品类，以保证所产生的词汇列表和以此为基础开发的象征性品牌形象量表具有跨行业、跨产品的适用性。遵循以上标准，本研究共选取了 60 个品牌用于联想测试，这些品牌涵盖了 13 个产品大类，包括电信业、软件服务业、金融保险业、商业零售业、食品饮料业、烟酒类、日用品类、汽车类、电器类、服装类、电脑类、手机类及“其他行业”。每个品牌均被印制在一张彩色示卡上，示卡上包括该品牌的名称和品牌的 LOGO。为了避免在联想测试过程中出现某一品牌被测试的次数过多，而有的品牌被测试次数过少的可能，我们对所选品牌进行了适当的分组，共分为 4 个品牌组，每组包括 15 个品牌。

(3)程序

在实施品牌联想测试时，研究者每次只向被试出示一个品牌，被试看完后再回答事先准备好的问卷。在问卷中，我们提供了品牌联想的提示，告知被试在看到被出示的品牌后，对于所产生的联想，可以用一个词、词组、短语、句子或一段话来表达。每位被试均有 60 秒的时间来进行联想。如果被试不熟悉第一次出示的品牌，则从同一品牌组中抽取另一个品牌作为刺激物。在完成第一个品牌的联想测试之后，如果被试愿意，我们还会继续做第二个品牌的联想测试。但同一位被试最多只做两个品牌测试。为了客观、准确地理解被试使用这些词语所要表达的意义，我们还请被试尽量提供了与被测试品牌有关的消费故事，从而减少在词汇提取和理解上可能产生的偏差。最终我们共回收到 544 份问卷。

3.3.2 研究结果

首先，我们对被试在品牌联想测试中所提到的词汇进行了提取和频次分析，共甄别出 277 个描述象征性品牌形象的词汇。其中，出现了 2 次及 2 次以上的词汇有 114 个，出现了 1 次的词汇有 163 个。在识别和提取词汇时，我们只选择和录入了那些表达象征意义或自我意义的词汇，而对于描述非象征性内容的词汇，则未予记录。

其次，我们对这些甄别出来的联想词汇进行了归类。该项工作由两位研究助理独立完成，由他们分别对这些联想词汇进行语义分析和分类，即按照各个词汇的所属类别进行了归类。例如，“值得信赖”、“勇敢”、“中庸”等，都是描述人格特质的词汇，将其归为同一语义族；“尊贵”、“体面”、“令人尊敬”等，都是描述身份地位的词汇，将其归为同一语义族。两位研究助理进行的语义族归类的一致性比例达到 81.5%，语义族分类不一致的联想词汇通过 3 位营销学教授的专题讨论会来解决。

经过语义归类，我们共获得了 55 个“语义族”。然后，我们以专题小组讨论的形式，再以各个语义族为基础发展出较为抽象的“构念”，即将这 55 个语义族分成了“人格特质”、“品牌竞争力”、“情绪”、“人口统计特征”、“民族/地域”、“社会性意义”、“情境”、“价值观”等 8 个类别(见表 3-2)。

3.3.3 讨论

通过与 Aaker(1997)、黄胜兵和卢泰宏(2003)的品牌个性词汇进行比较，我们发现，虽然 Aaker(1997)的 44 个品牌个性词汇中有 10 个、黄胜兵和卢泰宏(2003)的 66 个品牌个性词汇中有 17 个

表 3-2　　品牌联想测试的语义族分类

	类别	语义族举例
(1)	人格特质	可靠、真诚、个性等
(2)	品牌竞争力	能力、市场地位等
(3)	情绪	情绪、过去的记忆、梦想等
(4)	人口统计特征	年龄、性别等
(5)	民族/地域	中国的、世界的、外国的等
(6)	社会性意义	社会阶层、身份、地位、爱情、亲情等
(7)	情境	聚会、喜庆、运动等
(8)	价值观	环保、健康、节俭等

是本研究所获得的联想词汇中没有的，但这些品牌个性词汇基本上都可以被归入相应的语义族，而且它们中的大多数能在本研究所产生的词汇列表中找到意义相同或相近(或相反)的词汇。尽管如此，我们仍将这些词汇添加到了词汇列表之中，以扩大下一步量表开发中选词的范围。此外，前面文献综述中曾提到的其他描述象征性品牌形象的词汇(非人格特质词汇)，在本研究产生的词汇列表中均有完全相同的词汇。这些结果表明，本次的品牌联想测试和词汇研究的效果是比较理想的。

3.4　研究 2：象征性品牌形象的量表开发与验证

在本书中，我们将基于品牌联想测试研究所生成的语义族，对象征性品牌形象量表进行开发和验证。

3.4.1　量表题项的生成

我们首先通过专题小组讨论的形式，对品牌联想测试中的 55 个语义族中所涉及的词汇进行筛选。在选取时主要采用了 4 个标准：(1)每一个语义族中，语义差别较大的词汇尽量保留，而语义非常相似的词汇只保留其中的一个；(2)将极端负面或消极的词汇删除；(3)如果一个词汇的语义中包含另一个词汇的语义，保留前一个词汇，删除后一个语汇；(4)将生僻的、不常用的词汇删除。根据此标准进行筛选后，共筛选出 81 个词汇，并在此基础上开发出了 81 个题项。每个题项均以 5 分李科特量表形式进行设计。

由于初始量表的题项过多，为了压缩量表的长度，我们对初始开发的量表进行了预研究。预研究采用问卷调查的方式。施测品牌均印制在问卷首页上方的显著位置，一份问卷上只印制一个品牌，并请研究对象仅针对问卷上的品牌回答问题。如果研究对象不熟悉问卷上的品牌，可以换取另一份问卷回答。每一位研究对象只要求回答一份问卷。共发放问卷 576 份，获得有效问卷 452 份。我们对回收的数据进行探索性因子分析以简化数据结构。采用主成分法、以特征根大于 1 为标准进行因子提取，采用方差最大化法进行因子坐标旋转，结果表明，因子分析的 KMO 值为 0. 85，巴特利特球体检验$\chi^2(1830)=16028.87$，共提取了 15 个因子，总体方差解释度达到 71. 9%。根据预研究的结果，我们通过合并、抽象等方式对题项做了进一步的修改，生成了包含 15 个题项的象征性品牌形象量表进入正式研究。

3. 4. 2 研究方法

我们采用问卷调查法来对所开发的象征性品牌形象量表进行验证。在问卷中，我们首先请受访者写下一个他们自己所熟悉的品牌名称，接着，我们请受访者对描述该品牌的 15 个象征性品牌形象题项进行评分。该量表采用 7 点李科特量表。问卷的最后，我们收集了受访者的人口统计资料。该调查采用便利样本，调查对象为武汉地区的 MBA 学员和大学本科生，共发放问卷 270 份，回收问卷 234 份，其中女性受访者占 52. 8%，年龄在 18～24 岁的受访者占 64. 5%。此次调查中受访者共提及不同行业中的 129 个品牌，说明这些品牌具有广泛的代表性。

3.4.3 分析与结果

(1)探索性因子分析

我们使用 SPSS 15.0 软件对所开发出的 15 个题项的象征性品牌形象量表进行探索性因子分析，采用主成分法、以特征根大于 1 为提取标准进行因子提取，并采用方差最大化法进行因子坐标旋转。在剔除 2 项多重载荷的测量题项后，探索性因子分析提取出 4 个因子。分析结果显示，KMO 值为 0.83、巴特利特球体检验 $\chi^2(78) = 1664.18 (p<0.001)$，所提取的 4 个因子的总体方差解释度达到 77.3%，所有测量题项均清晰地聚到某一因子中，且在其他因子维度上的多重载荷均小于 0.3，这初步表明了所开发的象征性品牌形象量表具有良好的结构效度。象征性品牌形象的 4 个维度所对应的测量题项在其因子上的载荷值均大于 0.7，也初步说明了所开发的量表具有较好的聚合效度(见表 3-3)。

表 3-3　　　　**探索性因子分析结果**

测量题项	因子 1	因子 2	因子 3	因子 4	信度(α)
X_1：该品牌可以被用来表达友谊	0.85				0.88
X_2：该品牌可以被用来表达爱情	0.85				
X_3：该品牌可以被用来表达亲情	0.83				
X_4：该品牌常被它的消费者用来增进与他人的亲密关系	0.81				
X_5：该品牌体现了它的使用者所拥有的尊贵的社会地位		0.88			0.88
X_6：许多体面人士常常使用该品牌		0.86			
X_7：该品牌是成功人士的象征		0.85			
X_8：该品牌的消费者常用它来表现自己是某个群体中的一员			0.86		

续表

测量题项	因子 1	因子 2	因子 3	因子 4	信度(α)
X_9：该品牌的消费者常用它来表达自己对于某个群体的认同			0.84		0.86
X_{10}：该品牌可以被看作是某个群体的象征			0.81		
X_{11}：该品牌是有个性的				0.85	0.84
X_{12}：该品牌的消费者可以用它来表现自己的个性				0.84	
X_{13}：该品牌常常反映了它的消费者的个性				0.83	

探索性因子分析的结果表明，象征性品牌形象量表所提取的四个维度分别反映了品牌所代表的四种象征意义。题项 $X_1 \sim X_4$ 描述了品牌所象征的亲情、爱情、友谊和亲密关系等，反映出品牌所代表的“关系的自我意义”；题项 $X_5 \sim X_7$ 描述了品牌所象征的财富、成功、声望和社会地位等，反映出品牌所代表的“社会的自我意义”；题项 $X_8 \sim X_{10}$ 描述了品牌所象征的归属感和群体认同感等，反映出品牌所代表的“集体的自我意义”；题项 $X_{11} \sim X_{13}$ 描述了品牌所象征的个性和特质等，反映出品牌所代表的“个人的自我意义”。这表明我们在理论构建部分所提出的象征性品牌形象的四个维度得到了初步确认。

(2)验证性因子分析

接着，我们使用 AMOS 7.0 对这 13 个测量题项进行验证性因子分析。总体模型拟合结果为 $\chi^2 = 103.26$，df = 59，$\chi^2/df = 1.75$，GFI = 0.94，CFI = 0.97，RMSEA = 0.06，NNFI = 0.96，表明模型拟合良好。表 3-4 是验证性因子分析的因子载荷检验结果。从该表中可以看出，模型中每个测量题项与其对应的构念之间的路径系数均显著，表明了这些题项在其所属潜变量维度上具有良好的聚合效度(Anderson 和 Gerbing，1988)。

表 3-4　　　　**验证性因子分析结果**

构念	测量题项	标准化因子载荷	t 值
关系形象 AVE = 0.64 CR = 0.88	X_1	0.82	14.54***
	X_2	0.79	13.75***
	X_3	0.81	14.32***
	X_4	0.78	13.45***
社会形象 AVE = 0.72 CR = 0.88	X_5	0.91	17.10***
	X_6	0.83	15.00***
	X_7	0.79	13.98***
集体形象 AVE = 0.68 CR = 0.86	X_8	0.84	14.85***
	X_9	0.87	15.67***
	X_{10}	0.76	12.89***
个人形象 AVE = 0.63 CR = 0.84	X_{11}	0.73	11.95***
	X_{12}	0.85	14.58***
	X_{13}	0.81	13.69***

注：***表示 $p<0.001$。

为了评估量表的结构信度，我们计算了各构念的复合信度（Composite Reliability，CR）和平均方差提取量（Average Variance Extracted，AVE）（Johnson、Anderson 和 Fornell，1995）。计算结果表明，所有构念的复合信度值都超过了所推荐的 0.7 的参考值（Nunnally 和 Bernstein，1994），所有构念的平均方差提取量都大于所推荐的临界值 0.50（Johnson、Anderson 和 Fornell，1995）。上述证据说明我们所开发的象征性品牌形象量表具有良好的结构信度和效度。

根据 Fornell 和 Larcker（1981）的建议，我们利用每个测量构念的平均方差提取量来检查构念之间的区分效度。正如表 3-5 所示，本实验中所测量的 4 个构念的 AVE 平方根都大于它们与其他变量的潜变量相关系数，表明这些构念之间具有良好的区分效度。为了为各构念之间的区分效度提供进一步的证据，我们又运行了一组验证性因子分析模型来检验测量两两构念之间的两因子模型是否会好于单因子模型(Bagozzi，1991)。结果表明，分别将两两潜变量之间的相关系数设定为1，然后与原测量模型进行比较，卡方值均具有显著性变化。

表3-5　**潜变量相关系数表**

	1. 集体形象	2. 关系形象	3. 社会形象	4. 个人形象
1	0.82			
2	0.39	0.80		
3	0.45	0.38	0.85	
4	0.49	0.23	0.36	0.80

注：对角线上各值为各构念AVE的平方根。

3.5　研究3：象征性品牌形象与自我—品牌联结

由于在不同文化之间以及同一文化中的不同个体之间，特定的自我对于个体的相对重要性是存在差异的(Brown，1998；Cross、Gore和Morris，2003)，因此消费者对于具有不同自我意义的品牌很可能就会发展出不同的品牌偏好和品牌关系(Reed Ⅱ，2004)。“自我—品牌联结”作为一个常被用来表达消费者与品牌关系质量的构念(Fournier，1998)，它可以被概念化为“个体将品牌吸收进他们的自我概念的程度”(Escalas和Bettman，2005；Escalas和Bettman，2003)。该概念所隐含的基本假设是，当品牌被消费者用来建构或表达他们的自我时，自我—品牌联结就形成了(Moore和Wurster，2007)。进而言之，一个品牌的象征性形象越强，它将越能满足消费者自我相关的象征性需求，从而所形成的自我—品牌联结可能就越强。因此，在开发出象征性品牌形象量表之后，本研究将通过考察它与自我—品牌联结之间的关系来检验量表的预测效度。

3.5.1 研究方法

为了考察所开发的象征性品牌形象量表的稳定性以及考察该量表的预测效度，我们又进行了一次问卷调查。根据研究2中的分析结果，我们在此次调查中采用的是13个题项的象征性品牌形象量表，并在问卷中加入有关自我—品牌联结的量表。该量表采用Escalas和Bettman(2005，2003)所开发的量表，共5个题项。调查采用随机拦截调查，共在武汉和南昌地区发放问卷300份，其中有效问卷261份。受访者中女性占55.9%，平均年龄为25.3岁，此次调查中受访者共提及不同行业中的152个品牌。

3.5.2 分析与结果

与研究2中的方法相同，我们首先对此次调查中的所涉及的18个题项进行探索性因子分析，结果显示，因子分析共提取出5个清晰的维度，总体方差解释量为75.8%，每个题项均在其所对应的维度上载荷最大，且在其他维度上的载荷均小于0.4，表明此次测量具有良好的结构效度。

接着，为了进一步验证我们所开发的象征性品牌形象量表的稳定性，我们利用AMOS7.0软件，将此次收集的象征性品牌形象量表的数据与研究2中所收集的数据进行测量模型的多组对比分析(Steenkamp和Baumgartner，1998)。在多组分析中，我们共设置了4个模型。模型1为不受限模型，即两组数据的测量模型的因子载荷、潜变量协方差及测量误差均可自由估计。模型2是在模型1的基础上限制两组模型的因子载荷相等；模型3是在模型2的基础上进一步限制两组模型的潜变量协方差相等；模型4是在模型3的基础上进一步限制两组模型的测量误差相等。多组分析的结果可参见表3-6，从该表中可以看出，模型1至模型4的各拟合指标均达到推荐临界值，且与不受限测量模型1相比，模型2、模型3、模型4的拟合程度均无显著变化。这进一步说明了在研究2和研究3中，我们所开发的象征性品牌形象量表具有较好的稳定性。

表 3-6 **测量模型的多组比较分析结果**

	模型 1	模型 2	模型 3	模型 4
χ^2(df)	193.81(118)	199.60(127)	219.37(137)	238.81(150)
GFI	0.94	0.94	0.94	0.93
CFI	0.98	0.98	0.98	0.97
NNFI	0.97	0.97	0.97	0.97
RMSEA	0.04	0.03	0.04	0.04
$\Delta\chi^2$(df)	—	5.79(9)	25.57(19)	45.00(32)

根据前文的论述，消费者感知的个人形象、关系形象、社会形象及集体形象越强，则他/她发展的自我—品牌联结可能越强，表现在自我—品牌联结量表的得分就越高。因此，我们建立起如图 3-1 所示的结构方程模型来考察所开发的象征性品牌形象量表的预测效度。利用 AMOS7.0 对该模型进行分析的结果表明，模型的整体拟合指标为 $\chi^2(125) = 224.65$，GFI = 0.92，CFI = 0.96，NNFI = 0.96，RMSEA = 0.06，表明该结构方程模型拟合良好。

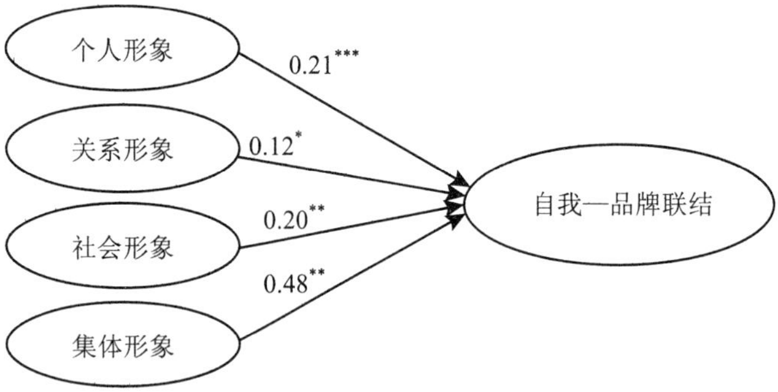

图 3-1 象征性品牌形象与自我—品牌联结

注：* 表示 $p<0.05$，** 表示 $p<0.01$，*** 表示 $p<0.001$。

个人形象($\beta = 0.21$, $t = 3.33$, $p < 0.001$)、社会形象($\beta = 0.20$, $t = 3.27$, $p < 0.01$)、关系形象($\beta = 0.12$, $t = 2.06$, $p < 0.05$)及集体形象($\beta = 0.48$, $t = 6.92$, $p < 0.001$)均对自我—品牌联结有正面影响，从而说明了我们所开发的象征性品牌形象量表具有良好的预测效度。

3.6 研究4：基于象征性品牌形象的概念框架对电视广告内容的分析

虽然品牌的象征化是一个复杂的意义谈判过程，但广告在这个过程中却扮演着关键性的角色（Holt，2002；Elliott 和 Wattanasuwan，1994），并被看作是为品牌注入意义的一个强有力的工具（Till 和 Priluck，2001；Alden 等，1999）。本研究所提出的象征性品牌形象的概念框架是否适用于对广告的内容分析及其应用价值，还需要做进一步的检验。本研究中，我们可以通过产品种类、广告中的符号结构与不同象征性诉求之间的相关性来判断象征性品牌形象及相应的象征性诉求理论建构的恰当性。

3.6.1 对象征性广告诉求的定义

象征性诉求和功能性诉求可能是广告中应用最广泛的两种策略（Johar 和 Sirgy，1991）。象征性诉求广告的创意目标是为广告产品（或品牌）塑造一种使用者的形象，功能性诉求广告的创意策略则是突出产品（或品牌）的功能属性。根据 Johar 和 Sirgy（1991）的观点，象征性诉求和功能性诉求的广告，它们的说服路径是不一样的。在象征性诉求中，当广告呈现的使用者形象与观众的自我形象一致时，观众便可能感知到该产品或品牌可以为其提供自我一致性、自尊、社会一致性和社会承认需求的满足，从而达到影响消费者的态度或说服的目的。功能性诉求的广告则是通过功能一致性，即观众有关广告产品的功能属性的信念与他们理想的参考属性之间的“匹配”来达到说服目的的。可见，广告的说服本质上是通过赋予产品或品牌一定的意义(包括功能的、象征的或体验的意义)来实现的。

无论是从理论还是从实践的角度，我们都不难发现，除了象征性和功能性诉求之外，体验性诉求也可能是广告主经常采取的一种策略。例如，“雪碧”近几年的电视广告一直就在进行着“亮晶晶，透心凉”的体验性诉求。由于体验性品牌是用来满足消费者对刺激性和多样性的需求的(Park 等，1986)，这些体验性需求包括感官快乐、多样性、认知刺激等(Keller，1993)，因此，体验性的广告诉求就是为了在品牌或产品与某种感官快乐、多样性和认知刺激之间建立一定的联系或联想，即为品牌注入体验的意义。这意味着，我们至少可以识别和区分出三种基本的广告诉求，即象征性、功能性和体验性的诉求。

借助于心理学中自我理论(self theory)的框架，我们同样可以对象征性诉求做进一步的分类。如果象征性品牌形象四个维度的区分合理，那么，广告的象征性诉求应同样可以被区分为与之相对应的“个人形象诉求”、“社会形象诉求”、“关系形象诉求”和“集体形象诉求”(见表 3-7)。其中，个人形象诉求是为了将个人的自我意义注入品牌，帮助消费者建立品牌与其个人自我相关的意义联想，如人格特质、价值观和态度等。社会形象诉求是为了将社会的自我意义注入品牌，促使消费者形成与其社会自我相关的品牌意义联想，如上流社会、成功人士、财富、他人的尊敬与羡慕等。关系形象诉求是为了将关系自我的意义注入品牌，帮助消费者形成与其关系自我相关的意义联想，如家庭成员之间的亲情、恋人之间的爱情和人际交往中的友情等。群体形象诉求是为了将集体的自我意义注入品牌，帮助消费者形成与集体自我相关的品牌联想，如民族、种族、性别、年龄、职业或地域的认同以及各种形形色色的“兴趣团体”等的身份认同等。

表3-7 对象征性广告诉求的分类与定义

诉求	理论定义	操作定义	举例
个人形象诉求	旨在将个人的自我意义注入品牌、塑造品牌的个性形象诉求	帮助消费者建立与个人自我相关的品牌联想，如人格特质、价值观、态度、情绪等	百事可乐在许多广告中彰显了年轻、时尚和反传统的个性；玉兰油则突出了温柔和成熟的个性
社会形象诉求	旨在将社会的自我意义注入品牌、塑造品牌的声望形象诉求	帮助消费者建立与社会自我相关的品牌联想，如上层社会、成功人士、财富、个人地位、社会或他人的尊敬与羡慕等	宝马以"年轻成功人士的象征"为定位的广告；香港皇朝家私以关之琳为代言人的广告
关系形象诉求	旨在将关系的自我意义注入品牌、塑造品牌所代表的人际关系形象诉求	帮助消费者建立与关系自我相关的品牌联想，如家庭成员之间的亲情、恋人之间的爱情、人际交往中的友情或友谊等	TCL笔记本电脑的"天下父母心，TCL尽表达"；枝江大曲以曾志伟为代言人的"我只和朋友一起喝"
群体形象诉求	旨在将集体的自我意义注入品牌、塑造品牌所代表的群体形象诉求	帮助消费者建立与集体自我相关的品牌联想，如民族、种族、性别、年龄、职业或地域的认同以及各种形形色色的"兴趣团体"或俱乐部成员的身份认同等	金利来的"男人的世界"；欧莱雅的"来自法国巴黎的欧莱雅"；动感地带的"M-Zone人"

3.6.2 研究方法

(1)样本

本书所使用的电视广告由研究助理录制于湖南卫视、CCTV等电视台于2007年10月至2008年4月期间所发布的广告。考虑到同一电视台在一定期间内播放的广告的重复量较大，因此对于同一电视台录制时间的具体安排是第一次录制后，每隔 15 天再录制一次，每次都录制全天的广告。在全部录制工作完成后，通过对广告的剪辑、整理，剔除了重复的广告，最后得到 311 则可用于数据分析的广告。

(2)编码

编码表由本研究开发所得。整个编码表分为三个部分：电视广告的基本信息统计、电视广告符号要素的基本特征统计和对电视广告的总体印象(即对广告诉求的判断)。其中，电视广告的基本信息就是广告中的品牌名称、广告时长和产品种类等，这些都是按照常规进行分类的。电视广告符号要素的基本特征统计信息包括画面、语言文字和声音三个方面，画面的信息编码涉及人物的人数、年龄、人物关系、着装风格等。对电视广告的总体印象分为两个层次，第一层次是对功能性、象征性和体验性诉求做出判断；第二个层次是对"个人的"、"社会的"、"关系的"和"集体的"象征性诉求做出判断。电视广告的基本信息和符号要素基本特征的统计均采用了定类量表，而对"总体印象"则采用了定距的 5 级量表。

对电视广告内容的编码由两位研究助理独立进行。两位编码者在所有项目上的相互同意度都在 90.1% 以上，总体信度达 96.17%。

3.6.3 数据分析结果

(1)象征的、功能的和体验的广告诉求分布

我们采用描述性统计方法对三种广告诉求的分布情况进行了分析。数据分析的结果表明，在 241 则广告样本中，象征性诉求的广告占 67.7%，功能性和体验性诉求的广告分别占 54.0%、25.7%(见表 3-8)。值得注意的一种现象是，许多电视广告不仅仅包含一种诉求，而是同时兼具两种或三种诉求。这种状况虽然与 Park 等学者(1986)有关品牌概念选择的建议(即建议企业仅从三种品牌概念中选择其一)相悖，但与另外一些学者(如 Roth，1992；Lawson 和 Balakrishnan，1998)的经验观察或实证研究的结果却是一致的。

表3-8 **象征性、功能性和体验性广告诉求的分布情况**

	象征性诉求		功能性诉求		体验性诉求	
	频数	%	频数	%	频数	%
不同意	10	4.1	56	23.2	57	23.6
不确定	68	28.2	55	22.8	122	50.6
同意	163	**67.7**	130	**54**	62	**25.7**
合计	241	100.0	241	100.0	241	100.0

对数据的交叉分析表明，在总共163则象征性诉求的广告中，仅有很少的广告（约占19.0%）属于纯粹的象征性诉求（参见表3-9），这些广告既不包含功能性诉求，也不包含体验性诉求。在象征性诉求的广告中，同时具有功能性诉求的约占39.9%；具有体验性诉求的约占23.9%；同时具有象征性、功能性和体验性诉求的约占14.7%。上述兼具两种或三种诉求的广告在所有象征性诉求的广告中合计占49.1%，远多于纯粹象征性诉求广告的数量。

表3-9 **象征性诉求广告中功能性诉求与体验性诉求的交叉分析**

		体验性诉求						合计	
		不同意		不确定		同意			
功能性诉求	不同意	31	19.0%	10	6.1%	13	8.0%	54	33.1%
	不确定	2	1.2%	40	24.5%	2	1.2%	44	27.0%
	同意	20	12.3%	21	12.9%	24	14.7%	65	39.9%
合计		53	32.5%	71	43.5%	39	23.9%	163	100%

（2）个人的、社会的、关系的和集体的象征性诉求分布

描述性统计分析的结果显示，个人形象表达诉求在象征性诉求的广告中所占比例最高，达49.7%，即将近一半的象征性诉求的广告含有个性表达的诉求。社会形象和关系形象表达诉求所占比例相同，都为37.4%。采用集体形象诉求的广告最少，仅为25.8%

(见表 3-10)。虽然在四种象征性诉求中个人形象诉求相对来说较为普遍，但我们同时也应看到，社会、关系和集体形象三种诉求的合计已远远超出了个性表达诉求，这表明目前的电视广告基本上反映了中国人的“社会取向”的心理和行为特点。

表 3-10　**个人、社会、关系和集体形象诉求的分布情况**

	个人形象诉求		社会形象诉求		关系形象诉求		集体形象诉求	
	频数	%	频数	%	频数	%	频数	%
不同意	28	17.2	38	23.3	44	27.0	48	29.4
不确定	54	33.1	64	39.3	58	35.6	73	44.8
同意	81	49.7	61	37.4	61	37.4	42	25.8
合计	163	100.0	163	100.0	163	100.0	163	100.0

与一则广告可能同时兼具象征性、功能性和体验性的诉求一样，同一则广告也可能同时包含多种象征性诉求。例如，在具有个人形象诉求的广告中，有 30.8%的广告包含社会形象诉求，有 28.4%的广告包含关系形象诉求，还有 17.3%的广告同时具有个人形象、社会形象和关系形象的诉求(见表 3-11)。

表 3-11　**个人形象诉求广告中社会形象诉求与关系形象诉求的交叉分析**

		关系形象诉求						合计	
		不同意		不确定		同意			
社会形象诉求	不同意	25	30.9%	0	0	3	3.7%	28	34.6%
	不确定	2	2.5%	20	24.7%	6	7.4%	28	34.6%
	同意	7	8.6%	4	4.9%	14	17.3%	25	30.8%
合计		34	42%	24	29.6%	23	28.4%	81	100%

(3)不同的产品在象征性诉求上的差异

在编码表中，我们将广告产品主要区分为食品饮料、药品、保健品、烟酒、化妆品、饰品、厨房及家装用品、其他日用品、汽车产品和服务、家庭用具和电脑、服饰、银行和保险以及其他，共13个产品种类。从均值分布来看，服饰和饰品是个人形象诉求最强的(均值达到4.0以上)；保健品、银行和保险等服务行业具有相对较强的社会形象诉求(均值达到3.71以上)；关系形象诉求的广告中也有很大部分是保健品和饰品(均值在3.71以上)；集体形象诉求在不同产品种类上的差异则不明显。

我们通过方差分析和关联强度测量对产品种类与象征性诉求之间的关联性进行了分析。从表3-12中可以看出，四种象征性诉求与产品种类之间的相关性都是显著的($p<0.05$)。而且它们的关联强度指数(Eta Squared)均在6%~16%，依据Cohen(1982，1988)所提出的标准来看，各种象征性诉求与产品种类之间的关系属于中度相关。

表3-12 **象征性诉求×产品种类的ANOVA和关联度测量**

	F	Sig.	Eta	Eta Squared
个人形象诉求×产品种类	2.522	0.004	0.342	0.117
社会形象诉求×产品种类	2.063	0.020	0.313	0.098
关系形象诉求×产品种类	2.317	0.008	0.330	0.109
集体形象诉求×产品种类	3.350	0.000	0.387	0.150

(4)不同的象征性诉求在符号结构上的差异

鉴于象征性广告诉求的特点，同时也由于广告中的人物在相当程度上可以被看作是对目标用户形象的一种映射，因此在分析不同象征性诉求的广告所隐含的符号模式或结构的差异时，我们将焦点集中在了广告中的人物及与其相关的关键信息上，主要包括人物的数量，中心人物的年龄、性别和国别，人物之间的关系以及人物的着装风格等。对于不同的象征性诉求与这些变量之间的关系，我们均采用关联分析(包括方差分析和关联强度测量)的方法进行分析(见表3-13)。

表 3-13　**象征性诉求与各种符号要素之间的 ANOVA 和关联度测量**

		F	Sig.	Eta	Eta Squared
人物的人数	个人形象诉求	3. 157	0. 026	0. 211	0. 045
	社会形象诉求	4. 106	0. 007	0. 239	0. 057
	关系形象诉求	6. 508	0. 000	0. 296	0. 088
	集体形象诉求	7. 893	0. 000	0. 323	0. 104
主要人物的年龄	个人形象诉求	3. 261	0. 004	0. 299	0. 089
	社会形象诉求	2. 348	0. 034	0. 257	0. 066
	关系形象诉求	7. 025	0. 000	0. 417	0. 174
	集体形象诉求	1. 317	0. 251	0. 195	0. 038
人物关系	个人形象诉求	2. 574	0. 006	0. 344	0. 118
	社会形象诉求	3. 610	0. 000	0. 398	0. 158
	关系形象诉求	5. 629	0. 000	0. 476	0. 227
	集体形象诉求	1. 043	0. 409	0. 227	0. 052
主要人物的着装风格	个人形象诉求	3. 329	0. 001	0. 344	0. 119
	社会形象诉求	2. 533	0. 012	0. 305	0. 093
	关系形象诉求	4. 157	0. 000	0. 379	0. 144
	集体形象诉求	2. 511	0. 013	0. 304	0. 092

①象征性诉求与人物数量之间的关系。从描述性统计分析的结果来看，当广告中只出现一个人物时，相对更容易给观众留下个人形象诉求的总体印象(均值达 3. 66)；社会形象诉求较多地出现在有 3 个及以上人物的广告中(均值分别为 3. 5 和 3. 46)；关系形象诉求相对较多地出现在有 2 个或 3 个人物的广告中(均值分别为 3. 4 和 3. 56)；集体形象诉求较多地出现在有 3 个以上人物的广告中(均值为 3. 41)。经过进一步的关联分析，四种象征性诉求与人物数量之间的关系都通过了 F 检验($p<0.05$)，表明不同的象征诉求在人物的数量上是有显著差异的；关联强度指数则表明关系形象诉求、集体形象诉求与人物数量之间是中度相关的(6% < Eta

Squared < 16%)，而个人形象和社会形象诉求的相关性相对较弱一些(Eta Squared < 6%)。

②象征性诉求与主要人物的年龄之间的关系。通过描述性统计分析可以发现，青少年在广告中的出现会更多地传递个人形象诉求，而且其个人形象诉求的均值(均值为3.61)与其他年龄段的差异比较大；社会形象诉求相对较多地出现在主要人物为中年人和婴幼儿的广告中(均值分别为3.65和3.75)；关系形象诉求较多地出现在主要人物为中老年人的广告中(均值分别为3.45和3.67)，而当主要人物有2个或以上，且他们分属于不同年龄段时，它们的关系形象诉求也较为突出(均值为3.98)；最后，集体形象诉求在各个年龄段之间没有显著的区别。关联分析的结果也表明，除了集体形象诉求与主要人物年龄之间的关系不显著之外，其他三种象征性诉求均呈现出显著的相关性。关联强度指数显示，个人形象和社会形象诉求与人物年龄之间是中度相关的(6% < Eta Squared < 16%)，关系形象诉求与人物年龄之间则是强度相关的(Eta Squared > 16%)。

③象征性诉求与人物关系之间的关系。对样本数据的分析表明，当广告中未呈现人物的社会关系(如广告中只出现一个人物)时，广告的个人形象诉求较强(均值为3.66)，这与对人物数量的分析结果是一致的；当广告中呈现的是主要人物的最亲密关系(如父母—子女、夫妻、情侣)时，广告的关系形象诉求较强(均值在3.85以上)，当广告中呈现的是个人与亲戚和朋友、个人与同事和邻居之间的关系时，广告的个人形象诉求较强(均值分别为3.53和4.0)；当广告中呈现的是个人与父母、个人与同事和邻居、个人与组织机构之间的关系时，广告的社会形象诉求较强(均值分别为3.93、4.0和3.8)；集体形象诉求在不同的人物关系上所表现的差异则不显著，仅在广告中呈现的是个人与群体之间的关系时，集体形象诉求相对较强(均值为3.35)。此外，方差分析和关联度测量的结果与上述分析是一致的，除了集体形象诉求之外，其他三种象征性诉求与人物关系之间的相关性都是显著的，其中，个人形象和社会形象诉求与人物关系之间属于中度相关(6% < Eta Squared <

16%)，关系形象诉求与人物关系之间属于强度相关(Eta Squared >16%)。

④象征性诉求与主要人物的着装风格之间的关系。从均值分布来看，运动的、民族的和时尚的着装风格在个性诉求上具有较高的得分(均值分别为3.69、5.0和4.03)；外国人着装的风格在社会形象和集体形象诉求上具有较高的得分(均值分别为3.75和4.25)。此外，混合的着装风格(同一广告中不同的人物具有不同的着装风格)在社会和关系的形象诉求上具有较高的得分(均值都为4.0)。方差分析和关联度测量的结果表明，四种不同的象征诉求与着装风格之间的关系是显著的，它们之间的关系都属于中度相关(6% < Eta Squared < 16%)。

3.7 结论与讨论

基于心理学中相关的“自我”理论模型(Brewer和Gardner，1996；Brown，1998)，本书构建了一个能相对完整、系统地描述象征性品牌形象的理论框架，并通过三项实证研究，开发和验证了象征性品牌形象的测量量表。首先，我们通过“刺激约束下的自由反应方法”的品牌联想测试和语义族分析，获得了消费者描述象征性品牌形象的词汇列表(研究1)。在此基础上，我们初步形成了象征性品牌形象的测量题项，并对初始量表进行了筛选和简化。接着，我们开发出一套由13个题项组成的象征性品牌形象量表，通过探索性因子分析和验证性因子分析，验证了我们所开发的量表具有良好信度和效度的，实证结果支持了我们在理论构建部分所提出的象征性品牌形象量表的四个维度，即“个人”、“关系”、“社会”和“集体”的象征性品牌形象(研究2)。最后，通过考察象征性品牌形象与自我—品牌联结之间的关系，验证了我们所开发的量表具有良好的稳定性和预测效度(研究3)。此外，通过将概念框架应用于对电视广告内容的分析，表明产品种类、广告中的符号元素和符号结构与各种象征性诉求之间的相关性同理论和经验的预期是一致的，并未发现无法解释的数据分析结果，而且在数据编码时两位研究助理对所有的象征性诉求广告都能够高度一致性地进行归类(被归为相应的个人形象诉求、社会形象诉求、关系形象诉求和集体形象诉求),从而进一步验证了我们所提概念框架的有效性和适当性。

本书的理论贡献主要体现在以下两个方面:

第一,我们从理论上明确了象征性品牌形象的维度体系,丰富了现有品牌形象的研究文献。作为品牌形象理论研究的重要领域之一,象征性品牌形象长久以来受到学术界的广泛关注。现有的研究文献表明,消费者进行象征性消费的根本目的就是实现自我的建构、发展、维持和表达,这就决定了"自我"对于象征性品牌形象这一构念的发展的重要性。本书中所建构的"个人"、"关系"、"社会"和"集体"这四个维度,不仅明确指出了象征性品牌形象的具体维度,而且还突出了消费者的"自我"与其象征性消费目的之间的重要关系。

第二,在象征性品牌形象理论构建的基础上,本书还开发验证了一套具有良好测量特性的象征性品牌形象量表,为今后深入探讨象征性品牌形象相关的理论问题奠定了重要的基础。象征性品牌形象量表的开发将有助于对象征性品牌形象的形成、作用机理和影响后果的实证研究的展开。本书中的其他研究,正是建立在这一基础性的、关键的研究成果之上的。

对于企业的营销管理实践而言,本研究也提供了重要的启示:

首先,本书的结果可以为品牌的象征性定位提供操作性建议和指导。尽管越来越多的企业已将品牌形象管理的重点移到了它们的象征性或表达性的联想,但令人遗憾的是,既有的文献迄今并没有为企业如何进行品牌的象征定位,特别是在指导企业在哪些象征意义中做出选择以注入品牌方面提供具有操作性价值的理论模型。Johar 和 Sirgy(1991)曾将广告区分为表现性(象征性)和实用主义两种诉求,并把表现性诉求视作是试图通过广告将品牌与消费者的自我形象(实际的和理想的)、社会自我形象(实际的和理想的)联系起来的一种诉求。但这种讨论与品牌形象/客体意义研究领域将象征意义区分为"个人意义"和"社会意义"并没有什么实质性的差异。

无论是消费者的自我形象和社会自我形象，还是个人意义和社会意义，都还是多维度的构念，因而仍不能为企业的品牌形象定位提供具有足够操作性的指导和多样性的选择。相对来说，本研究所提出的象征性品牌形象维度不仅具有足够的理论支撑，而且也为企业品牌的象征性定位提供了具体的、可操作的选择方向。

其次，本研究的结果有助于企业深入理解消费者对品牌所赋予的“自我意义”，从而使得企业可以根据消费者对品牌所赋予的象征性意义有的放矢地开展品牌管理活动。品牌之所以可以成为消费者与消费者之间沟通的媒介，也就是因为当消费者使用某个品牌时，在消费者与品牌之间存在着意义的转移（Grubb 和 Grathwohl，1967），从而使其他的人可以根据品牌的象征意义来理解这位消费者（Elliott，1994）。消费者对品牌所赋予的象征性意义实际上反映了消费者所追求的个人成就感（Brown，1998）、赢得社会或公众的赞许（Breckler 和 Greenwald，1986）、满足关系对方（而不是自己）的需要和期望（Brewer 和 Gardner，1996）、获得对群体的归属感（Yuki，2003）等方面的自我意义。因此，企业如果将这些意义注入品牌中，就可以相应地构建品牌的个人、社会、关系和集体象征性形象。这些不同维度的象征性品牌形象所依赖的营销管理方法和策略也各不相同。而企业可以结合象征性品牌形象的定位，有效运用各种管理和营销组合要素，有针对性地对品牌、产品、促销和分销活动进行设计，从而成功注入品牌的象征性形象。

基于本章的研究结果，本书接下来主要围绕两个方面展开了进一步的研究：一是识别和探讨象征性品牌形象对消费者的影响效应及其作用机制。其中，我们重点考察了象征性品牌形象的四个不同维度通过品牌信任、自我—品牌联结和品牌涉入的中介作用对品牌忠诚的影响。二是识别和考察影响象征性品牌形象效应的调节变量及其所产生的具体的调节作用。其中，我们重点考察了面子和消费者的后现代性这两个因素在不同的象征性品牌形象对消费者的影响效应中所具有的调节作用。此外，我们还专门探讨了两种不同的群体象征性品牌形象（即内群体象征性形象和外群体象征性形象）对自我—品牌联结的影响以及群体地位和群体认同在其中所发挥的调节作用。

◎ 参考文献

[1]黄胜兵，卢泰宏. 品牌个性维度的本土化研究[J]. 南开管理评论，2003(1).

[2]Aaker, J. L. Dimensions of Brand Personality [J]. Journal of Marketing Research, 1997, 34 (August).

[3]Alden, D. A., Steenkamp, J. B. E. M., Batra, R. Brand Positioning through Advertising in Asia, North America, and Europe: The Role of Global Consumer Culture [J]. Journal of Marketing, 1999, 63 (January).

[4]Anderson, J. C., Gerbing, D. W. Structural Equation Modeling in Practice: A Review and Recommended Two-Step Approach [J]. Psychological Bulletin, 1988, 103 (3).

[5]Bagozzi, R. P. Further Thoughts on the Validity of Measures of Elation, Gladness, and Joy [J]. Journal of Personality and Social Psychology, 1991, 61 (1).

[6]Baudrillard, J. Selected Writings [M]. Cambridge: PolityPress, 1988.

[7]Baudrillard, J. Simulations[M]. New York: Semiotexte, 1983.

[8]Belk, R. W. The Role of Possessions in Constructing and Maintaining a Sense of Past[J]. Advances in Consumer Research, 1990, 17.

[9]Bhat, S., Reddy, S. K. Symbolic and Functional Positioning of Brands[J]. Journal of Consumer Marketing, 1998, 15 (1).

[10]Breckler, S. J., Greenwald, A. G. Motivational Facets of the Self [M]. Sorrentino, R. M., and Higgins, E. T., Handbook of Motivation and Cognition: Foundations of Social Behavior. New York: Guiford Press, 1986.

[11]Brewer, M. B., Gardner, W. Who Is This "We"? Levels of Collective Identity and Self Representations [J]. Journal of

Personality and Social Psychology, 1996, 71 (1).

[12] Brown, J. D. The Self[M]. London: McGraw-Hill Companies, 1998.

[13] Burke, P. J. An Identity Model for Network Exchange [J]. American Sociological Review, 1997, 62 (1).

[14] Chernatony, L., Riley, F. D. Modelling the Components of the Brand[J]. European Journal of Marketing, 1998, 32 (11/12).

[15] Cova, B. The Postmodern Explained to Managers: Implications for Marketing[J]. Business Horizons, 1996, (November/December).

[16] Cross, S. E., Gore, J. S., Morris, M. L. The Relational-Interdependent Self-Construal, Self-Concept Consistency, and Well-Being [J]. Journal of Personality and Social Psychology, 2003, 85 (5).

[17] Dobni, D., Zinkhan, G. M. In Search of Brand Image: A Foundation Analysis. Advances in Consumer Research[J]. 1990, 17 (1).

[18] Domzal T. J. and J. B. Kernan. Reading Advertising: The What and How of Product Meaning[J]. Journal of Consumer Marketing, 1992, 9(3): 48-65.

[19] Elliott, R. Exploring the Symbolic Meaning of Brands[J]. British Journal of Management, 1994, 5 (Special Issue).

[20] Escalas, J. E., Bettman, J. R. Self-Construal, Reference Groups, and Brand Meaning[J]. Journal of Consumer Research, 2005, 32 (3).

[21] Escalas, J. E., Bettman, J. R. You Are What They Eat: The Influence of Reference Groups on Consumers' Connections to Brand [J]. Journal of Consumer Psychology, 2003, 13 (3).

[22] Firat, A. F., Enkatesh, A. V. Liberatory Postmodernism and the Reenchantment of Consumption [J]. Journal of Consumer Research, 1995, 22 (December).

[23] Firat, A. F., Shultz, C. J. From Segmentation to Fragmentation

Markets and Marketing Strategy in the Postmodern Era [J]. European Journal of Marketing 1997, 31 (3/4).
[24] Fornell, C., Larcher, D. F. Evaluating Structural Equation Models with Unobservable Variables and Measurement Error [J]. Journal of Marketing Research, 1981, 18 (1).
[25] Fournier Consumers and Their Brands: Developing Relationship Theory in Consumer Research [J]. Journal of Consumer Research, 1998, 24 (4).
[26] Grubb, E. L., Grathwohl, H. L. Consumer Self-Concept, Symbolism and Market Behavior: A Theoretical Approach [J]. Journal of Marketing, 1967, 31 (October).
[27] Hogg, M. K., Banister, E. N. Negative Symbolic Consumption and Consumers' Drive for Self-Esteem: The Case of the Fashion Industry [J]. European Journal of Marketing, 2004, 38 (7).
[28] Hsieh, M. H., Pan, S. L., Setiono, R. Product-, Corporate-, and Country-Image Dimensions and Purchase Behavior: A Multicountry Analysis [J]. Journal of the Academy of Marketing Science, 2004, 32 (3).
[29] Johar, J. S., Sirgy, M. J. Value-Expressive Versus Utilitarian Advertising Appeals: When and Why to Use Which Appeal [J]. Journal of Advertising, 1991, 20 (3).
[30] Johnson, M. D., Anderson, E. W., Fornell, C. Rational and Adaptive Performance Expectations in a Customer [J]. Journal of Consumer Research, 1995, 21 (4).
[31] Keller, K. L. Conceptualizing, Measuring, and Managing Customer-Based Brand Equity [J]. Journal of Marketing, 1993, 57 (January).
[32] Kleine Ⅲ, R. E., Kleine, S. S. Mundane Consumption and the Self: A Social-Identity Perspective [J]. Journal of Consumer Psychology, 1993, 2 (3).
[33] Levy, S. L. Symbols by Which We Buy. Advancing Marketing

Efficiency [J]. American Marketing Association, 1958, (December).

[34] McCracken, G. Culture and Consumption: A Theoretical Account of the Structure and Movement of the Cultural Meaning of Consumer Goods[J]. Journal of Consumer Research, 1986, 13 (June).

[35] McEnally, M., Chernatony, L. The Evolving Nature of Branding: Consumer and Managerial Considrations[J]. Journal of Academy of Marketing Science, 1999, 1 (2).

[36] McQuarrie E. F. and D. G. Mick. Visual Rhetoric in Advertising: Text-Interpretive, Experimental and Reader-Response Analyses[J]. 1999, 26(1): 37-54.

[37] Moore, D., Wurster, D. Self-Brand Connections and Brand Resonance: The Role of Gender and Consumer Emotions [J]. Advances in Consumer Research, 2007, 34.

[38] Noth, W. The Language of Commodities Grounderwork for a Semiotics of Consumer Goods[J]. International Journal of Research in Marketing, 1988, 4.

[39] Nunnally, J. C., Bernstein, I. H. Psychometric Theory [M]. New York: McGraw-Hill, 1994.

[40] O'Cass, A., Frost, H. Status Brands: Examining the Effects of Non-Product-Related Brand Associations on Status and Conspicuous Consumption [J]. Journal of Product and Brand Management, 2002, 11 (2/3).

[41] Park, C. W., Jaworski, B. J., MacInnis, D. J. Strategic Brand Concept-Image Management[J]. Journal of Marketing, 1986, 50 (October).

[42] Reed II, A. Activating the Self-Importance of Consumer Selves: Exploring Identity Salience Effects on Judgments[J]. Journal of Consumer Research, 2004, 31 (2).

[43] Río, A. B. D., Vázquez, R., Iglesias, V. The Effects of Brand Associations on Consumer Response [J]. Journal of Consumer

Marketing, 2001, 18 (5).

[44] Roth, M. The Effects of Culture and Socioeconomics on the Performance of Global Brand Image Strategies [J]. Journal of Marketing Research, 1995, 32 (5).

[45] Schau, H. J., Gilly, M. G. We Are What We Post? Self-Presentation in Personal Web Space [J]. Journal of Consumer Research, 2003, 30 (3).

[46] Schau, H. J., Russell, C. A. Me, My Self, and My Brands[J]. Advances in Consumer Research, 2005, 32.

[47] Steenkamp, J.-B. E. M., Baumgartner, H. Assessing Measurement Invariance in Cross-National Consumer Research[J]. Journal of Consumer Research, 1998, 25 (1).

[48] Stryker, S., Burke, P. J. The Past, Present, and Future of an Identity Theory[J]. Social Psychology Quarterly, 2000, 63 (4).

[49] Thompson, C. J., Arnould, E. J. Consumer Culture Theory (CCT): Twenty Years of Research [J]. Journal of Consumer Research, 2005, 31 (4).

[50] Wattanasuwan, K. The Self and Symbolic Consumption [J]. Journal of American Academy of Business, 2005, 6.

[51] Yuki, M. Intergroup Comparison Versus Intragroup Relationships: A Cross-Cultural Examination of Social Identity Theory in North America and East Asian Cultrual Contexts [J]. Social Psychology Quarterly, 2003, 66: 166-183.

4 象征性品牌形象的效应

本章将重点探讨和检验象征性品牌形象的不同象征意义维度对消费者的影响效应与作用机制。这里所关注的是，由于品牌被赋予的象征意义在性质上的差异，它们是否会对消费者的品牌忠诚度产生不同的影响以及这种影响是如何产生的。本章共分两节。4.1节探讨品牌象征性形象对品牌忠诚的影响效应，并检验了不同的象征性形象(个人形象、社会形象、关系形象和集体形象)通过品牌信任、自我—品牌联结和品牌涉入作用于品牌忠诚的影响路径与方向。在4.2节中，由于消费者的参考群体具有内群体(in-group)与外群体(out-group)之分，我们将专门对群体象征性品牌形象(分为内群体象征性品牌形象和外群体象征性品牌形象)如何影响消费者的自我—品牌联结进行讨论并验证，从而对群体象征性品牌形象的效应进行更为具体和细致的考察。

4.1 象征性品牌形象的效应：从意义到忠诚

4.1.1 引言

随着消费社会或后现代时代的到来，商品已普遍地被符号化或象征化(波德里亚，2001；Baudrillard，1983；Firat 和 Venkatesh，1995)。在消费者的日常生活中，消费者不仅为了产品和品牌的功能，他们也为了产品和品牌的象征意义(即象征性形象)而购买，因为消费者需要依赖商品的象征意义进行他们的自我建构与表达(McCracken，1986；Belk，1988；Grubb 和 Grathwohl，1967；Lastovicka 和 Fernandez，2005；Schouten，1991)。在营销实践中，企业为了获取竞争优势将营销的重点转移到对象征价值的创造(McEnally 和 Chernatony，1999)，以期通过对消费者的象征需求的满足而获取稳定的顾客忠诚。

由于消费者的象征需求本身的多样性，企业对品牌象征定位的选择具有明显的多样化的特点。例如，百事可乐、玉兰油等选择的是在个人形象(或个性)维度上的定位，塑造的是品牌的个性形象；LV、宝马等选择的是在社会形象(或地位)维度上的定位，打造的是“地位品牌”形象；枝江大曲、李锦记、阿尔卑斯糖果等选择的是在关系形象维度上的定位，极力塑造的是消费者可以用来表达“爱”或“友谊”的品牌形象；哈雷·戴维森、动感地带等选择的是在集体形象维度上的定位，试图使品牌成为特定的亚文化群体的象征。

来自消费和营销两方面的实践为我们提出了以下的理论问题：企业在象征定位中的不同选择是否都能对消费者的认知、情感或行为产生积极的作用？如果具有积极的作用，品牌的象征性形象发挥作用的机制又是什么？然而，在现有文献中，仅有个别的，如 Bhat 和 Reddy(1998)的研究将品牌的象征性形象视为一个多维的构念(但他们只是识别和检验了象征性形象的“声望”和“个性表达”两个维度，没有考察它们对消费者反应的影响)；其他的绝大多数研究是将象征性品牌形象作为一个一维的构念来对待的(如 Hsieh 和 Setiono，2004；Roth，1995)，从而也就无从考察不同性质的象征性形象可能产生的效用及其作用机制的差异。

在第 3 章中，我们已将象征性品牌形象定义为一个品牌所代表或表达的消费者的自我意义(或象征意义)，并且识别、区分和检验了品牌的象征性形象(或象征意义)的四个维度即“个人的自我意义”、“社会的自我意义”、“关系的自我意义”和“集体的自我意义”。其中，个人的自我意义指的是个体的人格特质、价值观、态度和能力等内在特征；社会的自我意义指的是个体所拥有的社会地位、成就、声望或名声、财富等；关系的自我意义指的是与重要的他人之间所享有的亲情、爱情和友谊等；集体的自我意义则指的是群体成员身份所隐含的成员间共享的特征、规则和标准等。我们指出，这四种自我意义构成了象征性品牌形象的四个维度。为了讨论方便，我们将它们分别称为“个人形象”(PI)、“社会形象”(SI)、“关系形象”(RI)和“集体形象”(CI)。

事实上，本书所提出的上述理论框架在以往的其他实证研究中也是有所涉及的。例如，Aaker(1997)基于人格特质理论探讨了消费者将人类特征赋予品牌的可能性，从而构建了一个包含五大维度、主要由人格特质所构成的品牌个性体系。Bhat和Reddy(1998)对品牌象征意义/功能属性的维度进行了探讨，并识别了品牌形象所具有的“声望”与“个性表达”两个象征性维度。值得说明的是，尽管从字面上看“声望”与“个性表达”可以分别归为本研究中的“社会形象”和“个人形象”，但它们之间并不是等同的关系，实际的含义也存在较大的差异。Bhat和Reddy研究中被命名为“声望”因子的测项除了“声望的”这个形容词测项之外，其他的测项基本上都是人格特质词汇(如“令人兴奋的”、“独特的”、“迷人的”、“优雅的”、“浪漫的”等)；被命名为“个性表达”因子的测项除了“人们使用(该品牌)表达他们的个性”这一测项之外，还包含“(该品牌是)地位的象征”、“(该品牌)是为那些寻求生活中最好的东西的人所准备的”等明显与“人格特质”无关、但与“声望”更接近或有关的测项。在另一项研究中，Hsieh，Pan和Setiono(2004)发现汽车品牌在消费者的认知中具有“声望”和“奢侈性”的象征意义。综合上述研究结论来看，“声望”和“奢侈性”显然与社会地位有关，是消费者在建构他们的“社会自我”时所寻求的品牌象征意义。“品牌个性”或“个性表达”方面的象征意义，则是消费者在建构他们的“个人自我”时所寻求的。此外，Río，Vázquez和Iglesias以运动鞋品牌作为刺激所做的研究表明，消费者拥有“个人认同”、“社会认同”和“地位”三个方面的品牌价值联想(2001)，尽管这些价值联想与本书所提出的框架中的“个人形象”、“集体形象”和“社会形象”之间在构念上具有较大的差异。

本节中，我们将品牌的象征性形象视作一个包含“个人的”、“社会(或地位)的”、“关系的”和“集体的”四个维度的多维构念，通过实证研究来检验这四个维度分别经由品牌涉入、自我—品牌联结和品牌信任的中介作用而对品牌忠诚可能具有的正向作用。我们的研究表明，四种不同性质的象征性形象对消费者反应的积极作用总体上都是存在的、显著的，但它们产生作用的效力和路径却存在一定的差异。

4.1.2 概念框架与研究假设

在现有的品牌忠诚模型中，有些学者虽将品牌形象(如品牌形象、公司形象、品牌的象征性形象或品牌个性等)作为品牌忠诚的一个驱动因素纳入了模型，但这些研究或未专门涉及品牌的象征性形象(Hung，2008)；或虽有涉及，但仅仅在"功能的"、"体验的"和"象征的"这一抽象层次上作出了区分(于春玲等，2005)；或者仅仅是检验了某种特定的象征性形象(如品牌个性)对品牌忠诚的驱动作用(Brakus，Schmitt 和 Zarantonello，2009)。而且，这些研究虽然或暗示或证明了品牌的象征性形象与品牌忠诚之间具有显著的相关性，但对于它是如何作用于品牌忠诚的，却没有给出令人满意的答案。例如，Brakus，Schmitt 和 Zarantonello(2009)在有关他们的品牌体验构念对消费者行为预测效度的研究中指出品牌个性对品牌忠诚具有直接的驱动作用；Hung(2008)的研究也表明品牌形象(同时包含功能、体验和象征三重内容的形象构念)对品牌忠诚具有直接的正向效应。然而，Tsai(2005)的研究则表明，消费者对品牌的感知形象(一个总体性的构念)通过感知价值间接作用于他们的重购意愿。更重要的是，这些研究并没有考虑在品牌的象征性形象作用于品牌忠诚的过程中，消费者的自我所具有的潜在影响。

基于以上认识，我们将"品牌涉入"、"自我—品牌联结"和"品牌信任"纳入本研究的假设模型作为象征性形象影响品牌忠诚的三个中介变量(见图 4-1)。具体来说，图 4-1 的含义为：品牌的象征性形象构建能力越强(消费者可以借助该品牌表达不同的自我和身份：个人的、社会的、关系的和集体的)，则消费者对该品牌的涉入度越高，越易形成较强的自我—品牌联结和较高的品牌信任；而消费者的品牌涉入度、自我—品牌联结强度和品牌信任将进一步影响个体对品牌的忠诚。具体的演绎过程见下文。其中，品牌涉入和自我—品牌联结两个构念都与自我概念有关。

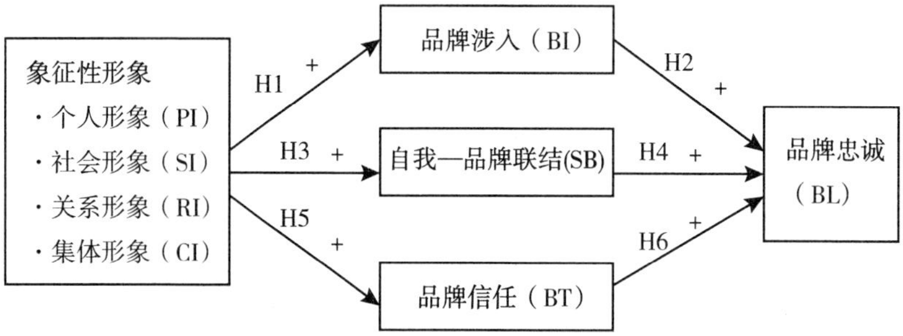

图 4-1　象征性品牌形象的效应研究模型

注："+"表示正向作用。

1. 象征性形象、品牌涉入及品牌忠诚

Zaichkowsky(1985)将涉入定义为"某决策与个体的基本价值观、目标和自我概念之间所具有的个人性的相关程度"。在营销学中，目前对产品或品牌涉入的概念化存在多种形式，但一般都将其与"自我相关性特质"联系了起来，并把它定义为一个产品或品牌对于个人的相关性或重要性(Coulter，Rice 和 Feick，2003)。在有关产品或品牌涉入的前置变量的分析中，尽管现有研究并没有明确指出品牌的象征性形象(或象征意义)可以促进消费者的品牌涉入，但早已有学者将产品的象征价值视作影响涉入的一个前置变量(Yang，Hung，Sung 和 Farn，2006)。这是因为，具有象征价值的品牌具有社会可见性，并且能够强化消费者的自我感。虽然本书中的象征性形象与象征价值并不是两个完全相同的构念——象征价值以品牌形象与消费者的自我形象之间的匹配为条件，但品牌具有一定的象征性形象(或象征意义)是它具有一定象征价值(或利益)的一个必要条件(Ekinci 和 Hosany，2006)，品牌的象征意义会影响消费者的价值感知和购买行为(Kleine Ⅲ，Kleine 和 Kernan，1993)。换言之，只有当品牌拥有一定的象征性形象时，消费者才能感知到该品牌与其自我的相关性或对个人的重要性，从而进入品牌涉入的心理状态。因此，在本书中我们提出，品牌的象征性形象会促进消费者的品牌涉入。

此外，涉入对消费者的认知、情感和行为反应的影响在现有文献中已有广泛的探讨，所涉及的因变量包括消费者的记忆、注意、信息加工、搜寻、满意、早期采用、意见领袖身份、品牌承诺和关系意愿等(Knox 和 Walker，2003；Varki 和 Wong，2003)。由于现有书表明涉入直接影响品牌承诺(Knox 和 Walker，2003)和关系意愿(Varki 和 Wong，2003)，而品牌承诺和关系意愿都与品牌忠诚有关，所以，品牌涉入对品牌忠诚会有显著的促进作用。

根据上面的理论分析和推理，我们提出研究假设：

H1：品牌的象征性形象(个人的、社会的、关系的和集体的)对消费者的品牌涉入具有显著的正向作用；

H2：消费者的品牌涉入对他们的品牌忠诚具有显著的正向作用。

2. 象征性形象、自我—品牌联结及品牌忠诚

品牌可以被用来满足消费者与其自我相关的需求，但这是以品牌的符号化、象征化，即它被赋予一定的象征意义为前提的(Rose 和 Wood，2005)。消费者只有通过“拥有”一个品牌，从而实现意义在消费者与品牌之间的转移，他们才能在消费中完成自我的建构与表达(Sung 和 Spencer，2005；Lee、Motion 和 Conroy，2009；Escalas 和 Bettman，2003，2005)。

在自我的建构与表达过程中，当消费者倾向于接受和占用来自特定品牌的象征意义时，消费者与该品牌之间的联结就形成了(Escalas 和 Bettman，2005)。在现有文献中，自我—品牌联结常被看作是构成消费者与品牌之间关系质量的一个维度(Keller 和 Lehmann，2006；Fournier，1998)，并被定义为“个体将品牌吸收进他们的自我概念的程度”(Escalas 和 Bettman，2003，2005)。

可见，消费者的自我与品牌之间的联结实际上是一种基于象征意义的关系。消费者有关品牌的象征意义的联想越强，就越有可能感知到该品牌对自己的象征需求的满足，从而越有利于形成和发展

出较强的自我—品牌联结。由于个体普遍拥有"个人的"、"社会的"、"关系的"和"集体的"等四个层次的自我，一个品牌不管它拥有哪一种象征(或自我)意义，它都将具有满足消费者的象征需求并发展出自我—品牌联结的潜力。

同时，消费者的自我是需要持续建构的，以维持他或她的某种自我的一致性和稳定性。但是，因为意义是无形的，它具有容易消失的特性(Sung 和 Spencer，2005)，消费者为了维持他或她的某种自我，就需要持续、重复地购买和消费那些已经与该自我建立起联结的品牌，从而在消费行为上表现出对于特定品牌的忠诚。自我—品牌联结的形成意味着品牌成了消费者的"延伸自我"(Thomson，MacInnis 和 Park，2005；Belk 和 Tian，2005)，因此，从消费者维持自我的整体性和完整性的角度来看，自我—品牌联结也很可能会导致积极的品牌态度和较强的重购意愿。此外，Escalas 和 Bettman (2003)的研究已证明，自我—品牌联结与品牌态度和行为意图之间具有显著的正相关关系。

基于以上分析，我们提出研究假设：

H3：品牌的象征性形象(个人的、社会的、关系的和集体的)对自我—品牌联结具有显著的正向作用。

H4：自我—品牌联结对品牌忠诚具有显著的正向作用。

3. 象征性形象、品牌信任及品牌忠诚

尽管 Setó 的研究将信任视作影响"公司形象"的一个前置变量(2003)，但我们认为，本研究所探讨的品牌的象征性形象与品牌信任之间的因果关系应是不同的，因为品牌信任并不能影响被赋予品牌的象征意义的性质和内容；相反，一个品牌所拥有的象征性形象(或意义)却能影响消费者对该品牌的信任。

首先，基于以下三个方面的原因，我们有理由相信当品牌具有个人的自我意义时，它将有助于提升消费者的品牌信任水平：(1)在营销实践中，企业只会有意识地将社会普遍认可的人格特质、价值观等意义引入品牌，同时尽量避免将那些被消极评价的意义与自己的品牌相关联；(2)在消费实践中，消费者通常也只会努力借助

于品牌表现个人所拥有的能被社会或他人认可的特质，而将自己不能被认可的特质掩盖起来，因此，从象征性形象形成的两个重要来源(广告和消费者的直接经验)来看，品牌拥有的个人自我意义至少不会降低消费者对品牌的信任；(3)在信任研究中，“友善”、“正直”和“能力”被看作是影响信任者判断被信任者是否具有可信性的三个要素(Bart，Shankar，Sultan 和 Glen，2005)。因此，“诚实的”、“真诚的”、“友好的”、“可靠的”、“安全的”、“智慧的”、“成功的”等品牌个性特质(Aaker，1997)，应能够对消费者的品牌信任构成直接的支持。事实上，Keller 和 Lehmann(2006)就曾经断言，品牌个性有助于提升消费者的信任水平。

其次，由于消费者倾向于将价格昂贵的产品当作个人成就、地位、财富和声望的象征(O'Cass 和 Frost，2002)，若要为品牌成功注入社会的自我意义，企业就必须保证它的产品具有相对更高的品质(如产品的功能绩效、安全性等)并为其目标客户提供更为优质的服务。加之其使用者往往都是一些成功的、所谓的“体面”人士，拥有较高的社会地位和财富，具有社会自我意义的品牌往往更能赢得普通消费者对它的信任。类似地，我们认为，能够成为亲情、友谊、爱情等亲密关系以及特定的民族、文化、地域、职业、爱好者等群体象征的品牌，通常也能够提升普通消费者对该品牌的信任。

最后，现有研究已经证明品牌信任对品牌忠诚具有显著的促进作用(Bart，Shankar，Sultan 和 Glen，2005)。这是因为，信任可以促进承诺(Bowden，2009；Casalo，Flavian 和 Guinaliu，2007)，它由于建立了重要的交换关系而导致承诺。因此，我们可以预期，品牌信任将激发较高水平的品牌忠诚。

通过以上分析和推理，我们提出研究假设：

H5：品牌的象征性形象(个人的、社会的、关系的和集体的)对品牌信任具有显著的正向作用；

H6：品牌信任对品牌忠诚具有显著的正向作用。

4. 品牌涉入、自我—品牌联结及品牌信任的中介作用

我们认为，品牌的象征性形象与消费者的品牌忠诚之间的关系是受消费者的品牌渗入、自我—品牌联结和品牌信任所中介的。尽管现有的研究并没有直接涉及这一中介作用，但我们仍可以从中找到一定的理论依据。Mehta(1999)指出，产品的象征意义对消费者决策的影响是受自我概念中介的。许多研究已表明，产品或品牌的象征性形象或意义对消费者反应的作用会受到消费者的自我概念或自我相关因素的影响。例如，现有研究发现，当品牌所表达的价值观与消费者的价值观一致时，消费者对产品的评价、态度和行为意图将更为积极(Allen，Gupta 和 Monnier，2008)；参考群体对品牌的使用会影响消费者的自我—品牌联结，但它的影响会受到消费者的自我提升、自我验证动机及其自我建构(self construal)的调节(Escalas 和 Bettman，2003，2005)；品牌形象与回避群体(avoidance group，即消费者认为与自己完全不符合并极力避免与之行为相似的群体)的形象之间的匹配对消费者的自我—品牌联结、产品评价和选择的消极影响会受到内群体认同的调节(White 和 Dahl，2007)；自我复杂性(self complexity)显著地影响着消费者对不同品牌个性的偏好(Monga 和 Lau-Gesk，2007)。

虽然上述研究所涉及的大多是一些外生变量的调节作用，但已足够说明自我概念在消费者对象征性品牌忠诚的形成过程中可能具有潜在的效用。根据前文中的论述(请参见 H1 至 H4 提出中的论述)，消费者的品牌涉入和自我—品牌联结不仅是与自我相关、受到自我概念的激发所产生的心理反应，它们同时也是受到品牌的象征性形象所驱动的，并对消费者的品牌忠诚可能具有显著的促进作用。因此，本研究认为，消费者的品牌涉入和自我—品牌联结将作用于品牌的象征性形象与品牌忠诚之间的关系。特别是，当自我—品牌联结形成时，品牌事实上已成了消费者的一种“延伸的自我”(Thomson、MacInnis 和 Park；Belk，1988)，在这一意义上，我们也可以认为自我—品牌联结的中介作用也就是 Mehta(1999)所说的自我概念的一种中介作用。

尽管品牌信任与自我概念没有直接关系，但它同样是受品牌的象征性形象所驱动，并作用于消费者的品牌忠诚的(请参见 H5 和 H6 提出中的论述)。从 Chaudhuri 和 Holbrook(2001)的相关讨论及其实证研究中结构方程模型分析的结果来看，产品的象征利益对品牌情感(brand affect)具有积极的促进作用，品牌情感与品牌信任是正相关的，而品牌情感和品牌信任对顾客忠诚都具有显著的正向效应。因此，我们认为，品牌的象征性形象对品牌忠诚的影响也是受到品牌信任所中介的。

综合以上推理和分析，我们提出研究假设：

H7：品牌的象征性形象(个人的、社会的、关系的和集体的)与消费者的品牌忠诚之间的关系受到品牌涉入、自我—品牌联结和品牌信任的中介作用。

4.1.3 研究方法

1. 样本选取

本书中，我们采用问卷调查方法进行数据的收集。被试为武汉地区某高校的 MBA 学生和本科生。调研问卷要求受访者首先提供一个自己所了解并使用过的消费品品牌，然后再围绕所提供的品牌回答有关的题项。之所以由消费者提供品牌，主要原因在于：(1)本研究关注的重点是品牌象征意义联想的强弱(包括有无象征性形象)对消费者反应所产生的影响的差异，因此本研究既需要获得在象征性形象上评分高的样本，也需要获得评分低的样本，而并不需要关心消费者具体提供的是什么品牌；(2)由消费者提供自己了解并使用过的品牌可以减少性别、参考群体、产品性质等因素可能产生的影响，而这些影响则需要专门的研究来探讨；(3)通过预研究，我们比较了在“由研究者指定品牌”与“由消费者提供品牌”两种条件下象征性品牌形象测量量表的信度、效度和模型拟合优度，发现都是可以接受的；(4)由于品牌的象征意义通常既有“共享”的成分(不同消费者之间对于同一品牌所共享的、一致的解释)，也有“个性化”的成分(消费者个体赋予特定品牌的不同于他人的、特有的意义)，因此，采用消费者提供品牌的方法可以尽量避免因为侧重考察共享意义所可能产生的偏差。

本书中，共发放 410 份问卷，获得有效问卷 359 份。其中，男性占50.5%，女性占49.5%。被试在回答问卷时共提供112个不同的品牌，保证了品牌及其所代表的象征性形象的多样性和广泛性。

2. 变量的测量

本书中共涉及“品牌的象征性形象”、“品牌涉入”、“自我—品牌联结”、“品牌信任”和“品牌忠诚”5个变量。除了“品牌涉入”采用语义差别量表外，其他所有变量都采用多项的、李克特7级量表来测量。其中，7表示完全同意，1表示完全不同意。

品牌的象征性形象的测量采用本书上一章中所开发的量表。该量表包含4个部分，分别测量“个人形象”、“社会形象”、“关系形象”和“集体形象”。其中，个人形象的测量包含3个测项，分别是“该品牌的消费者可以用它来表现自己的个性”、“该品牌是有个性的”以及“该品牌常常反映了它的消费者的个性”，Cronbach α值为0.890。社会形象的测量包含3个测项，分别是“该品牌是成功人士的象征”，“该品牌体现了它的使用者所拥有的尊贵的社会地位”以及“许多体面人士常常使用该品牌”，Cronbach α值为0.890。关系形象的测量包含4个测项，分别是“该品牌常被它的消费者用来增进与他人的亲密关系”、“该品牌可以被用来表达爱情”、“该品牌可以被用来表达亲情”以及“该品牌可以被用来表达友谊”，Cronbach α值为0.892。集体形象的测量包含3个测项，分别是“该品牌的消费者常用它来表现自己是某个群体中的一员”、“该品牌的消费者常用它来表达自己对于某个群体的认同”以及“该品牌可以被看作是某个群体的象征”，Cronbach α值为0.891。

品牌涉入采用Zaichkowsky(1985)研究中使用的测项和计量方法，原有11个测项，经项目分析后保留了6个测项，分别是“令人厌烦的/有趣的”、“与我相关的/不相关的”、“令人兴奋的/乏味的”、“有吸引力的/无吸引力的”、“让人着迷的/平庸的”和“有价值的/无价值的”，Cronbach α值为0.916。

自我—品牌联结采用Escalas和Bettman(2003，2005)开发的量表。原量表共有 7 个测项，经项目分析后保留了其中的 5 个测项，它们分别是“该品牌反映了我是谁”、“我觉得我与该品牌之间具有个人的联系”、“我使用该品牌来向他人表明我是谁”、“我认为该品牌可以帮助我成为我想成为的人”以及“我认为该品牌就是‘我’”，Cronbach α 值为 0.888。

品牌信任采用的是 Li、Zhou、Kashyap 和 Yang(2008)在品牌信任的多维量表开发研究中所使用的度量总体信任的测项，包含 3 个测项，分别是“我毫不怀疑，该品牌是可以被信任的”、“该品牌是值得信任的”以及“我信任该品牌”，Cronbach α 值为 0.924。

品牌忠诚采用 Yoo 和 Donthu(2001)开发的多维品牌资产量表中的有关测项，共有 3 个测项，分别是“我认为自己是忠诚于该品牌的”、“这个品牌是我的首选”以及“如果商店里有这个品牌，我不会购买其他品牌”，Cronbach α 值为 0.882。

3. 信度和效度分析

我们采用验证性因子分析(CFA)来衡量模型中所有变量的信度和效度。使用 AMOS7.0 最大似然法生成的完全标准化结果显示，所有测量指标在相应潜在变量上都有大于 0.7 的载荷，t 值范围在 14.401~25.312，表明各变量具有足够的收敛效度。在测量模型的总体拟合优度上，$\chi^2 = 675.246$，$df = 377$，$\chi^2/df = 1.791$，GFI = 0.892，NFI = 0.915，NNFI = 0.954，CFI = 0.96，PGFI = 0.723，PNFI = 0.793，PCFI = 0.832，RMSEA = 0.047，这些指标表明整个模型具有良好的拟合优度。

在表 4-1 中，我们报告了各个潜在变量的复合信度和平均方差提取量(AVE)。基于 CFA 模型中的因子载荷而计算的各个量表的复合信度在 0.886~0.927，都超过了所推荐的临界值 0.7(Agle，Mitchell 和 Sonnenfeld，1999)；它们的平均方差提取量在 0.619 以上，也都达到了所推荐的临界值 0.5 的要求(Johnson，Anderson 和 Fornell，1995)。这些数据说明，本研究中所使用的量表具有良好的结构信度和效度。

表 4-1 **验证性因子分析结果**

构念	测量题项	标准化因子载荷	t 值
个人形象(PI) AVE=0.746 CR=0.898	RI1 该品牌的消费者可以用它来表现自己的个性	0.904	—
	RI2 该品牌是有个性的	0.844	19.921***
	RI3 该品牌常常反映了它的消费者的个性	0.834	19.605***
社会形象(SI) AVE =0.730 CR =0.890	SI1 该品牌是成功人士的象征	0.852	—
	SI2 该品牌体现了它的使用者所拥有的尊贵的社会地位	0.850	19.045***
	SI3 许多体面人士常常使用该品牌	0.860	19.391***
关系形象(RI) AVE =0.674 CR =0.892	RI1 该品牌常被它的消费者用来增进与他人的亲密关系	0.805	—
	RI2 该品牌可以被用来表达爱情	0.824	16.680***
	RI3 该品牌可以被用来表达亲情	0.827	16.742***
	RI4 该品牌可以被用来表达友谊	0.841	17.467***
集体形象(CI) AVE =0.735 CR =0.893	CI1 该品牌的消费者常用它来表现自己是某个群体中的一员	0.857	—
	CI2 该品牌的消费者常用它来表达自己对于某个群体的认同	0.905	20.829***
	CI3 该品牌可以被看作是某个群体的象征	0.822	18.395***
品牌涉入(BI) AVE=0.650 CR=0.917	BI1 令人厌烦的/有趣的	0.766	—
	BI2 与我相关的/不相关的	0.743	14.401***
	BI3 令人兴奋的/乏味的	0.837	16.467***
	BI4 有吸引力的/无吸引力的	0.820	16.105***
	BI5 让人着迷的/平庸的	0.843	16.578***
	BI6 有价值的/无价值的	0.831	16.696***

续表

构念	测量题项	标准化因子载荷	t 值
自我—品牌联结(SB) AVE=0.619 CR=0.890	SB1 该品牌反映了我是谁	0.768	—
	SB2 我觉得我与该品牌之间具有个人的联系	0.745	14.296***
	SB3 我使用该品牌来向他人表明我是谁	0.859	16.518***
	SB4 我认为该品牌可以帮助我成为我想成为的人	0.766	14.250***
	SB5 我认为该品牌就是“我”	0.827	15.758***
品牌信任(BT) AVE=0.810 CR=0.927	BT1 我毫不怀疑，该品牌是可以被信任的	0.864	—
	BT2 该品牌是值得信任的	0.940	25.312***
	BT3 我信任该品牌	0.908	22.975***
品牌忠诚(BL) AVE=0.722 CR=0.886	BL1 我认为自己是忠诚于该品牌的	0.813	—
	BL2 这个品牌是我的首选	0.935	19.175***
	BL3 如果商店里有这个品牌，我不会购买其他品牌	0.817	16.971***

注：***表示 $p<0.001$。

此外，我们还利用平均方差提取量检查了各个构念之间的区分效度。如表 4-2 所示，本研究中所测量的 8 个构念的 AVE 均大于它与其他构念之间相关系数的平方，这表明各个构念之间具有良好的区分效度(Fornell 和 Larcker，1981)。

表 4-2 **潜变量相关系数表**

	1. PI	2. SI	3. RI	4. CI	5. BI	6SB	7. BT	8. BL
1. PI	0.864							
2. SI	0.522	0.854						

续表

	1. PI	2. SI	3. RI	4. CI	5. BI	6SB	7. BT	8. BL
3. RI	0. 236	0. 270	0. 821					
4. CI	0. 491	0. 360	0. 453	0. 857				
5. BI	0. 368	0. 254	0. 159	0. 335	0. 806			
6. SB	0. 545	0. 543	0. 379	0. 586	0. 360	0. 787		
7. BT	0. 281	0. 312	0. 194	0. 166	0. 517	0. 334	0. 899	
8. BL	0. 356	0. 325	0. 249	0. 246	0. 503	0. 501	0. 441	0. 850

注：对角线上各值为各构念 AVE 的平方根。

4.1.4 数据分析结果与讨论

1. 假设检验结果

为了检验本书中所提出的假设，我们建立了以下 5 个回归方程模型：

模型 1：$BI =\beta_0+ \beta_1 PI + \beta_2 SI + \beta_3 RI + \beta_4 CI+ \varepsilon_1$；

模型 2：$SB = \beta_0+ \beta_1 PI + \beta_2 SI + \beta_3 RI + \beta_4 CI +\varepsilon_2$；

模型 3：$BT= \beta_0+ \beta_1 PI + \beta_2 SI + \beta_3 RI + \beta_4 CI +\varepsilon_3$；

模型 4：$BL = \beta_0+ \beta_1 PI + \beta_2 SI + \beta_3 RI + \beta_4 CI +\varepsilon_4$；

模型 5：$BL =\beta_0+ \beta_1 PI + \beta_2 SI + \beta_3 RI + \beta_4 CI +\beta_5 BI+\beta_6 BT+ \beta_7 SB+ \varepsilon_5$

上述模型中的缩写与图 4-1 中所标示的构念一致。β_0为常数项，β_1，…，β_7为相应变量的回归系数，ε_1，…，ε_5为误差项。模型 1 检验象征性形象对品牌涉入的影响(H1)。模型 2 检验象征性形象对自我—品牌联结的影响(H3)。模型 3 检验象征性形象对品牌信任的影响(H5)。模型 4 考察了象征性形象对品牌忠诚的影响。模型 5 在模型 4 的基础上，加入了品牌涉入、品牌信任和自我品牌联结。通过模型4和5的联合分析，一方面可以检验品牌涉入、自我—品牌联结和品牌信任对品牌忠诚的影响(H2、H4和H6)，另一方面，可以初步地考察三个变量(品牌涉入、自我—品牌联结和品牌信任)在象征性形象与品牌忠诚之间关系中的中介作用。

我们使用多元回归分析分别对5个模型中的参数进行估计以检验研究假设。为了减少多重共线性问题和得到无偏的参数估计，我们对模型中所有变量的取值进行了均值中心化处理(Delery和Doty，1996)。表4-3报告了5个模型的回归分析结果。

表4-3 **模型1、2、3、4和5的参数估计**

	模型1				模型2			
因变量→	品牌涉入				自我—品牌联结			
自变量↓	回归系数	标准化系数	标准误	*T*值	回归系数	标准化系数	标准误	*T*值
个人形象	0.179	0.245	0.041	4.340***	0.164	0.196	0.037	4.397***
社会形象	0.023	0.029	0.041	0.546	0.235	0.267	0.037	6.283***
关系形象	0.000	0.000	0.039	0.009	0.082	0.093	0.035	2.326*
集体形象	0.100	0.140	0.039	2.570*	0.291	0.353	0.035	8.215***
R^2	0.120***				0.453***			
	模型3				模型4			
因变量→	品牌信任				品牌忠诚			
自变量↓	回归系数	标准化系数	标准误	*T*值	回归系数	标准化系数	标准误	*T*值
个人形象	0.155	0.184	0.048	3.232**	0.237	0.224	0.062	3.834***
社会形象	0.140	0.158	0.048	2.916**	0.148	0.134	0.062	2.412*
关系形象	0.113	0.128	0.045	2.499*	0.142	0.129	0.059	2.420*
集体形象	-0.058	-0.070	0.046	-1.270	0.015	0.014	0.060	0.246
R^2	0.104***				0.141***			

续表

	模型 5							
因变量→	品牌忠诚							
自变量↓	回归系数	标准化系数	标准误	*T* 值				
个人形象	0.066	0.063	0.054	1.205				
社会形象	0.062	0.057	0.055	1.132				
关系形象	0.024	0.022	0.050	0.493				
集体形象	-0.047	-0.046	0.054	-0.874				
品牌涉入	0.335	0.234	0.071	4.722***				
品牌信任	0.295	0.238	0.061	4.845***				
自我—品牌联结	0.264	0.211	0.071	3.711***				
R^2	0.320***							

注：* 表示 $p<0.05$，** 表示 $p<0.01$，*** 表示 $p<0.001$。

模型 1 中的参数表明，个人形象和集体形象正向地影响着个体的品牌涉入，但社会形象和关系形象与品牌涉入之间没有显著的关系，因此 H1 得到部分支持。

模型 2 中的参数表明，个人形象、社会形象、关系形象和集体形象都对自我—品牌联结具有显著的正向效用，因此 H3 得到支持。

观察模型 3 中的参数我们可以发现，个人形象、社会形象和关系形象对品牌信任具有显著的正向效用，但集体形象与品牌信任之间没有显著的关系，因此 H5 得到大部分支持。

模型 4 的分析结果表明，当仅仅考察象征性形象对品牌忠诚的影响时，个人形象、社会形象、关系形象会影响消费者的品牌忠诚。

模型 5 中的参数表明，品牌信任、品牌涉入和自我—品牌联结都会显著地影响消费者的品牌忠诚，因此 H2、H4 和 H6 得到验证。

为了检验 H7，我们采取以下三个步骤对品牌涉入、自我—品牌联结和品牌信任的中介作用进行了分析(温忠麟等，2004)：第 1 步，检验自变量和因变量之间的回归系数是否显著，如果不显著，则没有中介关系存在；第 2 步，将中介变量对自变量回归，查看回归系数是否显著，如果回归系数不显著，也说明不存在中介关系；第 3 步，检验因变量对自变量和中介变量的回归系数是否显著，只有当中介变量的回归系数显著时，中介作用才是存在的(或是部分中介，或是完全中介，需要结合自变量的回归系数的显著情况来看)。我们将三个步骤的检验结果在表 4-4 中进行了汇总。表 4-4 中的参数清晰地表明，品牌涉入、自我—品牌联结和品牌信任三个变量完全中介了个人形象与品牌忠诚之间的关系；自我—品牌联结和品牌信任则完全中介了社会形象与品牌忠诚以及关系形象与品牌忠诚之间的关系；然而，由于集体形象与品牌忠诚之间的关系不显著，所以对于集体形象来说，中介效应不存在。因此，H7 得到了大部分的支持。

表 4-4　**中介作用分析**

		模型 4	模型 1	模型 2	模型 3	模型 5
		自变量→因变量	自变量→中介变量(3 个)			自变量+中介变量→因变量
		BL	BI	SB	BT	BL
自变量(SBI)：象征品牌形象	PI	0.224***	0.245***	0.196***	0.184**	0.063
	SI	0.134*	0.029	0.267***	0.158**	0.057
	RI	0.129*	0.000	0.093*	0.128*	0.022
	CI	0.014	0.140*	0.353***	-0.070	-0.046
中介变量	BI					0.234***
	SB					0.211***
	BT					0.238***
	R^2	0.141	0.120	0.453	0.104	0.320

注：* 表示 $p<0.05$，** 表示 $p<0.01$，*** 表示 $p<0.001$。

根据以上数据分析结果，我们对研究假设模型进行了修正，修正后的模型见图 4-2。

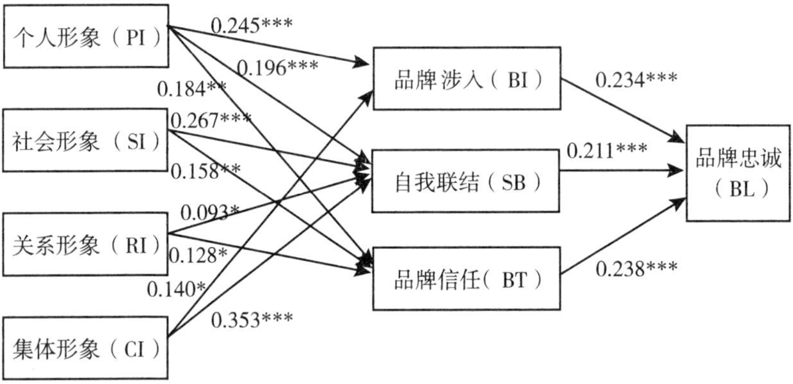

图 4-2 象征性品牌形象的效应研究结果模型

2. 对假设检验结果的讨论

H1 检验的是品牌象征性形象对品牌涉入程度的影响。数据结果表明，个人形象和集体形象会显著影响个体的品牌涉入程度，但是社会形象和关系形象的系数并不显著。对此，我们的理由如下：

社会形象对品牌涉入的影响不显著，原因可能与本研究中的样本结构有关。本研究的绝大多数样本是在校大学生，这一对他们来说现实而重要的身份决定了他们可能并不像那些已走出校园、步入社会的其他人群那样，关心和重视社会地位、事业成就等的表达。当“事不关己”时，也就没有了多少涉入可言。关系形象对品牌涉入的影响不显著，除了类似的原因(关系自我相对个人自我和集体自我的重要性要低一些)之外，可能还有另外一个原因，即本研究对关系形象的测量是将它作为一个总体性的构念对待的，但中国人的关系却往往有亲疏、远近的分别，呈现为一种“差序格局”，这将导致处在不同关系等级序列上的象征性形象所能激发的涉入水平存在差异。

H5 检验的是品牌象征性形象与品牌信任之间的关系。观察模型3中的参数我们可以发现，个人形象、社会形象和关系形象对品牌信任具有显著的正向效用，但集体形象与品牌信任之间没有显著的关系，对此，我们认为：

集体形象的影响不显著，原因可能在于品牌所标志的群体具有内群体与外群体、高地位群体与低地位群体之别。由于普遍存在“外群体歧视”的心理倾向(Wann和Grieve，2005)，消费者可能对标志外群体的品牌表现出较强的不信任。而对于标志低地位群体的品牌，特别是当消费者并不归属于该群体时，他们对这种品牌的不信任很可能更为突出。

4.1.5 结论与讨论

本书分析和检验了品牌象征性形象的四个维度(个人的、社会的、关系的和集体的)通过品牌信任、自我—品牌联结和品牌涉入的中介作用对品牌忠诚产生的影响。数据分析表明，H2、H3、H4和H6得到支持，H1和H5则得到部分支持。具体而言，象征性形象的四个维度均对自我—品牌联结具有促进作用，而且品牌的个人形象还可以提升消费者对品牌的信任和涉入水平，社会形象和关系形象可以促进品牌信任，集体形象则可以提升品牌涉入水平；而品牌信任、自我—品牌联结和品牌涉入则对品牌忠诚具有显著的促进作用。但可能由于样本选取、关系形象构念及其测量的局限性，本研究的数据分析并没有验证社会形象和关系形象对品牌涉入具有正向效用的假设。此外，由于本研究没有考虑群体特征(内、外群体和群体地位等)的潜在影响，集体形象对品牌信任具有正向效用的假设也没有得到支持。

本书具有一定的理论意义。尽管现有的研究已提出并验证了“品牌形象”和“象征性形象”在总体上以及“品牌个性”这一特定的象征性形象对于品牌忠诚具有积极的影响，但当我们更合理地把品牌的象征性形象看作一个多维的构念时，我们就会发现现有研究的不足。不同的象征性形象维度是否都对品牌忠诚具有积极的影响？它们所产生的促进作用的效力是否相同？它们的作用路径又如何？令人遗憾的是，现有研究并没有关注和回答这些问题。本研究不仅为多维的象征性形象构念的理论建构提供了进一步的验证，而且检验和证明了象征性品牌的“个人的”、“社会的”、“关系的”和“集体的”四个象征性维度通过品牌涉入、自我—品牌联结和品牌信任对品牌忠诚所具有的促进作用。数据分析结果还表明，四个维度不仅在作用效力上存在一定的差异，而且它们的作用路径也并不是完全一样的。这些研究发现无疑填补了相关文献中的一个重要的空白。此外，本研究采取的是介于“抽象”(将品牌的象征性形象作为与功能的、体验的形象相对应的一个总体构念)与“具体”(仅涉及某个或某几个具体的象征意义)之间的一种“中间层次”的视角，不仅为相关研究增加了一个新的视角，而且也为现有研究中某些不一致的结论提供了一定的解释。例如，现有文献中有的研究证明品牌个性或象征性形象与品牌忠诚直接相关，而有的研究却并没有发现品牌的象征性形象对消费者的购买行为等反应具有主效应。部分原因就在于，这两种研究往往探讨的是不同的象征性形象，而且没有考虑潜在的中介变量对象征性形象与品牌忠诚之间关系的中介作用。

本书中的发现对于企业的品牌管理实践也具有重要的现实指导意义。第一，正如企业在实践中正在做的那样，它们的品牌在象征定位时可以有不同的选择。无论是在“个人的”、“社会的”、“关系的”还是“在集体的”维度上选择自己的定位，都是有价值的，总体上都有助于促进企业品牌资产的增长。第二，当企业营销的目标消费者是青年人群体时，重点培育品牌的个人形象(即品牌个性)可能是最有利的一种选择。第三，在本研究所探讨的四种象征性形象中，关系形象对品牌涉入、自我—品牌联结及品牌信任的促进作用是最弱的。这意味着，尽管中国人的行为是关系取向的，但它对于建立和发展基于意义的消费者—品牌关系来说却并不是相对更为有利的。第四，集体形象对于品牌的象征定位可能是最有风险的，原因在于，人们的群体身份是最容易改变的，这可能影响消费者的品牌忠诚；更重要的是，当品牌成了特定群体的象征时，它在促进该群体成员的积极反应时，易于激发非群体成员对它的消极反应，从而对该群体之外的其他消费者产生一定的排斥作用。

同时，本研究还存在一些局限性。首先，本研究由于受多重条件的限制，所选取样本主要来自武汉地区的高校学生，但不同地区之间经济发展水平、文化因素的差异以及非学生群体的成员在其心理和行为上的不同特征等，都可能会影响消费者对品牌的象征性形象的反应。因此，未来研究需要进一步拓展样本选取的范围，以检验本研究结果的外部效度。其次，在品牌的象征性形象作用于品牌涉入、信任和自我—品牌联结进而作用于品牌忠诚的各环节上，可能存在诸多因素的调节作用，如群体特征对品牌的集体形象的效用可能具有的调节作用(这正是下一节的研究所关注的)。再次，在象征性形象作用于品牌忠诚的过程中，可能还存在其他的中介变量，如品牌情感或品牌体验等。最后，本研究对关系形象的总体性测量并未反映关系在亲疏、远近上的差别，因此无法检验代表诸如亲情、爱情或友谊的这些“性质”不同的关系形象与消费者的认知、情感和行为反应之间的关系。所以，关系形象构念的发展和它对消费者行为的预测效度的检验，也可以成为未来研究的一个方向。

4.2 群体象征性品牌形象对消费者自我—品牌联结的影响

4.2.1 引言

要使品牌能够满足其消费者的象征性需求，就必须为它注入一定的象征意义。企业在为品牌进行象征定位时，常见的选择之一是使它的品牌与某个消费者群体联系起来，以使该品牌成为这个群体及其成员身份的象征。例如，动感地带的“我是 M-zone 人”的广告诉求，招商银行与第九城市联合推出的魔兽世界联名卡，都是以群体作为目标对象，旨在使品牌成为某个群体和其成员身份象征的一种营销努力。本研究中，我们把品牌所具有的这种有关群体或群体成员身份的联想称为“群体象征性品牌形象”，即前文所称的“集体形象”，这是本书中所建构的象征性品牌形象的四大维度之一。

上一节中我们已指出并验证，消费者对群体象征性品牌形象

(即集体的自我意义)的占用是为了建构和表达他们的集体自我(collective self)或群体成员身份，从而将导致消费者的自我—品牌联结的形成与发展。简言之，品牌的集体形象对消费者的自我—品牌联结具有积极的促进作用。但上一节的讨论和实证研究并没有考虑群体象征性品牌形象的一种特殊性——对于特定的消费者来说，他或她所面对的任何一个群体都存在内群体(in-group)与外群体(out-group)之间的分别。因此，当一个品牌与某个内群体或外群体发生关联，从而被赋予特定的内群体形象或外群体形象时，这两种不同的群体象征性品牌形象对自我—品牌联结的效应是否会出现差异？本节中我们将重点考察"内群体形象"和"外群体形象"这两种不同的群体象征性品牌形象对自我—品牌联结的影响以及群体认同(group-identification)和群体地位(group status)这两个群体层次的特征对群体象征性品牌形象与自我—品牌联结间关系的调节作用。

在以往的研究中，Escalas 和 Bettman(2003，2005)已对参考群体所具有的影响自我—品牌联结的效应给予了积极的关注。他们的研究表明：(1)总体上，与内群体形象一致的品牌形象(或内群体对品牌的使用)能增强消费者的自我—品牌联结，而与外群体一致的品牌形象(或外群体对品牌的使用)会对自我—品牌联结产生不利的影响；(2)这种影响受到了个体与群体间的"匹配"，消费者的自我建构(self construal)以及个体的自我提升(self enhancement)和自我验证(self verification)动机的调节作用。

相对于 Escalas 和 Bettman(2003，2005)来说，本研究的不同之处主要体现在以下三个方面：

(1)本研究所探讨的"群体象征性品牌形象"与 Escalas 和 Bettman(2003，2005)研究中的"群体的品牌使用"(或"与群体一致的品牌形象")并不是相同的概念。这是因为，群体的品牌使用只是消费者形成群体象征性形象知觉的一个来源。换言之，就品牌形象的形成来说，前者是因，后者是果(Elliott 和 Wattanasuwan，1998)。而且品牌形象的形成除了受到使用者形象的影响之外，它还受到公司的广告、产品设计以及解释社区等的影响(McCracken，1986；Elliott 和 Wattanasuwan，1998)。因此，Escalas 和 Bettman

(2003，2005)在他们的实证研究中所使用的"群体使用/不使用的品牌"变量，并不等同于本研究中的"群体象征性品牌形象"这一构念。在这一意义上，前述两位研究者实际上并没有直接检验群体象征性品牌形象对自我—品牌联结的影响效应。

(2)Escalas 和 Bettman(2003，2005)的研究没有涉及东西方文化在群体概念、群体结构及其对个体行为影响上可能存在的差异。本研究虽是对 Escalas 和 Bettman(2003，2005)的基本理论框架做适当修正并将其应用于中国消费者的实证检验，但我们将更多地关注东方集体主义文化所带来的消费者行为的差异。事实上，本研究显示，外群体象征性品牌形象对东、西方消费者的自我—品牌联结的影响是可能存在一定差异的：它对西方消费者的影响是消极的(Escalas 和 Bettman，2003，2005)，而对中国消费者的影响却总体上是积极的。

(3)在本研究中，我们还将考察和检验现有研究中所没有涉及的群体认同和群体地位对群体象征性品牌形象与自我—品牌联结间关系的调节作用。特别是，由于中国文化相对于西方文化更强调和接受权力差距，本研究对群体地位调节作用的考察是有特别意义的。

4.2.2 概念框架与研究假设

1. 群体象征性品牌形象

品牌形象可以被定义为特定的品牌对消费者来说所代表或表达的意义(Noth，1988)。根据品牌所代表的意义不同，品牌形象常被区分为功能的、体验的和象征的三种形象(Park，Jaworski 和 MacInnis，1986；Roth，1995；Hsieh、Pan 和 Setiono，2004)。其中，品牌的象征性形象就是品牌所代表或表达的象征意义(或自我意义)。由于消费者购买象征性品牌的最终目的，是通过意义的转移和占用来实现自我的建构或表达(McMracken，1986；Grubb 和 Grathwohl，1967)，因此，构成品牌的象征性形象的"意义"就必须是与消费者的自我相关的(而不是其他类型的意义)，即社会心理学家(如 Burke，1997；Stryker 和 Burke，2000)所讲的“自我意义”(self meanings)。

由于人们的自我是多重的，它包含“个人自我”(personal self)、“关系自我”(relational self)和“集体自我”(collective self)等多个层次的内容(Brewer，Gardner，1996)，这些不同的自我在建构或表达中所寻求的意义是不同的。例如，个人自我寻求的是品牌所代表的人格特质、价值观、能力等；社会自我寻求的是品牌所代表的社会地位、财富、声望等；关系自我寻求的是亲情、友谊或爱情等；集体自我寻求的是作为某一群体成员的身份感和归属感。可见，品牌的群体象征性形象所满足的是消费者源自他或她的集体自我的象征性需求。

本研究中，我们将群体象征性品牌形象定义为一个品牌所享有的有关某一群体及其成员身份的联想，或者说，一个品牌所代表的“集体的自我意义”(collective self-meanings)。这里，集体自我意义指的是个体在根据社会身份定义自我时所采用的群体成员之间共享的那些特征、标准(Hogg、Terry 和 White，1995；Burke，1997；Stryker 和 Burke，2000)。由于群体可以被区分为内群体(in-group)和外群体(out-group)，我们也将群体象征性形象相应地区分为内群体象征性形象和外群体象征性形象。

2. 自我建构中发展的自我—品牌联结

本研究主要以社会认同理论(social identity theory)作为理论基础。该理论认为，个体所归属的社会类型或群体提供了他或她是谁的一种定义，从而构成了自我概念的一个组成部分；而且这种定义是根据“群体的原型特征”(Hogg，Terry 和 White，1995)，或“共享的群体类型的成员身份”(Yuki，2003)来定义的。这种自我实际上就是 Brewer 和 Gardner(1996)所提出的自我分类框架中的“集体自我”。当群体成员身份(或集体自我)在一定情景下变得显著时，它就会影响群体成员的行为。由于群体身份的评价性功能，群体及其成员往往具有强烈的动机来采取行动，以获得或维持有利于内群体的社会比较，并借此来培养和提升他们的自尊。也就是说，人们可能总是倾向给予内群体积极的评价，而给予外群体消极的评价。这种现象常被称为“内群体偏爱”和“外群体歧视”(Wann 和 Grieve，2005)。我们据此不难推断，代表或象征着内群体和其成员身份的群体象征性品牌形象将会受到消费者的更积极的评价与欢迎。

同时，消费者自我的建构在许多时候都需要借助于来自市场的各种象征资源(Holt，2002；Thompson 和 Arnould，2005)。这必然会涉及对产品和品牌的形象或意义的占用。当消费者购买和使用具有象征性形象的品牌时，意义便会在消费者与品牌之间发生转移(McMracken，1986；Grubb 和 Grathwohl，1967)。对于那些有助于自我建构或表达的意义，消费者很可能就会积极地通过对相关产品和品牌的购买和消费来实现这种意义的转移和占用。因此，消费者在进行某种群体成员身份的建构与表达时，他们是乐于与那些具有内群体象征性形象的品牌发生关联的，并因而发展出一种较强的自我—品牌联结；反之，那些不具有内群体象征性形象的品牌，对于消费者则可能具有相对较少的吸引力，从而形成较弱的自我—品牌联结。

相对来说，外群体象征性品牌形象与自我—品牌联结的关系似乎就不那么显而易见了。从社会认同理论的视角来看，由于存在普遍的外群体歧视，消费者可能会倾向于消极地评价并试图回避外群体象征性品牌形象。他们这样做的目的，同样是维护群体成员所共有的身份和集体自尊(Wann 和 Grieve，2005)。然而，依据社会认同理论的这种推论似乎主要适用于西方个人主义的文化背景，而对于东方集体主义文化背景下的消费者却并不一定适用。因为东方人的群体行为主要是源自对群体内部成员之间关系的和谐与协作而不是对群体间关系的关注(Yuki，2003)，他们表现出的外群体歧视可能要比西方人温和、适度得多(Wetherell，1982)，而且有证据表明，当歧视不能明显惠及内群体时，东方人一般很少愿意从事针对外群体的歧视行为(Jin，1995)。

因此，对于中国消费者而言，如果群体间比较并不重要，外群体歧视既不强烈也不时常发生，日常地回避那些外群体象征性品牌形象就不具有明显的价值了。相反，由于象征性产品相对于实用性产品更易于激发消费者积极的品牌情感(Chaudhuri 和 Holbrook, 2001), 能够成为民族、文化、地域、职业、爱好者等群体(不管它是内群体还是外群体)象征的品牌或许还能提升普通消费者对品牌的信任, 这样的品牌对于消费者同样会具有吸引力, 消费者即使不积极、主动地去占用它的形象, 至少也不会刻意地去回避它。就那些象征着高地位群体或渴望群体的品牌来说, 情况可能更是如此(后文中将做进一步的讨论)。值得指出的是, 我们的这一推论与 Escalas 和 Bettman(2005)的观点正好相反, 尽管他们以美国高校学生为样本的数据支持了他们的如下观点: 与外群体一致的品牌联想对自我—品牌联结具有不利的影响, 而与外群体不一致的品牌联想对自我—品牌联结具有有利的影响。

在文献中, 自我—品牌联结常被视作一个可以被用来衡量消费者与品牌之间关系质量的构念(Fournier, 1998), 有的研究则进一步将其概念化为"个体将品牌吸收进他们的自我概念的程度"(Escalas 和 Bettman, 2005; 2003)。该构念所隐含的一个关键的思想是, 消费者与品牌之间的关系实际上是一种基于意义的关系, 而一个品牌越能满足消费者自我建构的象征性需求, 它所产生的自我—品牌联结就越强。因此, 我们据此推断, 内群体象征性品牌形象相对于外群体象征性品牌形象能产生更强的自我—品牌联结。

综上所述, 我们提出假设:

H1: 具有内群体象征性形象的品牌相对于不具有内群体象征性形象的品牌产生的自我—品牌联结较强。

H2: 具有外群体象征性形象的品牌相对于不具有外群体象征性形象的品牌产生的自我—品牌联结较强。

H3: 内群体象征性品牌形象相对于外群体象征性品牌形象产生的自我—品牌联结较强。

3. 内群体认同的调节作用

根据社会认同理论, 我们每个人都会同时拥有许多不同的群体成员身份, 但这些不同的社会身份对于个体并不是同等重要的。那些在自我结构中处于较高等级的身份, 比处于较低等级的身份更多地定义了我们的自我，从而与自我的关系更为密切，更容易激发我们自我相关的行为(Burke，2000)。同样，特定的群体或其成员身份对于不同的个体(成员)在自我定义中的相关性和重要性，也是可能存在差异的。这种差异在社会认同理论及相关的研究中常用“群体认同”(group identification)来进行衡量和描述。例如，营销学者在应用社会认同理论进行品牌社区研究时，就曾使用“品牌社区认同”(brand community identification)这一术语来表述个体与品牌社区之间关系的强度(Algesheimer，Dholakia 和 Herrman，2005)。

在社会认同理论中，“内群体偏爱”和“外群体歧视”不仅被视为一种普遍现象，而且这种偏见还可能在一定的条件下被“强化”。现有的研究表明，当个体对群体具有强烈的情感依恋或认同时，相对于群体认同度低的个体来说，他们更可能通过采取内群体偏爱和外群体歧视的策略来增强或恢复他们的集体自尊(Wann 和 Grieve，2005)。这就是说，群体认同与群体评价是密切相关的(Yuki，2003)。由于具有内群体象征性形象的品牌代表着内群体的特征，消费者是用它来建构或表达群体成员身份的，这样的品牌对于内群体认同度高的消费者来说，很可能更容易赢得他们的认可，并被吸收进他们的自我概念。因此，我们提出假设：

H4：内群体象征性品牌形象对于内群体认同度高的消费者能产生更强的自我—品牌联结。

4. 外群体地位的调节作用

群体地位是社会比较的一个重要维度，它的比较会直接影响群体成员的自尊，并导致他们采取相关的行动。有时候，人们进行向上比较，即与高地位群体比较，并在可能时效仿他们的消费行为(Lockwood 和 Kunda 1997)；有时候，消费者又会进行向下比较，即与低地位群体比较，这种向下比较则会导致“审美距离”和“象征性排外”(Borudieu，1984；Bryson 1996)。也就是说，群体之间的社会比较会导致两种结果：人们往往效仿高地位群体，而与低地位群体保持距离。事实上，人们对高地位群体的效仿行为，正反映了他们对加入高地位群体的渴望。因此，高地位群体往往更可能成为人们的渴望群体(Tajfel 和 Turner，1979)。

这种现象也可以用“攀附”心理来进行解释。根据这种心理理论，当特定对象或群体获得成功或表现优异时，个体会乐意去建立、维持和宣传他们与该对象或群体的关系，以强化或提升他们的社会形象。这种行为表现被称为“分享荣誉”(Cialdini 和 Denicholas，1989)。而当特定对象或群体不幸失败或表现不理想时，个体则会倾向于减少或尽量避免与该对象或群体发生关系，以保护他们的社会形象。这种行为表现被称为“防止抹黑”(Snyder，Lassegard 和 Ford，1986)。

可见，当一个品牌具有外群体象征性形象时，如果消费者感知的该外群体的社会地位较高，那么不管是出于试图加入渴望群体从而建构“可能自我”的动机，还是出于仅仅分享荣誉的目的，他们都可能形成较强的自我—品牌联结。相反，如果消费者感知的该外群体的社会地位较低，那么为了“防止抹黑”和保持“审美距离”，他们便可能尽量地回避那些象征低地位群体的品牌，从而形成较弱的自我—品牌联结。因此，我们提出假设：

H5：当外群体的地位较高(较低)时，外群体象征性品牌形象产生的自我—品牌联结相对较强(较弱)。

4.2.3 研究方法

1. 样本及程序

本研究的样本来自武汉地区7所高校的本科生。共发放400份问卷，剔除回答不完整和不合格的问卷，获得有效问卷357份，其中60%为女性，40%为男性。

我们的问卷调查程序与 Escalas 和 Bettman(2005)的研究方法一致，但在关键的措辞上有所差异：问卷调查以对本研究的简短介绍开头，然后要求被试提供一个自己所属的群体(内群体)和一个自己不属于它的群体(外群体)，并分别在问卷指定的空白处写下群体的名称。这些群体可以是规模较小的群体(如“学通社”、“动漫社”等)，也可以是规模较大的群体(如“大学生”、“80后”等)。接着，被试被要求提供一个“能象征或代表”该群体和其成员身份的品牌和一个“不能象征或代表”该群体和其成员身份的品牌，并在问卷预留的空白处写下这些品牌的名称。这样，每一位被试就提供了4个品牌：象征内群体的品牌，不象征内群体的品牌，象征外群体的品牌以及不象征外群体的品牌。在提供了这些群体和品牌之后，被试被要求按照一定的顺序分别对问卷中的“群体认同”(仅对内群体施测)、“群体地位”(分别对内、外群体施测)以及“群体象征性品牌形象”和“自我—品牌联结”(对所有品牌分别施测)量表进行打分。通过上述程序，我们便执行和完成了一个2(内群体 vs. 外群体)×2(象征 vs. 不象征)×2(高认同 vs. 低认同，或高地位 vs. 低地位)的研究设计。

2. 变量的测量与操控检验

群体象征性品牌形象测量的是被试对一个品牌象征或代表某个群体及其成员身份的程度的感知。它采用7级量表(1表示完全不同意，7表示完全同意)，通过4个语项来测量：“该品牌可以被看作是这个群体成员身份的标志”、“该群体成员常用该品牌来表现自己是这个群体中的一员”、“该群体成员常用该品牌来表达自己对这个群体的认同”和“该品牌可以被看作是这个群体的象征”($\alpha=0.903$)。我们对被试提供的品牌的群体象征性形象进行了检验。数据分析结果表明，被试对其提供的“象征内群体的品牌”与“不象征内群体的品牌”在群体象征性形象的知觉上具有显著的差异(象征=4.16，不象征=2.37，$t(713)=30.064$，$p<0.001$)；对“象征外群体的品牌”与“不象征外群体的品牌”在群体象征性形象知觉上也存在显著的差异(象征=4.62，不象征=2.38，$t(713)=35.541$，$p<0.001$)。因此，我们将品牌的群体象征性形象(象征 vs. 不象征)作为分类变量进行了编码。

群体地位和内群体认同的测量采用的是Yuki(2003)使用的量表。其中，群体地位量表包括“其他类似群体中的人们一般很羡慕这个群体”和“一般来说，这个群体并不被其他类似群体中的人们所尊重”(反向语句)两个语项，同样采用7级量表来测量($\alpha=$

0.69)。内群体认同量表包括"如果我被形容为该群体的一名典型成员，我认为这是准确的"、"我通常会承认我是这个群体中的一员"、"如果我被形容为该群体的一名典型成员，我会感觉良好"和"在进行自我介绍时，我常会提及这个群体"4个语项($\alpha=0.73$)。

自我—品牌联结量表是由Escalas和Bettman(2005，2003)开发的，共有7个语项，分别是"该品牌反映了我是谁"、"我认同该品牌"、"我觉得我与该品牌之间具有个人的联系"、"我使用该品牌来向他人表明我是谁"、"我认为该品牌可以帮助我成为我想成为的人"、"我认为该品牌就是'我'"和"该品牌非常适合我"，我们仍采用7级量表进行测量($\alpha=0.87$)。

4.2.4 数据分析结果

我们运用SPSS15.0软件，采用方差分析方法对数据进行了分析。因变量"自我—品牌联结"是连续变量，自变量"群体象征性形象"(象征vs.不象征)在研究设计中进行了控制，属于分类变量。自变量"内群体认同"和"群体地位"虽是连续变量，但我们在进行数据分析时采用中截法分别对它们做了二分。

H1、H2和H3中暗含了群体类型(内群体vs.外群体)与品牌的群体象征性形象(象征vs.不象征)的交互作用的存在，所以我们首先对群体类型与品牌的群体象征性形象的交互作用进行了检验。结果表明，两者的交互作用是显著的，$F(1, 1427)=90.97$，$p<0.001$。同时，品牌的群体象征性形象对自我—品牌联结具有显著的主效应，$F(1, 1427)=306.354$，$p<0.001$；群体类型的主效应则呈现出微弱的显著性(在0.1水平上显著)，$F(1, 1427)=3.203$，$p=0.074$。

我们在H1中预测，具有内群体象征性形象的品牌能产生较强的自我—品牌联结，而不具有内群体象征性形象的品牌产生的自我—品牌联结较弱。这一假设得到了数据的支持：象征=4.3433，不象征=2.7471，$t(712)=20.372$，$p<0.001$。我们在假设2中预测，具有外群体象征性形象的品牌相对不具有外群体象征性形象的品牌能产生较强的自我—品牌联结。这一假设同样得到了数据的支

持：象征 $=3.6747$，不象征 $=3.2045$，$t(712)=5.333$，$p<0.001$。在 H3 中则预测，内群体象征性品牌形象相对外群体象征性品牌形象产生的自我—品牌联结较强。数据分析也支持了这一假设：内群体 $=4.3433$，外群体 $=3.6747$，$t(713)=14.170$，$p<0.001$。因此，H1、H2 和 H3 均成立(见图 4-3)。

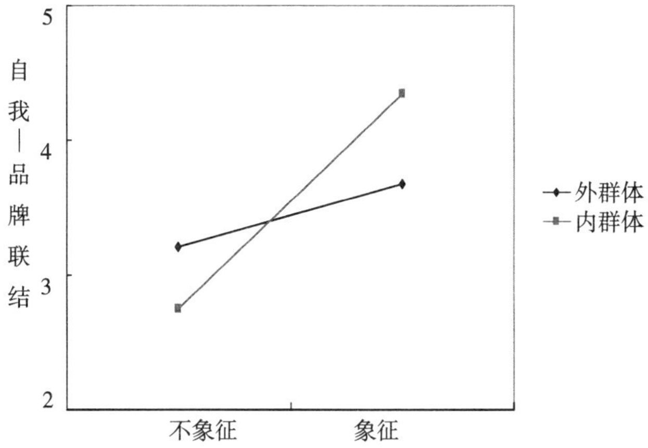

图 4-3　群体象征性形象和群体类型对自我—品牌联结的影响

我们在 H4 中提出，内群体认同度对 H1 中的关系具有调节用，即内群体象征性品牌形象对内群体认同度高的消费者产生较强的自我—品牌联结，而对内群体认同度低的消费者则产生较弱的自我—品牌联结。通过方差分析，我们发现品牌的群体象征性形象与内群体认同的交互作用是显著的，$F(1, 711)=16.014$，$p<0.001$。内群体认同也有显著的主效应 $F(1, 711)=4.049$，$p<0.001$。同时，在品牌具有内群体象征性形象的条件下，内群体认同度高时的自我—品牌联结与认同度低时的自我—品牌联结之间的差值显著，认同度高 $=4.5104$，认同度低 $=4.1383$，$F(1, 711)=24.565$，$p<0.001$。因此，H4 成立(见图 4-4)。

H5 关注的是群体地位对品牌的群体象征性形象影响自我—品牌联结的调节作用。正如该假设所预测的那样，当外群体地位较高时，外群体象征性品牌形象产生的自我—品牌联结较强，而当外群

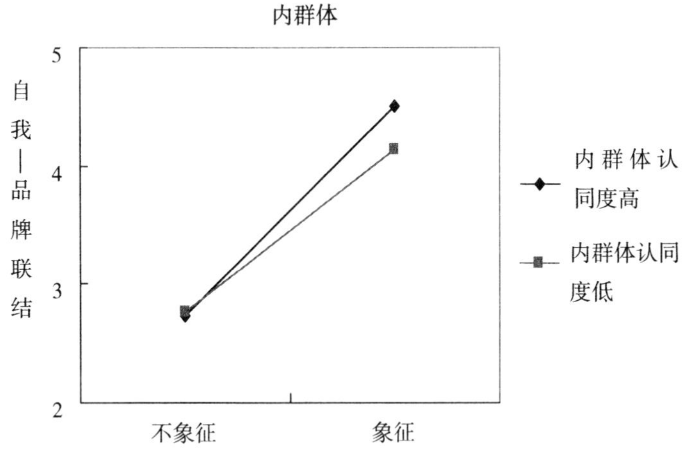

图 4-4 内群体认同和群体象征性形象对自我—品牌联结的影响

体地位较低时，外群体象征性品牌形象产生的自我—品牌联结较弱。数据分析发现，外群体地位与品牌的群体象征性形象之间的交互作用显著，$F(1,\ 713)=29.137$，$p<0.001$。当品牌具有外群体象征性形象时，外群体地位高时的自我—品牌联结与外群体地位低时的自我—品牌联结的差值显著，地位高 = 3.8683，地位低 = 3.4494，$F(1,\ 713)=123.130$，$p<0.001$。因此，假设 5 成立(见图 4-5)。

值得一提的是，我们的数据分析表明，内群体地位对自我—品牌联结并没有直接的影响，它既不存在与群体象征性品牌形象之间的交互作用($F(1,\ 711)=0.243$，$p=0.622$)，也不具有显著的主效应($F(1,\ 711)=0.774$，$p=0.379$)。这意味着内群体地位可能只有通过内群体认同才发挥它的作用(内群体地位与内群体认同之间存在显著的正相关，回归系数 = 0.360，$t=10.277$，$p<0.01$)。一个可能的解释是，高地位群体的成员也存在群体认同度低的情况，如果他或她的群体认同度低，其“分享荣誉”、表达成员身份和维持集体自尊的意愿可能就会较低，而只有那些群体认同度高的个体，他们才有相对较强的意愿，从而与具有内群体象征性形象的

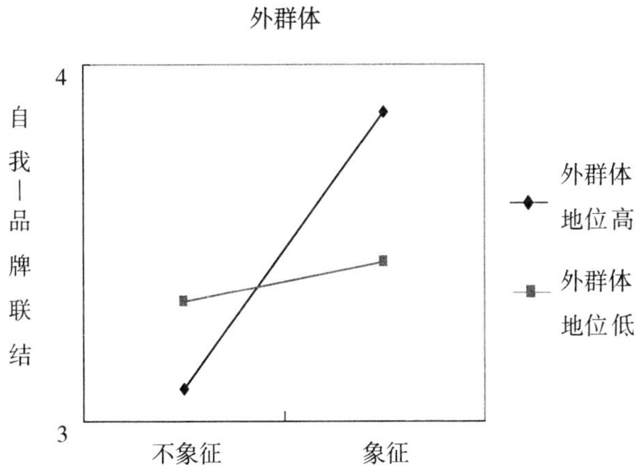

图 4-5　外群体地位和群体象征性形象对自我—品牌联结的影响

品牌发展出较强的联结。因此存在"一消一长"，这样一来，它的直接调节作用也就不显著了。

4.2.5　结论与讨论

本节专门针对群体象征性品牌形象对消费者自我—品牌联结的影响以及群体认同和群体地位可能具有的调节作用进行了理论探讨和实证检验。经过研究，我们得出以下几个基本的结论：

(1)总体上，群体象征性品牌形象对自我—品牌联结具有积极的作用，而不管品牌象征的是内群体，还是外群体。但是，象征内群体的品牌形象相对象征外群体的品牌形象对消费者自我—品牌联结的影响更为有利。

(2)内群体象征性品牌形象对自我—品牌联结的影响会受到内群体认同的调节作用，即内群体象征性品牌形象对内群体认同度高的消费者产生的自我—品牌联结相对较强，而对内群体认同度低的消费者产生的自我—品牌联结相对较弱。

(3)外群体象征性品牌形象对自我—品牌联结的影响会受到外群体地位的调节，即外群体象征性品牌形象在外群体地位较高时产生的自我—品牌联结相对较强，而在外群体地位较低时产生的自我—品牌联结相对较弱。

本研究的结论对于企业的营销管理实践是具有重要的参考价值和指导意义的。具体体现在以下几个方面：

(1)通过培育群体象征性品牌形象来发展和维持顾客关系。本研究表明，群体象征性品牌形象，不论它象征的是内群体还是外群体，对于消费者的自我—品牌联结都具有正面的影响。而其他的研究则表明，自我—品牌联结能积极地影响消费者的情绪、品牌依恋、品牌态度和购买行为(Moore 和 Homer，2007；Moore 和 Wurster，2007；Escalas，2004)。这意味着，企业应大胆地培育和塑造品牌的群体象征性形象，而不必过多地担心它可能对群体之外的其他消费者的态度和购买行为造成负面的影响。原因就在于，一个品牌即使被消费者视作外群体的象征，它相对于不具有群体象征性形象的品牌来说，总体上也能对消费者的自我—品牌联结产生较为有利的影响。

(2)群体选择时应尽可能以高地位群体作为目标群体。尽管内群体地位对消费者自我—品牌联结的直接作用不显著，但它却可能通过积极地影响群体认同进而对自我—品牌联结发挥正面的作用。外群体地位则能显著、直接地增强群体象征性形象对自我—品牌联结的正效应。因此，企业在进行目标市场选择时，尽可能地选择那些地位相对较高的群体作为目标对象，这将是有利的。那些象征高地位群体的品牌不仅更有可能发展出与群体成员之间的高质量的品牌关系，而且对于地位较低群体的消费者也会具有较大的吸引力。企业应更多地采取群体层次的视角而不是个体层次的视角(Cova 和 Cova，2002)，因为消费者根据群体成员身份定义的自我概念是“去个性化的”(Yuki，2003；Hogg，Terry 和 White，1995)，他们在消费中所寻求和表达的是群体成员之间共享的身份和特征，而不是个性。

(3)以群体认同度高的成员作为重点目标顾客。我们建议，企业在进行群体象征性品牌形象的定位和塑造时应以群体而非个体作为参照。但这并不等于说，营销者应无区别地对待群体内的各个成员。一个重要的原因就在于，群体内的不同成员之间的群体认同度是有差异的，这会导致他们对同一群体象征性品牌的不同反应。对于群体认同度高的成员来说，他们更容易认可和接受象征其所属群体的品牌，并将这样的品牌吸收进他们的自我概念。因此，把群体认同度高的消费者作为重点顾客，围绕他们的需求制定和实施相应的营销组合策略，对于改进和提升产品绩效(如增加销售、获取高溢价等)将更有可能获得事半功倍的效果。

(4)为群体本身的发展和维系提供支持。群体的存在是企业实施群体象征性品牌形象战略的基础。群体的存在、规模以及它的延续等对这类品牌形象战略的成功是至关重要的。事实上，群体象征性品牌为它的消费者创造和提供的关键价值之一就是所谓的“联系价值”(Cova，1997)——为群体成员之间的交往、互动和情感分享提供支持。相当程度上，正是由于群体的存在本身需要维护并持续地证明它的同一性，才产生了对群体象征性品牌以及其他能够支持情感共享之物的需求(Thompson 和 Holt，1996)。除了品牌本身的支持之外，企业还可以通过为目标群体的仪式活动提供赞助、直接参与或组织他们的仪式活动、帮助他们进行虚拟社区建设等，来对它的目标群体提供支持，并借此最终融入群体，强化和提升品牌的群体象征性形象。

总之，群体象征性品牌形象在内、外群体的条件下对消费者自我—品牌联结的影响都是偏正面的，企业应在对目标群体和重点顾客进行合理选择的基础上，积极、主动地为其品牌塑造群体象征性形象，并为群体本身的建设和发展得供必要的支持，以此最大限度地获取品牌形象战略的价值。

◎ 参考文献

[1]崔楠，王长征．象征性品牌形象的维度与测量[J]．商业经济与管理，2010(10)：52-60.

[2]让·波德里亚．消费社会．[M]．刘成富，全志钢，译，南京大学出版社，2001：1

[3]王长征．自我、象征消费与品牌的象征定位——构建品牌与消

费者自我的联系[J]. 经济管理, 2006(11): 51-54.
[4]王长征．试论象征消费与品牌象征化[J]. 外国经济与管理, 2007(4): 38-45.
[5]温忠麟, 张雷侯, 侯杰泰和刘红云．中介效应检验程序及其应用[J]. 心理学报, 2004, 36(5): 614-620.
[6]于春玲、王海忠、赵平和林冉．品牌忠诚驱动因素的区域差异分析[J]. 中国工业经济, 2005(12): 115-121.
[7]Aaker, J. L. Dimensions of Brand Personality [J]. Journal of Marketing Research, 1997, 34 (3): 57-68.
[8]Agle, B. R., Mitchell, R. K. and Sonnenfeld, J. A. Who Matters to CEOs? An Investigation of Stakeholder Attributes and Salience, Corporate Performance, and CEO Values [J]. Academy of Management Journal, 1999, 42(5): 507-525.
[9]Allen, M. W., Gupta, R. and A. Monnier, The Interactive Effect of Cultural Symbols and Human Values on Taste Evaluation[J]. Journal of Consumer Research, 2008, 35(8): 294-308.
[10]Ahuvia, A. C. Beyond the Extended Self: Loved Objects and Consumers' Identity Narratives[J]. Journal of Consumer Research, 2005, 32(1): 171-184.
[11] Algesheimer, R., Dholakia, U. M. and A. Herrmann. The Social Influence of Brand Community: Evidence from European Car Clubs[J]. Journal of Marketing, 2005, 69(July): 19-34.
[12]Banister, E. N., Hogg, M. K. Negative Symbolic Consumption and Consumers' Drive for Self-Esteem: The Case of the Fashion Industry [J]. European Journal of Marketing, 2004, 38 (7): 850-868.
[13]Bart, Y., Shankar, V., Sultan, F. and L. U. Glen. Are the Drivers and Role of Online Trust the Same for All Web Sites and Consumers? A Large-Scale Exploratory Empirical Study [J]. Journal of Marketing, 2005, 69(4): 133-152.
[14]Belk, R. W. The Role of Possessions in Constructing and

Maintaining a Sense of Past[J]. Advances in Consumer Research, 1990, 17: 669-676.

[15] Belk, R. W. and K. Tian. Extended Self and Possessions in the Workplace[J]. Journal of Consumer Research, 2005, 32(2): 297-310.

[16] Bowden, J. H. The Process of Customer Engagement: A Conceptual Framework [J]. Journal of Marketing Theory and Practice, 2009, 17(1): 63-74.

[17] Bhat, S. and Reddy, S. K. Symbolic and Functional Positioning of Brands[J]. Journal of Consumer Marketing, 1998, 15 (1): 62-73.

[18] Brakus, J. J., Schmitt, J. J. and Zarantonello, L. Brand Experience: What is it? How is it Measured? Does it Affect Loyalty? [J]. Journal of Marketing, 2009, 73(May): 52-68.

[19] Brewer, M. B., Gardner, W. Who is This 'We'? Levels of Collective Identity and Self Representations [J]. Journal of Personality and Social Psychology, 1996, 71(1): 83-93.

[20] Burke, P. J. An Identity Model For Network Exchange[J]. American Sociological Review, 1997, 62(1): 134-250.

[21] Burke, P. J. Identity Change [J]. Social Psychology Quarterly, 2006, 69(1): 81-96.

[22] Chaudhuri, A. and M. B. Holbrook. The Chain of Effects from Brand Trust and Brand Affect to Brand Performance: The Role of Brand Loyalty[J]. Journal of Marketing, 2001, 65(2): 81-93.

[23] Casalo, L. V., Flavian, C. and M. Guinaliu. The Influence of Satisfaction, Perceived Reputation and Trust on Consumer's Commitment to a Website [J]. Journal of Marketing Communications, 2007, 13(1): 1-17.

[24] Constantine, S., Lowell, G., and Yoshiyasu, T. Pancultural self-enhancement[J]. Journal of Personality and Social Psychology, 2003, 84(1): 60-79

[25] Coulter, R. A., Rice, L. L., and Feick, L. Rethinking the Origins of Involvement and Brand Commitment: Insights From Postsoicalist Central Europe[J]. 2003, 30(2): 151-169.

[26] Cova, B. and V. Cova. Tribal marketing: The Tribalisation of Society and Its Impact on the Conduct of Marketing[J]. Special Issue of European Journal of Marketing, Special Issue: Societal Marketing in 2002 and Beyond Version, January: 1-27.

[27] Cova, B. Community and Consumption Towards a Definition of the "Linking Value" of Product or Service[J]. European Journal of Marketing. 1997, 31(3/4): 297-316.

[28] Delery, J. E & Doty, D. H. Modes of Theorizing in Strategic Human Resource Management: Tests of Universalistic, Contingency, and Configurational Performance Predictions [J]. Academy of Management Journal, 1996, 39(4): 802-835

[29] Elliott, R. and Wattanasuwan, K. Brands as Symbolic Resources for the Construction of Identity [J]. International Journal of Advertising, 1998, 17(2): 131-144.

[30] Ekinci, Y. & Hosany, S. Destination Personality: An Application of Brand Personality to Tourism Destinations[J]. Journal of Travel Research, 2006, 45(2): 127-139.

[31] Escalas, J. E. and Bettman, J. R. You Are What They Eat: The Influence of Reference Groups on Consumers' Connections to Brand [J]. Journal of Consumer Psychology, 2003, 13(3): 339-348.

[32] Escalas J. E. Narrative Processing: Building Consumer Connections to Brands[J]. Journal of Consumer Psychology, 2004, 14(1&2): 168-180.

[33] Escalas, J. E. and Bettman, J. R. Self-Construal, Reference Groups, and Brand Meaning[J]. Journal of Consumer Research, 2005, 32(3): 378-389.

[34] Fornell, C. and Larcker, D. F. Evaluating Structural Models with Unobservable Variables and Measurement Error [J]. Journal of

Marketing Research, 1981, 18(1): 39-50.

[35] Fournier, S. Consumers and Their Brands: Developing Relationship Theory in Consumer Research [J]. Journal of Consumer Research, 1998, 24(4), 343-373.

[36] Grubb, E. L. and H. L. Grathwohl, Consumer Self-Concept, Symbolism and Market Behavior: A Theoretical Approach [J]. Journal of Marketing, 1967, 31(October), 22-27.

[37] Handelman, J. M. Corporate Identity and the Societal Constituent [J]. Journal of the Academy of Marketing Science Spring, 2006, 34(2): 107-114.

[38] Hogg, M. A., Terry, D. J. and K. M. White. A Tale of Two Theories: A Critical Comparison of Identity Theory with Social Identity Theory [J]. Social Psychology Quarterly, 1995, 58(4): 255-269.

[39] Holt, D. B. Why Do Brands Cause Trouble? A Dialectical Theory of Consumer Culture and Branding [J]. Journal of Consumer Research, 2002, June: 1-64.

[40] Hsieh, M-H, Pan, S-L and Setiono, R. Product-, Corporate-, and Country-Image Dimensions and Purchase Behavior: A Multicountry Analysis [J]. Journal of the Academy of Marketing Science, 2004, 32(3): 251-270.

[41] Hung, C-H. The Effect of Brand Image on Public Relations Perceptions and Customer Loyalty [J]. International Journal of Management, 2008, 25(2): 237-246.

[42] Jin, N. Social Identity Theory and the Group Cooperation Heuristic [Z]. Presented at the 36th Annual Meeting of the Japanese Social Psychological Associaton, September 23-24, 1995, Tokyo.

[43] Johnson, M. D., Anderson, E. W. and C. Fornell. Rational and Adaptive Performance Expectations in a Customer Satisfaction Framework [J]. Journal of Consumer Research, 1995, 21(4): 695-707.

[44] Keller, K. L. and Lehmann, D. R. Brands and Branding: Research Findings and Future Priorities[J]. Marketing Science, 2006, 25(6): 740-759.

[45] Keller, K. L. Conceptualizing, Measuring, and Managing Customer-Based Brand Equity[J]. Journal of Marketing, 1993, 57 (January), 1-22.

[46] Kleine III, R. E., Kleine, S. S. and Kernan, J. B. Mundane Consumption and the Self: A Social-Identity Perspective [J]. Journal of Consumer Psychology, 1993, 2(3): 209-235.

[47] Knox, P. S. and Walker, D. Empirical Developments in the Measurement of Involvement, Brand Loyalty and their Relationship in Grocery Markets[J]. Journal of Strategic Marketing, 2003, 11 (4): 271-286.

[48] Lastovicka, J. L. and Fernandez, K. V. Three Paths to Disposition: the Movement of Meaningful Possession to Strangers [J]. Journal of Consumer Research, 2005, 31(4): 813-823.

[49] Lee, M. S. W., Motion, J. and Conroy, D. Anti-consumption and brand avoidance[J]. Journal of Business Research, 2009, 62 (2): 169-180.

[50] Li, F., Zhou, N., Kashyap, R. and Yang, Z. Brand Trust as a Second-Order Factor; An Alternative Measurement Model [J]. International Journal of Market Research, 2008, 50 (6): 817-839.

[51] Mcenally, M. and Chernatony, L. The Evolving Nature of Brand: Consumer and Managerial Considerations [J]. Academy of Marketing Science Review, 1999, 31(2): 1-22.

[52] McMracken, G. Culture and Consumption: A Theoretical Account of the Structure and Movement of the Cultural Meaning of Consumer Goods[J]. Journal of Consumer Research, 1986, 13(1), 71-84.

[53] Mehta, A. Using Self-Concept to Assess Advertising Effectiveness [J]. Journal of Advertising Research, 1999, 39(1): 81-89.

[54]Monga, A. B. and Lau-Gesk, L. Blending Cobrand Personalities: An Examination of the Complex self[J]. Journal of Marketing Research, 2007, 44(3): 389-400.

[55]Moore, D. J. and D. Wurster. Self-Brand Connections and Brand Resonance: The Role of Gender and Consumer Emotions[J]. Advances in Consumer Research, 2007, 34: 64-66.

[56]Moore, D. J. and P. M. Homer. Self-Brand Connections: The Role of Attitude Strength and Autobiographical Memoty Primes[J]. Journal of Business Research, 2008, 61: 707-714.

[57]O'Cass, A. and Frost, H. Status Brands: Examining the Effects of Non-Product-Related Brand Associations on Status and Conspicuous Consumption[J]. Journal of Product and Brand Management, 2002, 11(2/3): 67-88.

[58]Park, C. W., Jaworski, B. J. and D. J. Maclnnis. Strategic Brand Concept-Image Management[J]. Journal of Marketing, 1986, 50(4): 135-145.

[59]Price, L. L. and Arnould, E. J. Older Consumers' Disposition of Special Possession[J]. Journal of Consumer Research, 2000, 27(2): 179-201.

[60]Reed, A. and L. E. Bolton. The Complexity of Identity[J]. MIT Sloan Management Review, 2005, 46(3): 18-22.

[61]Río, A. B. D., Vázquez, R. and Iglesias, V. The Effects of Brand Associations on Consumer Response[J]. Journal of Consumer Marketing, 2001, 18(5): 410-425.

[62]Rose, R. L. and Wood, S. L. Paradox and the Consumption of Authenticity through Reality Television[J]. Journal of Consumer Research, 2005, 32(2): 284-296.

[63] Roth, M. The Effects of Culture and Socioeconomics on the Performance of Global Brand Image Strategies[J]. Journal of Marketing Research, 1995, 32(2): 163-175.

[64]Schau, H. J. and Russell, C. A. Me, My Self, and Brands[J].

Advances in Consumer Research, 2005, 32: 335.

[65] Schau, H. J. and M. G. Gilly. We Are What We Post? Self-Presentation in Personal Web Space [J]. Journal of Consumer Research, 2003, 30(3): 385-404.

[66] Setó, D. La Influencia de la Calidad de Servicio, la Imagen, la Satisfacciony la Confianza Enal Fidelidad del Cliente[J]. Revista Espanola de Investigacion de Marketing ESIC, 2003, 7(1): 27-55

[67] Stryker, S. and Burke, P. J. The Past, Present, and Future of an Identity Theory[J]. Social Psychology Quarterly, 2000, 63(4): 284-297.

[68] Sung, Y., Spencer, T. F. Brand Personality Structures in the United States and Korea: Common and Culture-Specific Factors [J]. Journal of Consumer Psychology, 2005, 15(4): 334-350

[69] Thomson, M., MacInnis, D. J. and Park, C. W. The Ties That Bind: Measuring the Strength of Consumers' Emotional Attachments to Brands[J]. Journal of Consumer Psychology, 2005, 15(1): 77-91

[70] Thompson, C. J. and Arnould, E. J. Consumer Culture Theory (CCT): Twenty Years of Research [J]. Journal of Consumer Research, 2005, 31(4): 868-882.

[71] Tsai, S. Utility, cultural symbolism and emotion: A comprehensive model of brand purchase value [J]. International Journal of Research in Marketing, 2005, 22(3): 277-291.

[72] Varki, S. and Wong, S. Consumer Involvement in Relationship Marketing of Services[J]. Journal of Service Research, 2003, 6 (1): 83-91.

[73] Wattanasuwan, K. The Self and Symbolic Consumption [J]. Journal of American Academy of Business, 2005, 6(1): 179-184.

[74] Wan, W. W. N., Luk, C-L, Yau, O. H. M., Tse, A. C. B., Sin, L. Y. M., Kwong, K. K. and Chow, R. M. Do Traditional Chinese Cultural Values Nourish a Market for Pirated CDs? [J].

Journal of Business Ethics, 2009, 88(1): 185-196.

[75] Wang, C. L. and Lin, X. Migration of Chinese Consumption Values: Traditions, Modernization, and Cultural Renaissance[J]. Journal of Business Ethics, 2009, 88(1): 399-409.

[76] Wang, J. and Wallendorf, M. Materialism, Status Signaling, and Product Satisfaction [J]. Journal of the Academy of Marketing Science, 2006, 34(4): 494-505.

[77] Wann, D. L. and Grieve, F. G. Biased Evaluations of In-Group and Out-Group Spectator Behavior at Sporting Events: The Importance of Team Identification and Threats to Social Identity [J]. Journal of Social Psychology, 2005, 145(5): 531-545.

[78] Weng Z. L., Zhang, L. H., Hou, J. T. and Liu, H. Y. Testing and Application of the Mediating Effects[J]. Acta Psychologica Sinica, 2004, 36(5): 614-620. (in Chinese)

[79] White, K. and Dahl, D. Are All Out-Groups Created Equal? Consumer Identity and Dissociative Influence [J]. Journal of Consumer Research, 2007, 34(December): 525-536.

[80] Yang, S-C, Hung, W-C, Sung, K. and C-K, Farn, Investigating initial trust toward e-tailers from the elaboration likelihood model perspective [J]. Psychology and Marketing, 2006, 23 (5): 429-445

[81] Yoo, B. and Donthu, N. Developing and Validating a Multidimensinal Consumer-based Brand Equity Scale[J]. Journal of Business Research, 2001, 52(1): 1-14.

[82] Yuki, M. Inter-group Comparison Versus Intra-group Relationship: A Cross-Cultural Examination of Social Identity Theory in North American and East Asian Cultural Contexts[J]. Social Psychology Quarterly, 2003, 66(2): 166-183.

[83] Zaichkowsky, J. L. Measuring the Involvement Construct[J]. Journal of Consumer Research, 1985, 12(3): 341-352.

5　面子与后现代性对象征性品牌形象效应的调节作用

本章的研究将象征性品牌形象的效应置于文化的背景中进行了分析。对于当代中国的消费者而言，一方面他们会受到中国传统文化的影响，在消费的心理和行为上表现出一定的传统色彩；另一方面由于不断加深的经济和文化的全球化以及中国30多年来改革开放的推动，他们的消费心理与行为也会受到源自西方的某些文化因素的影响。中西方文化在个体的具体消费心理与行为上必然会导致一定的碰撞、融合、妥协或折中，当代中国人的消费行为很可能会呈现出一种"中式"的消费中带有"西式"的味道，而"西式"的消费中又带点"中式"味道的独特消费景观。尽管对这种消费现象的考察可能是重要的，但仅以本书的研究却很难实现这个层次的目标；若要对此做系统性的考察，则更是一个浩大的工程。因此，这里将仅以中国传统文化典型特征之一的面子观和西方在第二次世界大战后兴起的后现代主义作为重点，分别探讨这两种不同的文化因素在象征性品牌形象发挥效应时所具有的调节作用。

我们的研究表明，中国传统文化中的面子观和身份匹配观对基于个性和地位等象征意义的消费者—品牌关系(自我—品牌联结)的作用总体上是积极的，但在具体的影响上却是复杂的，甚至是矛盾的。在后现代文化的影响方面，与文献中的一般预期有所不同，并不是所有的象征性品牌形象对品牌忠诚的积极作用都会因为消费者的后现代性倾向(超现实和自我碎化)而被弱化。实际上，后现代性对品牌忠诚的消极影响主要体现在品牌具有关系形象的情形；当品牌具有个人形象或社会形象时，由于超现实与自我碎化之间存在相互抵消的反向作用，后现代性的影响并不如同现有文献中所预期的那么悲观；而当品牌具有集体形象时，后现代性的影响则仅显示为显著的正向效应。

5.1 中国人的面子如何影响象征性的消费者—品牌关系

5.1.1 引言

一方面许多研究和证据表明，由于受传统文化的影响，中国消费者往往对高档的，象征着权力、地位和声望的商品具有一种特殊的偏好，他们存在明显的地位消费或炫耀性消费倾向。另一方面，当代中国消费者的个性消费却大致上被看作主要是受西方个人主义文化影响的结果，中国传统文化似乎与之无关。因此，迄今为止，我们对中国传统文化与个性消费之间的关系实际上仍不清楚，从而也就无从知晓企业塑造品牌个性的营销努力在中国文化背景下的效果是否会被削弱，或者得到改善。

从现有文献中我们发现，许多学者是从“面子”的角度对中国消费者的奢侈品购买行为进行解释的(如 Wang 和 Lin，2009；Wan 等，2009；Li 和 Su，2006)。由于面子观是东方集体主义文化中的一种重要的价值观(Zhou 和 Belk，2004；Li 和 Su，2006)，因此本研究也将从面子的角度来探讨中国传统文化与象征消费之间的关系，并将所关注的消费领域从地位消费延伸到个性消费。

本研究所探讨的重点是中国传统文化中的“面子观”以及由此衍生出来的“身份匹配观”是如何影响消费者与个性品牌和地位品牌之间的关系的。本研究中，我们将消费者—品牌关系的发展看作是品牌的象征性形象(包括个性形象和地位形象等)与中国传统文化价值观(面子观和身份匹配观)共同驱动的结果，因此并非仅仅考察其中的某种单一力量的作用。数据分析结果表明，中国传统文化价值观(包括面子观和身份匹配观)对基于个性和地位等象征意义的品牌关系的影响总体上是积极的，但在具体的影响上却是复杂甚至是矛盾的。

5.1.2 文献回顾及评价

1. 面子观、身份匹配观与象征消费

一般认为，面子观和身份匹配观同属于文化价值观。价值观对象征消费行为的影响已在现有研究中得到广泛的验证。例如，价值观会影响消费者对具有一定象征意义品牌的态度和购买意愿(Allen，Gupta和Monnier，2008)，在购买时对某些特定产品价值的关注(Richins，1994)以及他们对产品的最终选择(Allen和Ng，1999)。

在有关中国人面子与其消费行为的研究中，Zhou和Nakamoto(2000)、Zhou和Belk(2004)提出“面子观”是影响集体主义文化中人们行为的一种重要的文化价值观，它可能是导致中国消费者对奢侈品具有强烈欲望的一个重要原因。后来的研究者，如姜彩芬(2009)、张梦霞(2005a，2005b)以及潘煜(2009)等所提供的证据则都在一定程度上支持了这一论断。例如，姜彩芬(2009)的研究表明，中国消费者的面子观念越强，其消费水平就越高，他们也更倾向于以建立关系为目的象征性消费。类似地，张梦霞(2005a，2005b)和潘煜(2009)的研究证明，面子观越强的消费者，他们所购买商品的价位水平越高。潘煜(2009)的研究结果还显示，面子观和身份匹配观会导致消费者更加关注和偏好商品的象征价值。

此外，Li和Su(2006)通过对面子和面子消费概念的发展，进一步解释了为什么中国消费者在收入水平相对较低的情况下仍然对名牌奢侈品拥有强烈的兴趣。他们的研究发现，由于面子的影响，中国消费者的“从众性的”、“区分性的”和“他人取向的”三种面子消费实际上都导致了他们倾向于购买价格相对较高的品牌商品，甚至是昂贵的奢侈品。但两位研究者仍然没有涉及面子对个性消费的影响，即使是他们所讨论的区分性面子消费(distinctive face consumption)，也主要是指旨在建立群体或社会阶层区分的一种消费。

2. 品牌的象征性形象及其对消费者行为的影响

自 Park，Jaworski 和 MacInnis(1986)提出将品牌概念/形象区分为“功能的”、“象征的”和“体验的”三个范畴的理论框架以来，品牌的象征性形象及其对消费者行为的影响已引起学界的广泛关注和探讨。但在现有的研究中，大多数是将象征性形象作为一个一维的构念，并将它等同于品牌的个性或奢侈性来对待的(Bhat 和 Reddy，1998)。尽管如此，这些研究已直接或间接地表明，品牌的象征性形象对消费者的自我—品牌联结(Escalas 和 Bettman，2003，2005)、品牌忠诚(于春玲等，2005；Hung，2008；Brakus，Schmitt 和 Zarantonello，2009)、感知价值(Tsai，2005)、购买行为(Hsieh，Pan 和 Setono，2004)以及品牌的市场份额(Roth，1995)等都具有显著的促进作用。

近几年的研究已开始尝试重新定义品牌的象征性形象，并提出了一个包含“个人形象”、“社会形象”、“关系形象”和“集体形象”四个维度的概念框架(王长征，2006，2007；崔楠和王长征，2010)。其中，个人形象指的是品牌所代表的“个人自我意义”，即个体拥有的人格特质、价值观和态度等内在特征；社会形象指的是品牌所代表的“社会自我意义”，即个体享有的成就、声望、权力和社会地位等；关系形象指的是品牌所代表的“关系自我意义”，它涉及人类生活中所重视的与人际关系有关的亲情、爱情和友谊等；集体形象则指的是品牌所代表的“集体自我意义”，它与群体成员身份有关，涉及特定群体的成员之间共享的特征、规则和标准等。然而，由于上述构念才提出不久，对于这些不同的象征性形象有可能激发的消费者反应及其作用机制，目前则知之甚少。

3. 对现有研究的评价

通过文献梳理，我们发现上述文化价值观视角与品牌形象视角的两种研究路径基本上是相互独立的，尽管它们产生的消费结果存在某些明显的一致性或相似性。这就提出一个问题：某种特定的消费者反应到底是由文化价值观，还是由品牌的象征性形象所驱动？

抑或是两方面因素的共同作用？现有研究对此并没有给予回答。

就文化价值观视角的研究而言，它们并没有考虑产品或品牌所具有的象征意义的影响(如张梦霞，2005a，2005b；潘煜，2009)。就品牌形象视角的研究而言，它们在探讨品牌的象征性形象与消费者反应之间的关系时，却又很少考虑文化因素(仅有少数的例外，如 Hsieh，Pan 和 Setiono，2004)，特别是价值观的影响。

也许更重要的是，现有研究在探讨面子对中国消费者行为的影响时，主要集中在对炫耀性消费，即奢侈品购买行为的解释上，而基本上忽视了面子可能对其他象征消费行为(如个性消费)具有的潜在效用。

为了弥补现有文献的不足，本研究将集中关注以下两个方面的问题：(1)由于象征消费所产生的消费者—品牌关系实际上是一种基于意义的自我—品牌关系(Fournier，1991，1998；Thompson，1997；王长征，2006)，因此，如果面子观和身份匹配观直接影响象征消费行为(张梦霞，2005a，2005b)，它们是否会作用于这一结果？(2)如果品牌的象征性形象是一个多维的构念，这些不同的象征性形象(特别是品牌所代表的个人形象与社会形象)对自我—品牌关系的促进作用(崔楠和王长征，2010)是否会受到面子观和身份匹配观的影响？

为此，本研究将采用多维的“象征性品牌形象”构念来探讨品牌的象征性形象在面子观和身份匹配观的作用下对消费者的自我—品牌联结可能具有的影响。

5.1.3　概念框架及研究假设

本研究中，我们将“自我—品牌联结”作为衡量消费者—品牌关系的因变量。由于本研究所关注的重点是个性消费和地位消费，因此我们将品牌的“个人形象”(personal image)和“社会形象”(social image)作为模型中的自变量，而将象征性品牌形象的另外两个维度，即“关系形象”(relational image)和“集体形象”(collective image)作为控制变量。同时，我们将中国传统文化中的“面子观”和“身份匹配观”作为模型中的调节变量。本研究所构建的研究假设模型如图 5-1 所示。

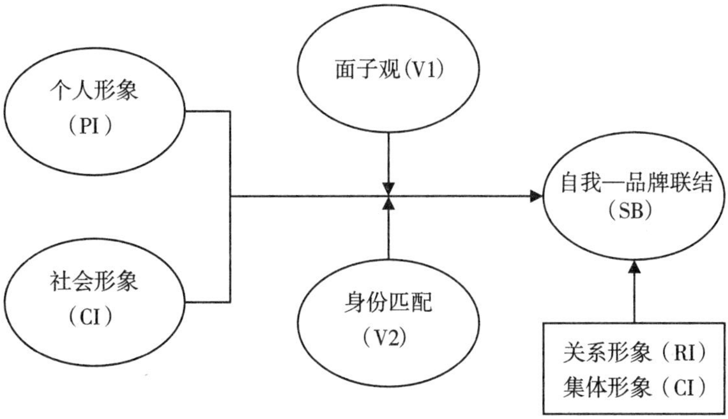

图 5-1 研究假设模型

1. 品牌的个人形象、社会形象及自我—品牌联结

消费者将品牌作为一种象征进行消费，是为了实现自我的建构与表达(Wattanasuwan，2005；Schau 和 Russell，2005；Elliott 和 Wattanasuwan，1998)。当消费者购买和拥有了某个品牌时，实际上也就占用了该品牌的形象(意义)，包括它的个人形象(个人自我意义)和社会形象(社会自我意义)。消费者占用品牌的个人形象，是为了建构和表达自己的个性，建立与他人的区别，从而形成了个性消费。消费者占用品牌的社会形象(通过地位品牌的购买和拥有来实现)，则是为了建构和表达他的身份地位，向他人展示或炫耀自己的成功、权势、声望和财富等，从而形成了地位消费或炫耀性消费。

在自我建构的过程中，当消费者倾向于接受和占用来自于特定品牌的象征意义时，消费者与该品牌之间的联结也就形成了(Escalas 和 Bettman，2005)。作为一个理论构念的"自我—品牌联结"(self-brand connections)，它所表达的是"个体将品牌吸收进他们自我概念的程度"(Escalas 和 Bettman，2003，2005)。它通常被看作是衡量品牌关系质量的一个重要的维度(Fournier, 1998)。显然，由于品牌的个人形象和社会形象可以分别满足消费者的“个性需求”和“身份需求”，它们将很可能有利于促进自我—品牌联结的形成和发展。基于以上分析，我们提出研究假设：

H1：品牌的个人形象(H1a)和社会形象(H1b)都将对消费者的自我—品牌联结具有积极的促进作用。

2. 面子观和身份匹配观的调节作用

(1)面子观的调节作用。面子观通常被看作是对中国消费者行为最具影响的文化价值观之一(Wan 等, 2009; Li 和 Su, 2007; Wong 和 Ahuvia, 1998)。尽管文献中有许多不同的对于面子或面子观的定义，但一般认为面子涉及对声望、名声和地位的强调(Wan 等, 2009; Wang 和 Lin, 2009)。一个人有无面子及拥有多少面子取决于该个体在社会上获得的财富、地位和权力(Wan 等, 2009)，也取决于他或她将这些成就与他人进行沟通所做的努力(Wong 和 Ahuvia, 1998)。因此，面子与炫耀性消费有着密切的联系，它导致中国消费者倾向于通过使用奢侈品或品牌商品来沟通或炫耀他们的权力、地位和声望。这种对品牌的社会意义的偏好和占用倾向也并不仅限于富裕的上层社会或有闲阶级，而是广泛存在于所有不同收入水平的社会群体之中(Wan 等, 2009)。他们对具有社会形象的品牌和产品(包括奢侈品)的购买和使用，不仅是为了沟通他们既有的社会地位，而且还通过对财富和成就等的夸耀，进一步提升他们的社会地位(Bagwell 和 Bernheim, 1996)。因此，我们提出研究假设：

H2a：面子观与品牌的社会形象对自我—品牌联结具有正向的交互作用，也就是说，消费者的面子观越强，品牌的社会形象越有利于增进他们的自我—品牌联结。

尽管“面子”这一术语暗示了中国人可能更重视个人可见的外在特征而不是他或她的不可见的内在品质(Wan 等, 2009)，但我们也应看到这并不意味着中国人就会忽视他们个人的内在特征。翟学伟(2005)详细论述了“脸”和“面子”对于中国人的区别。他认为，“脸是个体为了迎合某一社会圈认同的形象，经过印象整饰后所表现出的认同性的心理与行为”，它与人格相对应，导致个体的行为偏向于个人的自我形象和表现(翟学伟，2005)。朱瑞玲(1987)则指出，自胡先缙(1944)提出脸面分野以来，实际上出现了两个“面子”概念：一个是符合外在社会要求的面子，包括地位、权力、成就等；一个是个人内化的道德行为，是来自自我要求的面子(脸)。也就是说，“面子”既是个人社会影响力的代称，也是经社会认可的“自我”(朱瑞玲，2005)。

因此，我们认为，“脸”的概念类似或接近于西方心理学中的“个人自我”构念，它只有通过适当的方式并以社会认可的形象加以呈现，才能维持或提升个体在他人心目中的心理地位(面子)；否则，一个人就有可能感受到“没脸”，被人骂作“不要脸”，进而也就没了面子。可见，“脸”与个性消费是密切相关的，它导致消费者对具有“个人形象”的品牌和商品的购买与使用。个性消费成了除地位消费之外可以用来维持和改善“面子”的另一条途径。事实上，王宁(2009)在访谈中发现，在消费中追求个性、“避免与他人雷同”对于今天的中国人来说确已成为一件关乎面子的事情。基于以上分析，我们提出研究假设：

H2b：面子观与品牌的个人形象对自我—品牌联结具有正向的交互作用，也就是说，消费者的面子观越强，品牌的个人形象越有利于增进他们的自我—品牌联结。

(2)身份匹配观的调节作用。身份匹配观可以被看作是对如何获得面子的行为的一种规范或约束。黄光国(2004)指出，对于传统的中国人来讲，人们的面子行为必须符合“礼”的要求，与他在特定关系情境中的角色或身份相匹配，遵守有关的社会规范。许烺光(2002)也提出，面子意识强的人会注意在适当的场合穿适当的衣服，适当的情境中有适当的态度以及尊卑之间的一般恭顺，否则就会遭到“失礼”的批评和嘲笑。换言之，中国消费者的行为是以情境为中心的(Hsu，1963，1981)。为了维持或提升面子，个人的行为必须根据特定的关系情境进行调整，以保持与外在的社会身份或角色而不是内在的个人自我的一致。因此，身份匹配观并不鼓励，甚至反而压抑或降低了个人自我的相关需求，这很可能会限制消费者与具有个人形象的品牌之间发展自我—品牌联结。基于此，我们提出研究假设：

H3a：身份匹配观与品牌的个人形象对自我—品牌联结具有负向的交互作用，也就是说，消费者的身份匹配观越强，品牌的个人形象越不利于发展他们的自我—品牌联结。

尽管中国人倾向于强调个人的行为应与其身份地位相匹配，但他们在特定或相同的社会互动情境中的身份地位却并不被看作是固定、不可改变的；相反，中国人在同辈群体中常常存在着“地位竞争”，而消费的内容和方式往往就成了竞争中可以利用的一种重要的资源(Wang 和 Lin，2009)。这便产生了一种可能：人们越是普遍地强调身份匹配，个体越是有可能并成功地采取机会主义行为，即通过对各种地位象征资源(包括地位品牌)的使用来提升，至少维持他们在互动关系中的个人地位。也许正因为如此，中国市场才出现了“满大街都是追逐跟他们身份不相匹配的奢华的人”这一独特的消费景观。基于以上的经验观察和推理，我们提出研究假设：

H3b：身份匹配观与品牌的社会形象对自我—品牌联结具有正向的交互作用，也就是说，消费者的身份匹配观越强，品牌的社会形象越有利于增进他们的自我—品牌联结。

5.1.4 研究设计

1. 样本选取和样本特征

我们采用问卷调查方法进行数据的收集。受访者主要来自武汉地区高校的学生(包括本科生和 MBA 学员)，所调查的品牌则为 ZOL 排行榜前 20 位的手机品牌。对产品和品牌的选择主要考虑了以下三点：(1)手机属于社会可见性强的产品，消费者在购买和选择时一般比较关注品牌的象征意义；(2)被试对 ZOL 排行榜前 20 位的品牌大多比较熟悉，普遍具有两个或以上品牌的使用经历；(3)这些品牌的象征意义和价格差异较大，既有价格昂贵、象征身份地位的高端品牌(如 iphone5)，也有提供多个价位档次、被认为富有个性的品牌(如索尼爱立信、三星等)。本研究共发放问卷350份，回收有效问卷298份。其中，男性被试占43%，女性占57%。受访者年龄在18~36年。

2. 变量测量

本研究共涉及7个变量，分别是品牌的“个人形象”、“社会形象”、“关系形象”、“集体形象”、“面子观”、“身份匹配观”及“自我—品牌联结”，所有变量的测量均采用7级李克特量表。对象征性品牌形象，即“个人形象”、“社会形象”、“关系形象”和“集体形象”的测量采用的是崔楠和王长征(2010)开发的量表。其中，个人形象的测量包含3个测项，分别是“该品牌的消费者可以用它来表现自己的个性”、“该品牌是有个性的”以及“该品牌常常反映了它的消费者的个性”，Cronbach α 值为0.856。社会形象的测量包含3个测项，分别是“该品牌是成功人士的象征”，“该品牌体现了它的使用者所拥有的尊贵的社会地位”以及“许多体面人士常常使用该品牌”，Cronbach α 值为0.893。关系形象的测量包含4个测项，分别是“该品牌常被它的消费者用来增进与他人的亲密关系”、“该品牌可以被用来表达爱情”、“该品牌可以被用来表达亲情”以及“该品牌可以被用来表达友谊”，Cronbach α 值为0.916。集体形象的测量包含4个测项，分别是“该品牌可以被看作是某个群体成员的身份标志”、“该品牌的消费者常用它来表现自己是某个群体中的一员”、“该品牌的消费者常用它来表达自己对于某个群体的认同”以及“该品牌可以被看作是某个群体的象征”，Cronbach α 值为0.897。

在对其他变量的测量中，自我—品牌联结采用Escalas和Bettman(2003, 2005)开发的量表。原量表共有7个测项，经项目分析后保留了其中的5个语句，分别是“该品牌反映了我是谁”、“我觉得我与该品牌之间具有个人的联系”、“我使用该品牌来向他人表明我是谁”、“我认为该品牌可以帮助我成为我想成为的人”以及“我认为该品牌就是‘我’”，Cronbach α 值为0.916。面子观的测量采用的是从Wan等(2008)开发的“面子意识”量表中选取的3个测项，分别是"不看僧面看佛面"、"人靠衣装，佛靠金装"及"人要脸，树要皮"，Cronbach α 值为 0.780。身份匹配观的测量选取自张梦霞(2005)开发，并由潘煜(2009)进一步修改和检验的儒家文化价值观量表，共有 3 个语项，分别是"个人的行为应与其社会地位相匹配"、"一个人的穿着打扮应与其身份相匹配"及"消费行为应当与消费者的身份相匹配"，Cronbach α 值为 0.871。

3. 信度和效度分析

我们采用验证性因子分析(CFA)来衡量模型中所有变量的信度和效度。使用 AMOS7.0 最大似然法生成的完全标准化结果显示，所有测量指标在相应潜在变量上都有大于 0.7 的载荷，t 值范围在 10.08~21.52，表明各变量具有足够的收敛效度。在测量模型的总体拟合优度上，$\chi^2 = 361.48$，df = 254，$\chi^2/df = 1.42$，GFI = 0.91，AGFI = 0.89，CFI = 0.98，TLI = 0.97，PGFI = 0.71，PNFI = 0.79，RMSEA = 0.038，这些指标表明整个模型具有良好的拟合优度。

模型中 7 个潜在变量的 Cronbach α 值都在 0.7 以上，说明它们的内部一致性是可以接受的(Peter，1979)。基于 CFA 模型中的因子载荷而计算的各个量表的复合信度在 0.78~0.92，都超过了所推荐的临界值 0.7(Nunnally 和 Bernstein，1994)；它们的平均方差提取量(AVE)在 0.54 以上，也都达到了所推荐的临界值 0.5 的要求(Johnson，Anderson 和 Fornell，1995)。这些数据说明，本研究中所使用的量表具有良好结构信度和效度(参见表 5-1)。

表 5-1 **变量的测量题项、因子载荷、Cronbach α 值、复合信度及平均方差提取量**

测量题项	因子载荷	Cronbach'a	复合信度	AVE
个人形象				
该品牌的消费者可以用它来表现自己的个性	0.820			

续表

测量题项	因子载荷	Cronbach'a	复合信度	AVE
该品牌是有个性的	0.813	0.856	0.8564	0.6653
该品牌常常反映了它的消费者的个性	0.814			
社会形象				
该品牌是成功人士的象征	0.858			
该品牌体现了它的使用者所拥有的尊贵的社会地位	0.901	0.893	0.8945	0.739
许多体面人士常常使用该品牌	0.818			
关系形象				
该品牌常被它的消费者用来增进与他人的亲密关系	0.835			
该品牌可以被用来表达爱情	0.815	0.916	0.9172	0.7351
该品牌可以被用来表达亲情	0.891			
该品牌可以被用来表达友谊	0.886			
集体形象				
该品牌可以被看作是某个群体成员的身份标志	0.818			
该品牌的消费者常用它来表现自己是某个群体中的一员	0.849	0.897	0.8976	0.6866
该品牌的消费者常用它来表达自己对于某个群体的认同	0.810			
该品牌可以被看作是某个群体的象征	0.837			
自我—品牌联结				
该品牌反映了我是谁	0.791			
我觉得我与该品牌之间具有个人的联系	0.774			
我使用该品牌来向他人表明我是谁	0.883	0.916	0.9172	0.6897
我认为该品牌可以帮助我成为我想成为的人	0.885			

续表

测量题项	因子载荷	Cronbach'a	复合信度	AVE
我认为该品牌就是“我”	0.813			
面子观				
不看僧面看佛面	0.704			
人靠衣装，佛靠金装	0.763	0.780	0.7816	0.5443
人要脸，树要皮	0.745			
身份匹配				
个人的行为应与其社会地位相匹配	0.803			
一个人的穿着打扮应与其身份相匹配	0.903	0.871	0.8747	0.7001
消费行为应当与消费者的身份相匹配	0.800			

此外，我们还利用平均方差提取量检查了各个构念之间的区分效度。如表 5-2 所示，本研究中所测量的 7 个构念的 AVE 平方根均大于它与其他构念之间的相关系数，这表明各个构念之间具有良好的区分效度(Fornell 和 Larcker，1981)。

表 5-2　**各变量的均值、标准差和两两之间的相关系数**

	均值	标准差	1	2	3	4	5	6	7
1. 个人形象	4.726	1.363	0.8156						
2. 社会形象	3.761	1.429	0.482	0.8596					
3. 关系形象	3.699	1.349	0.210	0.388	0.8573				
4. 集体形象	4.113	1.344	0.456	0.537	0.466	0.8286			
5. 面子观	3.764	1.227	0.164	0.392	0.195	0.301	0.7377		
6. 身份匹配	4.913	1.342	0.386	0.290	0.164	0.413	0.417	0.8367	
7. 自我联结	3.795	1.299	0.529	0.664	0.419	0.725	0.492	0.466	0.8304

注：对角线为 AVE 的平方根。

5.1.5 数据分析与讨论

我们使用多元回归分析方法来检验本研究中所提出的研究假设。为了更精确地估计各个变量的主效应与交互效应，我们通过以下三个回归方程模型进行了分析：

模型 1：$SBC=\beta_0+\beta_1 PI+\beta_2 SI+\beta_3 RI+\beta_4 CI+\varepsilon_1$；

模型 2：$SBC=\beta_0+\beta_1 PI+\beta_2 SI+\beta_3 RI+\beta_4 CI+\beta_5 V_1+\beta_6 V_2+\varepsilon_2$；

模型 3：$SBC=\beta_0+\beta_1 PI+\beta_2 SI+\beta_3 RI+\beta_4 CI+\beta_5 V_1+\beta_6 V_2+\beta_7 PI\times V_1+\beta_8 SI\times V_1+\beta_9 RI\times V_1+\beta_{10} CI\times V_1+\beta_{11} PI\times V_2+\beta_{12} SI\times V_2+\beta_{13} RI\times V_2+\beta_{14} CI\times V_2+\varepsilon_3$

为了减少多重共线性问题和得到无偏的参数估计，我们对模型中所有变量的取值进行了均值中心化处理（Jaccard 和 Turrisi，2003）。从模型解释度来看，三个模型调节后的 R^2 分别为 0.555、0.597、0.623，各模型自变量对因变量的解释度均显著大于 0。我们在表 5-3 中报告了模型 1 和模型 2 的参数估计，在表 5-4 中报告了模型 3 的参数估计。

表 5-3　　　　**模型 1、2 的参数估计**

自变量	模型 1				模型 2			
	回归系数	标准化系数	标准误	*t* 值	回归系数	标准化系数	标准误	*t* 值
个人形象	0.160	0.168	0.042	3.801***	0.146	0.153	0.041	3.546***
社会形象	0.268	0.295	0.043	6.250***	0.220	0.242	0.042	5.252***
关系形象	0.084	0.087	0.042	1.993**	0.082	0.085	0.040	2.048**
集体形象	0.396	0.409	0.046	8.529***	0.350	0.362	0.046	7.676***
面子观					0.190	0.180	0.043	4.396***
身份匹配					0.091	0.094	0.041	2.210**

注：**表示 $p<0.05$，***表示 $p<0.01$。

模型 1 的参数表明，品牌的个人形象、社会形象、关系形象和集体形象均对自我—品牌联结具有主效应，并且个人形象和社会形象都在 0.01 的水平上显著，因此，H1（包括 H1a 和 H1b）得到支持。

本研究虽然没有提出有关面子观和身份匹配观影响自我—品牌联结的主效应的假设，但我们还是通过模型 2 对它们的主效应进行了测试。模型 2 的参数表明，面子观在 0.01 的水平上、身份匹配观在 0.05 的水平上对自我—品牌联结存在显著的主效应。原因可能在于，面子观强的消费者更注重自我的建构与表达，他们对商品、品牌等象征资源的需求更强烈，并且容易感知到品牌的自我相关性（brand's self-relevance），从而也就容易发展出较强的自我—品牌联结。

模型 3 测试的是面子观和身份匹配观分别与品牌的象征性形象可能具有的二阶交互效应。观察表 5-4 中的数据我们可以发现，面子观与品牌的个人形象对自我—品牌联结的正向交互效用在 0.01 的水平上是显著的，因此假设 H2b 得到支持。然而，面子观与品牌的社会形象对自我—品牌联结的交互效用却是负向的，它的非标准化与标准化回归系数分别为 -0.077 和 -0.105（$t = -2.335$，$p < 0.05$），与我们的假设 H2a 的预期刚好相反，说明当消费者的面子观强时，品牌的社会形象反而会降低消费者的自我—品牌联结。这一数据结果是相当有趣的。它意味着，尽管有证据表明中国消费者在面子观的作用下，他们可能倾向于炫耀性消费和地位消费，但面子观却会在一定程度上弱化他们与其所购买的地位品牌之间的自我—品牌联结，从而不利于象征性品牌关系的发展。之所以如此，可能与中国人自我所特有的“隐我—显我”结构（徐冰，2005）有关。中国消费者在面子观作用下所产生的地位消费，常常是出于“显我”的需要，即是为了顺从权力、伦理等世俗的压力，因此是“做给人看的”；而其真实的“隐我”所代表的情感、价值和态度却很可能是拒绝这种消费、不认同地位品牌的，特别是当他们的社会地位和支付能力都相对较低的时候。

表 5-4 中模型 3 的参数也清晰地表明，身份匹配观与品牌的个

人形象对自我—品牌联结具有负向的交互效应，并且在 0.01 的水平上是显著的，因此假设 H3a 得到支持；身份匹配观与品牌的社会形象对自我—品牌联结则存在正向的交互效用，并且在 0.05 的水平上显著，因此，假设 H3b 也得到支持。值得注意的是，我们仍可以用徐冰(2005)的“隐我-显我”框架来进一步解释假设 H3a 和 H3b 的数据分析结果。因为身份匹配观实际上是有关如何建构“显我”(“显我”是指个人在社会互动中的表现)的一种价值观，该价值观越强，可能意味着个人自我或个性对于个体越不重要，他就越倾向追求外在的权势、地位和名誉，即类似于互依性的自我建构(interdependence self-construal)倾向。

表 5-4　**模型 3 的参数估计**

自变量	回归系数	标准化系数	标准误	t 值
个人形象	0.135	0.141	0.041	3.301***
社会形象	0.182	0.200	0.042	4.286***
关系形象	0.075	0.078	0.040	1.886
集体形象	0.390	0.403	0.046	8.431***
面子观	0.208	0.197	0.043	4.822***
身份匹配	0.103	0.107	0.042	2.449**
个人形象×面子观	0.109	0.139	0.033	3.269***
社会形象×面子观	−0.077	−0.105	0.033	−2.335**
关系形象×面子观	−0.011	−0.014	0.035	−0.320
集体形象×面子观	0.024	0.033	0.035	0.678
个人形象×身份匹配	−0.084	−0.129	0.028	−3.011***
社会形象×身份匹配	0.061	0.093	0.091	2.097**
关系形象×身份匹配	−0.007	−0.010	0.028	−0.250
集体形象×身份匹配	0.065	0.090	0.034	1.919

注：**表示 $p<0.05$，***表示 $p<0.01$。

5.1.6 结论、研究意义及进一步的研究

本研究重点探讨了在面子观和身份匹配观的作用下，品牌的个性类形象(个人形象)和地位类形象(社会形象)对消费者的自我—品牌联结的影响。数据分析的结果表明，品牌的个人形象和地位形象、面子观及身份匹配观总体上都对自我—品牌联结具有积极的促进作用。这些变量对自我—品牌联结不仅存在显著的主效用，而且还具有较为复杂的交互效用。具体来讲，面子观与品牌的个人形象、身份匹配观与品牌的社会形象对自我—品牌联结具有正向的交互效用，而面子观与品牌的社会形象、身份匹配观与品牌的个人形象则对自我—品牌联结具有负向的交互效用。

上述研究发现的理论贡献在于，它丰富了我们对传统文化价值观如何影响中国消费者行为的理解。首先，面子观和身份匹配观对自我—品牌联结所具有的促进作用表明，中国传统文化价值观对于培育和发展积极、稳定的象征性品牌关系很可能总体上是有利的。其次，尽管以往的研究已证明面子观导致中国消费者倾向于炫耀性消费和购买高价位的地位品牌，但它却会削弱消费者与地位品牌之间的自我联结，对发展高质量的品牌关系存在一定的负面影响。再次，当代中国消费者的面子观很可能已经发生了某些改变，其表现之一就是把自我个性的表现也看作是一件有面子的事情，而不再仅仅局限于对外在的地位、权力、成就的夸耀。最后，本研究将身份匹配观作为区分于面子观的一个独立的构念，使我们得以发现，身份匹配观对象征性品牌关系的作用并不完全与面子观的作用一致。

就营销管理实践而言，本研究的意义主要体现在以下三个方面：(1)在中国市场进行品牌的象征定位总体上对于企业来说都是有利的。无论是定位于个性品牌，还是定位于地位品牌，都将会有利于品牌关系的发展。(2)企业可以将目标消费者群体的面子观和身份匹配观倾向作为在对品牌进行象征定位时的两个重要的参考依据。例如，当目标消费者的面子观较强而身份匹配观较弱时，定位于个性品牌将更为有利；当目标消费者的面子观相对较弱而身份匹配观相对较强时，则定位于地位品牌将更为有利。(3)企业也可以

考虑同时为其某个品牌选择和注入多重的象征意义，而并非只可以在个人形象、社会形象、集体形象及关系形象中做“四选一”的选择。例如，企业既可以赋予其品牌某种社会地位的象征意义，又可以赋予同一品牌某种独特的个性。

由于本研究所关注的是面子观和身份匹配观对基于个性和地位象征意义的品牌关系的影响，因此我们并没有考察具体的不同品牌个性（如纯真、刺激、能力、教养、强壮等）在面子观和身份匹配观作用下所产生的品牌关系效应的差异。然而，考察不同品牌个性所产生的效用的差异却是有价值的。这是因为，企业如果选择了个性品牌的定位，它还将面临在具体个性内容上的选择。特别是当一个品牌被同时定位于个性品牌和地位品牌时，不同的品牌个性内容很可能会在面子观和身份匹配观的作用下产生明显的消费者反应上的差异。因此，这可以作为未来研究的一个方向。此外，我们的研究对象是高校学生（包括本科生和 MBA 学员），他们具有相同或相近的社会地位，因此本研究的结论是否适用于具有其他社会地位或其他阶层的群体，个人的社会地位本身是否会是一个影响变量等，也是需要我们在未来研究中做进一步探讨的。

5.2 后现代性如何影响消费者对象征性品牌的忠诚

5.2.1 引言

许多社会理论家认为，当代社会已经或正在步入一个所谓的“后现代”时代（贝斯特和科尔纳，2002），并且这种背景下个体的消费行为呈现出来的主要特征之一就是消费的符号化或象征化（Baudrillard，1988；波德里亚，2001）。为了顺应这种消费趋势，在实践方面，越来越多的企业已经开始将其营销努力的重点从产品的物质和功能属性转移到它们的象征性或表达性的联想之上，以获取消费者的满意和忠诚（McEnally 和 Chernatony，1999）。然而，后现代主义视角的消费者研究表明，后现代性一方面增加了人们对象征性品牌（symbolic brand）的需求和消费，另一方面却不可避免地导致了他们对这些品牌的“不忠”。例如，Firat 等学者(Firat 和 Venkatesh，1995；Firat 和 Shultz，1997)认为，后现代主义使消费者可以在不对任何事物作出承诺的前提下进行各种各样的体验；并且消费者所忠诚的对象并不是其所购买的品牌而是“其不断变换的形象”，因此由于形象的不断转换和持续承诺的缺失，消费者的忠诚也就不能被固定。果真如此的话，企业日益增加的品牌象征化的努力在后现代的文化状况下却可能给企业带来不利的结果。因此，我们需要更多的证据来讨论和回答：消费者的后现代性对象征性品牌忠诚到底存在怎样的影响？它又是如何产生影响的？这正是本节研究的目的所在。

尽管学者们已经识别和讨论的后现代状况有许多，但由于与象征消费和品牌忠诚相关的讨论主要集中于“超现实”(hyperreality)和“碎化”(fragmentation)这两种后现代性或后现代消费文化状况(如 Cova，1996；Firat 和 Venkatesh，1995；Firat 和 Shultz，1997，2001)，因此，本研究也将关注重点集中于此。我们希望通过探讨“超现实”和“碎化”在象征性品牌形象影响消费者品牌忠诚中的作用，来考察和检验文献中以及本研究所提出的有关后现代性如何影响消费者对象征性品牌忠诚的各种不同观点。在此基础上，我们将提出相应的营销管理建议，并指出未来进一步研究的方向。

5.2.2 概念框架与研究假设

品牌形象研究中业已提出并验证，象征性品牌形象(包括个人形象、社会形象、关系形象和集体形象)对消费者的自我—品牌联结具有显著的促进作用，自我—品牌联结则正向地影响着品牌忠诚(崔楠和王长征，2010；王长征和周学春，2011；Escalas 和 Bettman，2003，2005；Allen，Gupta 和 Monnier，2008)。现有研究也表明，品牌的象征性形象(包括品牌个性等)与品牌忠诚之间存在直接的正相关关系(Brakus，Schmitt 和 Zarantonello，2009；Huang，2008)。同时，后现代理论(包括营销理论)文献中提出，“超现实”(hyperreality)促进了消费者对品牌的象征意义(即象征性形象)的偏好和占用(Cova，1996；Firat 和 Venkatesh，1995)，因此它将有利于自我—品牌联结的形成与发展；“自我碎化”则导致了消费者不对任何事物作出长期的承诺，包括对品牌的不忠（Firat 和 Venkatesh，1995；Firat 和 Shultz，1997；鲍曼，2002）。基于上述基本观点或已有结论，我们初步建构了本书的研究假设模型（如图 5-2 所示）。下面，我们将通过系统的讨论和理论演绎来推导模型中各变量之间的具体关系，并提出相关的研究假设。

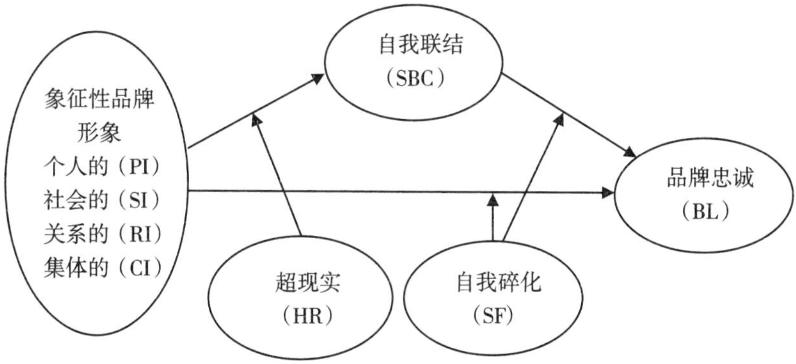

图 5-2 本节的研究假设模型

1. 象征性品牌形象对品牌忠诚的影响及自我—品牌联结的中介作用

现有文献中所提出的品牌忠诚模型，大多是将“品牌形象”作为一个影响品牌忠诚的前置变量来对待的（如 García 和 Caro，2008；Bloemer 等，1998；Nguyen 和 Leblanc，1998；Setó，2003）。尽管现有研究往往只是将品牌形象作为一个总体构念（如 Hung，2008），或者仅区分了功能性形象、体验性形象和象征性形象（如于春玲等，2005），又或者仅仅涉及了某种特定的象征性形象（如品牌个性，Brakus，Schmitt 和 Zarantonello，2009），而并没有针对象征性品牌形象的不同维度进行系统性的考察，但这些研究都表明或暗示了象征性品牌形象与消费者的品牌忠诚之间存在显著的正向关系。例如，Brakus，Schmitt 和 Zarantonello（2009）在对品牌体验构念的预测效度研究中揭示，品牌个性对品牌忠诚具有积极的驱动作用；Hung(2008)的研究表明，品牌形象(同时包含功能、体验和象征内容的形象构念)对品牌忠诚具有显著的正向效应；Tsai(2005)的研究揭示，消费者对品牌的感知形象(一个总体性的构念)通过感知价值间接作用于他们的重购意愿。因此，理论上讲，由于象征性品牌形象能够为消费者创造和提供象征性利益与价值，故而能够正面积极地提升消费者的品牌忠诚度。

然而，当我们重点考察象征性品牌形象对消费者的品牌忠诚的影响时，却不能不考虑消费者的自我在其中的作用。Mehta(1999)指出，产品(或品牌)的象征意义(即象征性形象)对消费者决策的影响是受自我概念中介的。事实上，消费者对象征性品牌的购买、拥有和使用，就是为了通过对它的象征意义的占用来实现自我的建构与表达的(Wattanasuwan，2005；Schau 和 Russell，2005；Elliott 和 Wattanasuwan，1998)。而当消费者倾向于接受和占用来自于特定品牌的象征意义时，消费者的自我与该品牌之间的联结就形成了，从而品牌也就融入了消费者的自我概念(Escalas 和 Bettman，2005)。“自我—品牌联结”这一构念所代表的就是“个体将品牌吸收进他们的自我概念的程度”(Escalas and Bettman，2003，2005；Escalas，2004)。可以说，自我—品牌联结的形成意味着该品牌成了“延伸的自我”(Thomson，MacInnis 和 Park，2005；Belk 和 Tian，2005)。因此，象征性品牌形象总体上应有利于自我—品牌联结，而自我—品牌联结在象征性品牌形象与消费者的某些决策、行为之间可能存在一定的中介作用。

现有的研究识别和检验了象征性品牌形象的四个维度(崔楠和王长征，2010；王长征和周学春，2011)：个人形象、社会形象、关系形象和集体形象。其中，个人形象指的是品牌所代表的个人自我意义，即个体的人格特质、价值观、态度和能力等内在特征；社会形象指的是品牌所代表的社会自我意义，即个体因其社会角色的成功扮演而享有的成就、声望、社会地位等；关系形象指的是品牌所表达的关系自我意义，涉及的是亲情、爱情和友谊等；集体形象指的是品牌所代表或表达的集体自我意义，涉及的是特定群体成员身份所隐含的成员间共享的特征、规则和标准等。

由于个体普遍拥有“个人的”、“社会的”、“关系的”和“集体的”等四个层次的自我(Brewer 和 Gardner, 1996), 因此, 我们可以合理推论, 一个品牌不管它拥有哪一种象征(或自我)意义, 它都将具有满足消费者的象征需求从而增进自我—品牌联结发展的潜力。同时, 对于绝大多数的个体而言, 他们一般倾向于建构一种连贯、一致的身份叙事(Gould 和 Lerman, 1998; Thompson 和 Hirschman, 1995; Murray, 2002), 以维持自我的完整性和稳定性(王长征和周学春, 2011); 而为了建构连贯的身份叙事, 个体就需要对已成为自我概念一部分的象征性品牌进行重复的购买和使用, 因此, 自我—品牌联结将进一步促进消费者的重复购买或忠诚(Escalas 和 Bettman, 2003, 2005)。总体来看, 自我—品牌联结将中介作用于象征性品牌形象与品牌忠诚之间的关系。但由于在象征性品牌形象与品牌忠诚之间还可能存在其他的中介变量(王长征和周学春, 2011), 自我—品牌联结也不能完全代表或替代“自我”, 所以我们认为自我—品牌联结所扮演的是部分中介的角色。

综合以上分析, 我们提出研究假设:

H1: 象征性品牌形象(包括个人形象、社会形象、关系形象和集体形象)对消费者的品牌忠诚具有正向的影响(H1a), 而自我—品牌联结在这一关系中扮演着部分中介的角色(H1b)。

2. 超现实在象征性品牌形象与自我—品牌联结关系中的调节作用

理论家们认为, 后现代时代实际上可以被看作是一个象征的和景观的时代(Firat 和 Venkatesh, 1995)。在这个时代, 一方面消费成了“一种对符号的积极占用”(Poster, 1975), 另一方面营销则将人们的生活景观化。由于我们的周围包括我们自身的一切都已变成了一种景观, 我们便越来越感受到自己正生活在一个景观的社会。

Baudrillard(1983)通过对 Debord(1967)景观概念的扩展, 提出了“超现实”的概念。超现实是迄今最为广泛讨论的后现代状况之一(Cova, 1996), 它被看作是“比真实本身更加真实”的模拟

(Baudrillard, 1983),或者说是对虚假的、模拟的、想象的"真实"或者被认为过去了的"真实"进行了真实化的东西(Firat, 1991)。一个经常被谈论的超现实的例子就是迪斯尼主题公园,它甚至被看成是模拟的"一个完美的范例"(Baudrillard, 1983)。事实上,由于迪斯尼公园与现实世界之间存在彼此不断的相互模拟,"迪斯尼世界的梦幻作品并不比我们被迫日常生活于其中的郊区社区或大都市更是一种幻象"或一种模拟(Firat 和 Venkatesh, 1995)。因此,在后现代主义者看来,今天的超现实已经无处不在,比如MTV、互联网、电视、购物中心乃至整座的城市,无不是一种模拟、一种超现实(泽瑞尔, 2003)。

模拟或超现实的普遍存在导致了"现实的死亡"(瑞泽尔, 2003),后现代的消费者便降低了他们对获得一种稳定、一致和真实可靠的身份或自我概念的需求(Firat 和 Venkatesh, 1995),并且认为"美的生活……无需涉及人性及真实的自我"①。这意味着,后现代的消费者可以更加自由地进行自我或自我形象的生产,其"普通的举止和日常生活"也可以"被重新包装成迷人的和富有魅力的"(Firat 和 Venkatesh, 1995),而不必再坚持某种真实的、本质的自我(Firat 和 Shultz, 1997)。进而言之,后现代的消费者可能并不像传统的自我形象一致性理论(self-image congruity theory)所描述的那样去寻求品牌的意义与真实自我之间的匹配,他们追求的是一种身份转换或形象流动的自由。

因此,在超现实的状况下,只要市场提供一种可能,即能够为消费者提供足够的、可选择的象征资源(包括产品和品牌),后现代的消费者就有可能通过对这些产品和品牌的购买与使用,即通过占用它们的意义(品牌的象征性形象),不断地尝试新的身份或自我形象。如前所述,当消费者倾向于接受和占用来自特定品牌的象征意义时,消费者与该品牌之间的联结就形成了(Escalas 和 Bettman, 2005)。

---

① [英]迈克·费瑟斯通. 消费文化与后现代主义[M]. 刘精明,译. 南京:译林出版社,2000:182.

根据以上逻辑我们似乎可以认为，消费者对超现实的感知越强，象征性品牌形象对消费者的自我—品牌联结的促进作用就越大。但是，当我们更加深入考察和分析具体的象征性品牌形象（个人形象、社会形象、关系形象和集体形象）时就会发现，超现实的作用可能并非如此简单。

对于超现实感强的消费者来说，由于他们倾向于将所有的一切（包括自我形象）都看作是一种超现实或模拟，他们便不再寻求所谓“真实自我”的表达，反映在对品牌的选择上，也就不再在意其自身的真实自我与品牌形象之间是否匹配或一致；而由于品牌的个人形象可以帮助其任意地改变自己的个性，尝试不同的个性表达与体验，摆脱内在的、真实的个人自我的约束，因此，相对于超现实感较弱的消费者而言，品牌的个人形象将可能更有利于他们的自我—品牌联结的形成。类似地，在超现实被认可和接受的条件下，人们也可以通过对具有集体形象的品牌的使用，随时随地地建构或改变自己的群体身份，以适应不同的社会互动情境的要求。正因为如此，现实生活中我们才经常可以观察到“医生和律师在工作日属于典型的主流职业社区的成员，而在周末却属于摩托帮”（Firat 和 Venkatesh，1995），或者“早上看上去像一个看门人，晚上却打扮得像一个贵族”（Firat，1991）。因此，我们可以认为，消费者对超现实的感知越强，品牌的集体形象将越有利于形成消费者的自我—品牌联结。

然而，品牌的社会形象和关系形象对自我—品牌联结的影响在超现实的作用下却可能是不同的。尽管现有文献没有提供直接的讨论，但我们认为，超现实可能带来消费者对品牌的社会形象的不认可或拒绝。原因在于：首先，后现代主义者倾向于将所有的事物，包括人们的言谈举止、自我形象，都看作是被包装了的（Firat 和 Shultz，1995），即被景观化或“超现实化”了的。因此，在他们看来，不同个体所呈现的自我形象之间并无等级上的差别，但品牌的社会形象却暗含尊卑、等级的区分。其次，后现代主义导致了精英与大众、高雅文化与庸俗文化之间差异的消解以及精英阶层原先所享有的“权威的失落”（费瑟斯通，2000），后现代的人们已不再倾向于权威主义（Firat 和 Shultz，2001）。当一个品牌所代表的仍是

“老一套”的权威、精英或贵族身份时，对于后现代的消费者来说，它本身就缺少了吸引力。最后，后现代主义者通常是反对并试图颠覆主流社会居于主导地位的已有规则、标准和等级秩序的(贝斯特和科尔纳，2002；McCracken，1986)，这也意味着，消费者对超现实的感受越强，他们越可能反对传统的被用来划分社会等级的那些标准(如地位、成就、财富、权力等)，从而可能拒绝品牌的社会形象。

就品牌的关系形象而言，由于人们的关系自我是根据与重要他人的关系而被定义的(Brewer 和 Gardner，1996)，它的建构需要以“真情”为基础，因此超现实是否可能导致人们在关系自我的建构中尽量避免像在普通人际关系中那样将人情形式化①？因为消费者越是感受到这个世界已被景观化(或形式化)，真情之于他也就弥足珍贵，他就越有可能更加需要通过某种“抵抗”来守护自己已经拥有的那一份真情。而消费者可采取的抵抗策略之一，便是通过回避那些被普遍地当作“情义”象征的品牌，以避免被他人(特别是重要的他人)误读为“形式”或者虚情假意，从而确保关系自我的成功建构与表达。

综上所述，我们提出研究假设：

H2：超现实正向地调节了品牌的个人形象和集体形象对消费者的自我—品牌联结的影响；具体而言，消费者的超现实感越强，品牌的个人形象和集体形象对自我—品牌联结的促进作用就越强。

H3：超现实负向地调节了品牌的社会形象和关系形象对消费者的自我—品牌联结的影响；具体而言，消费者的超现实感越强，品牌的社会形象和关系形象对自我—品牌联结的促进作用就越弱。

3. 自我碎化在象征性品牌形象、自我—品牌联结与品牌忠诚之间关系中的调节作用

根据后现代理论家们的论述，当人们的注意力从真实的实在转

---

① 翟学伟(2005)认为，中国人在日常的关系运作中存在将人情形式化的倾向，即人们在“做人情”时倾向于把人情不当作真实的情义，而仅看作一种“表示”或一种象征。

移到对象征和景观的关注时，就会发现他们的自我、时间、生活、体验乃至整个社会和所有的元叙事都已“碎化”(Lyotard，1992；Firat 和 Venkatesh，1995；Firat 和 Shultz，1997；费瑟斯通，2000)。今天的人们越来越重视“当下”而不是规划长远的未来，便至少是自我、时间碎化的一种表征。一般意义上，碎化(fragmentation)意味着破碎、分裂和“总体的消亡”，任何事物都脱离了与假设的总体间的联系(Firat 和 Shultz，1995)。就“自我”而言，它的碎化意味着人们不再寻求某种中心的、一致的或本质的自我，从而使自我具有了前所未有的多样性、复杂性和动态性(Firat 和 Shultz，1997，2001；Reed 和 Botton，2005)。

具体来说，自我的碎化意味着：(1)消费者所拥有的是充盈着许多不同身份的自我感(Ahuvia，2005；Firat 和 Venkatesh，1995；Wattanasuwan，2005)；(2)每一种身份都可能是不稳定的，有随时被抛弃的可能，而新的身份则有随时被提上日程的可能(Firat 和 Shultz，1997)；(3)后现代消费者缺少的是“核心的”、“本质的”自我，因而自我的叙事并不是连贯的、统一的(Firat 和 Venkatesh，1995；Firat 和 Shultz，1997；Cova，1996)。因此，自我的碎化并不意味着消费者的“无我”(no self)，或者说消费者接受的是一种“无我”的状态，尽管它可能是一个永远无法用物品或意义被填满的“黑洞”(Cushman，1990)。相反，正是因为后现代的消费者能够更多、更强烈地感受到他们的自我正面临着“日益迫近的个人无意义的威胁”或者消弭于“无我”(no self)之中的可能，他们才不得不更加持续地用意义来填补这种空虚(Wattanasuwan，2005)，以获得一种“存在”的自我感，并借助于这些意义在他们的自我与他人或群体之间建立起社会的联系。

由于自我的碎化，后现代的人们在家务、工作、购物、娱乐、人际交往等不同的情境中，所呈现和体验的自我可能就会是完全不一样的，这使得对其言谈举止、态度和消费选择的要求会或多或少地出现一定的变化。在某一种情境中，消费者需要和选择的是“这样”一些商品；而在另外一种情境中，消费者则必须抛弃他或她先前所使用的，并转向“另外”一些完全不同的商品。因此，只要存在自我形象的持续性转换或游戏，消费者就将倾向于不对任何商品或品牌做出任何深度的承诺(Firat 和 Shultz，1997)。

在 Firat 和 Venkatesh(1995)看来，后现代的消费者不仅经常地改变他们的自我概念、性格和价值观等，他们还常常同时拥护多种不同的、很可能是非常矛盾的价值体系、生活方式，而他们却并没有因此感到不一致与不适。这是因为，对于后现代的消费者来说，他们并不再坚持任何固定的身份认同(鲍曼，2002)，转而寻求的是通过在每一种情境、每一个“瞬间”的特定自我或身份的成功建构，来获得暂时的或情境的自我体验与情感愉悦的(Firat 和 Shultz，1997)。这就是医生和律师在上班时间属于主流职业社区的典型成员，而在周末却身着完全不同的行头归属于“摩托帮”的原因所在。因此，随着自我的碎化，人们的品牌忠诚正在降低，即使是所谓消费者心目中的偶像级品牌，也有随时被抛弃或颠覆的可能(Firat 和 Shultz，2001)。

后现代的碎化也因为它增加了不确定性而降低了人们的忠诚。例如，因为自我的碎化，传统意义上的消费者行为的可预测性和解释性便随之降低(Firat 和 Venkatesh，1995)；也就是说，消费者的行为已变得越来越不具有确定性。在更广泛的意义上，社会学家鲍曼(2002)认为，如果说现代性代表了确定性，那么，后现代性就代表了不确定性。为了减少不确定性带来的不安全感，后现代的人们的明智策略就是将生活当作一种游戏，并且使每个游戏变短，而“使游戏缩短意味着：警惕长期的承诺；拒绝坚持某种‘固定的’生活方式；……不再宣誓对任何事、任何人保持一致与忠诚”①。因此，后现代的人们所面对的问题“不再是如何发现、发明、建构、拼凑(甚至购买)一个认同，而是如何防止长期坚持一个认同……后现代生活策略的轴心不是使认同维持不

① ［英］齐格蒙·鲍曼．后现代性及其缺憾［M］．郇建立，李静韬，译．上海：学林出版社，2002：104．

变，而是避免固定的认同”。①② 从鲍曼的论述来看，后现代社会的不确定性实际上也反过来加剧了人们的自我碎化(因为它导致人们避免坚持固定的认同)，从而进一步影响了人们的承诺和忠诚(包括品牌忠诚)。

值得强调的是，上面的分析和讨论应主要限制于象征消费的情形。只有当消费者面对的是象征品牌，或者说品牌具有一定的象征意义时，自我碎化才可能导致消费者对品牌忠诚的下降。事实上，我们很难想象一个人会因为自我的改变而降低他对功能性品牌的忠诚③。因为一个人不太可能因为他不当教授了就不再忠诚于他的去头屑洗发水品牌，或者就会抛弃他一直使用的某个杀毒软件。因此，我们认为，自我碎化是在品牌具有象征性形象时才起作用的。然而，自我碎化是否负向地调节了所有的象征性品牌形象(个人的、社会的、关系的和集体的)对品牌忠诚的影响呢？这仍然需要具体地分析。

让我们先考虑个人形象、关系形象或集体形象的品牌。品牌的个人形象满足的是消费者建立与他人的区别、进行个性表达的需求，关系形象满足的是消费者发展和维持与重要他人之间亲密关系的需求，集体形象则满足的是群体成员身份建构与表达的需求。一方面，品牌的象征性形象一旦在消费者的心目中确立，就会相对固定，很难发生改变；另一方面，对于具有自我碎化倾向的消费者来说，他们却需要根据不同的社会互动情境表现不同的个性，也希望能够在群体成员身份的转换上享有更多的自由，特定品牌相对固定的象征性形象便难以满足这样的需求。同时，由于自我碎化的消费

---

① ［英］齐格蒙·鲍曼. 后现代性及其缺憾［M］. 郇建立，李静韬，译. 上海：学林出版社，2002：105.

② 这里的“认同”主要是指身份认同。

③ “身体自我”的改变应除外。例如，可以想象一下某个正常人因为车祸而失去双腿的情况，这一改变会使他失去对山地自行车的需求(如果他不是山地自行车运动爱好者的话)而增加对轮椅的需求，从而改变他对山地自行车品牌的忠诚。但这种或类似的情况与象征性需求和消费无关，因而并非本书所关注的。

者拒绝与他人之间进行深度交往、作出长期的承诺①，品牌的关系形象甚至可能是他们尽力回避的。因此，自我碎化很可能负向地调节了个人形象、关系形象、集体形象对品牌忠诚的影响。

然而，在自我碎化的作用下，品牌的社会形象对品牌忠诚的影响却可能有所不同。虽然自我碎化意味着个体倾向于尝试或体验不同的身份或自我(包括个人的、关系的或集体的)，从而放弃对特定身份或自我的坚持，但这并不一定就会改变人们对“成功”进行自我建构的需求和欲望，尽管后现代的人们所寻求的只是在瞬间、片刻上对自我的成功建构给自己带来的一种愉悦感(Firat 和 Shultz，1997)。根据定义，品牌的社会形象所代表或表达的正是消费者通过社会角色的成功扮演所赢得的成就、声望、地位和名声等(王长征和周学春，2011；崔楠和王长征，2010；张新安，2012)，因此，自我碎化至少不会导致消费者对品牌的社会形象的刻意回避。相反，由于个人、关系和集体自我的“飘忽不定”以及由此所带来的“意义丧失”的风险，社会的自我意义(如成就、地位、声望等)反而可能对他们具有了更大的吸引力。

综上所述，我们提出研究假设：

H4：自我碎化负向地调节了品牌的个人形象、关系形象和集体形象对品牌忠诚的影响；具体而言，消费者的自我碎化倾向越强，他们对具有个人形象、关系形象或集体形象的品牌的忠诚度越低。

H5：自我碎化正向地调节了品牌的社会形象对品牌忠诚的影响；具体而言，消费者的自我碎化倾向越强，他们对具有社会形象的品牌的忠诚度越高。

此外，尽管以往的研究已证明自我—品牌联结对品牌忠诚具有

---

① 鲍曼(2002)曾将观光者作为后现代生活的一个隐喻，认为观光者的特征就是避免固定认同的出现，反映在他与“本地人”之间的关系，至多只是一种表面的关系，因为他并没有“拿未来作抵押”，不存在长期的义务，从而使今天所发生的一切不对未来产生任何的约束力。由于观光者可以自由地挑选去哪里、与世界的哪一部分发生接触以及何时割断联系，观光者的生活便是碎片化或片断化的，因此典型地反映了后现代的碎化特征。

积极的促进作用(王长征和周学春，2011；Escalas 和 Bettman，2003，2005；柴俊武、张蕾和何伟，2012)，但我们认为这种作用可能是需要条件的：消费者的自我是相对稳定的、持续的和一致的，或者说个体存在维持、重复地建构他或她的自我的需求。然而，由于自我的碎化，后现代消费者的这一需求很可能被大大地削弱了。即使是在相同的社会互动情境出现时，后现代的个体也不一定愿意重复地呈现完全一样的自我，即表现出情境的一致性①，因为这会限制多样性的自我体验的获得。这意味着，自我碎化程度越高，消费者的自我—品牌联结就越是情境性的并且短暂的，它对品牌忠诚的促进作用就会越弱。事实上，当自我—品牌联结形成时，品牌便因为被吸收进了消费者的自我概念而变成了自我的一个“构件”、一种“延伸的自我”(Belk，1988)；自我碎化则意味着这种延伸自我本身的不稳定，容易被抛弃或改变。因此，我们提出研究假设：

H6：自我碎化负向地调节了自我—品牌联结对品牌忠诚的影响；也就是说，消费者的自我碎化倾向越强，自我—品牌联结对品牌忠诚的促进作用越弱。

5.2.3 研究设计

1. 样本选取和样本特征

本研究中，我们采用问卷调查方法进行数据的收集。被试样本通过在武汉市年轻人聚集较多的场所(如书店、快餐店、咖啡店)进行拦截访问的方式获得。之所以着重收集青年样本作为研究对象，主要是考虑到这个群体相对容易受到西方后现代文化的影响，形成后现代性倾向的可能性较大。本研究共发放问卷380份，回收

① 一般认为，西方人倾向于自我一致性，即在不同的情境中表现为同一个“我”；中国人则倾向于根据社会互动情境的变化而表现出不同的“我”，在相同的情境中才表现为相同的“我”，即体现为情境一致性(Hsu，1963，1981)。我们可以进一步认为，在自我碎化的条件下，即使是情境一致性的倾向，也会被减弱。

有效问卷337份。其中，男性占43.2%，女性占56.8%。年龄主要介于16岁至35岁，占92.5%。

用于问卷调查的品牌选取自服装品牌。选择服装行业作为研究对象是因为服装是一种社会可见性较强的产品，而且许多品牌的象征性形象较为突出。我们通过消费者的焦点座谈，根据象征性品牌形象的四个维度共选取了具有代表性的8个品牌①。选取品牌时主要考虑了以下标准：(1)所选择品牌在某一维度上的象征性形象较为突出；(2)该品牌为年轻消费者所熟悉；(3)该品牌的产品无男、女性别上的限制，以避免出现性别上的不匹配。在问卷调查时，调查员先向被试出示一张印有品牌名称和标志的小卡片，若被试不熟悉该品牌，则换另一个品牌。

2. 变量的测量

本研究模型中包括“象征性品牌形象”、“自我—品牌联结”、“品牌忠诚”、“超现实”和“自我碎化”5个变量，所有测项均采用7级李克特量表测量。对象征性品牌形象，即“个人形象”、“社会形象”、“关系形象”和“集体形象”的测量所采用的是崔楠和王长征(2010)开发的量表。其中，个人形象的测量包含3个语句，分别是“该品牌的消费者可以用它来表现自己的个性”、“该品牌是有个性的”以及“该品牌常常反映了它的消费者的个性”。社会形象的测量包含3个语句，分别是“该品牌是成功人士的象征”，“该品牌体现了它的使用者所拥有的尊贵的社会地位”以及“许多体面人士常常使用该品牌”。关系形象的测量包含4个语句，分别是“该品牌常被它的消费者用来增进与他人的亲密关系”、“该品牌可以被用来表达爱情”、“该品牌可以被用来表达亲情”以及“该品牌可以被用来表达友谊”。集体形象的测量包含4个语句，分别是“该品牌可以被看作是某个群体成员的身份标志”、“该品牌的消费者常用它来表现自己是某个群体中的一员”、“该品牌的消费者常用它来表达自己对于某个群体的

---

① 8个品牌分别是：美特斯邦威、优衣库、LV、Prada、Kappa、衫国演义、耐克和阿迪达斯。

认同”以及“该品牌可以被看作是某个群体的象征”。

对自我—品牌联结的测量采用的是 Escalas 和 Bettman(2003，2005)开发的量表，原量表共有 7 个测项，经项目分析后保留了 5 个语句，分别是“该品牌反映了我是谁”、“我觉得我与该品牌之间具有个人的联系”、“我使用该品牌来向他人表明我是谁”、“我认为该品牌可以帮助我成为我想成为的人”以及“我认为该品牌就是‘我’”。品牌忠诚的测量采用了 Chaudhuri 和 Holbrook(2001)研究中使用的测项，共 3 个语句，分别是“我是忠诚于该品牌的”、“下一次购买同类产品时，我还将购买该品牌”及“我打算继续购买该品牌”。超现实和自我碎化的测量则采用了 Firat 和 Shultz(2001)开发的“消费者的后现代性”量表中的两个分量表。其中，超现实的测量有 4 个语句，分别是“主题公园模拟了我们的环境，我们的环境也模拟了主题公园”、“我们的城市就是主题公园”、“我并不介意生活在一个梦幻般的世界”和“肥皂剧复制生活，生活也复制了肥皂剧”；自我碎化的测量也有 4 个语句，分别是“我在不同的场合可能会表现得像是完全不同的一个人”、“我喜欢在不同的时候表现不同的个性”、“我乐于改变我的形象以适应我的环境”及“我很在意根据社会情境的不同来表现不同的自我形象”。

3. 变量的信度分析

我们采用 SPSS 对变量的信度进行了分析。如表 5-5 所示，所有变量的信度最小值为 0.822，大于推荐值 0.7(Nunnally 和 Bernstein，1994)，说明本研究的量表具有很好的信度和一致性。

表 5-5　　**变量信度分析**

变量	题项数	Cronbach α	文献来源
个人形象	3	0.855	崔楠和王长征(2010)
社会形象	3	0.836	崔楠和王长征(2010)
关系形象	4	0.902	崔楠和王长征(2010)
集体形象	4	0.895	崔楠和王长征(2010)

续表

变量	题项数	Cronbach α	文献来源
自我—品牌联结	5	0.910	Escalas 和 Bettman(2003, 2005)
品牌忠诚	3	0.894	Chaudhuri 和 Holbrook(2001)
超现实	4	0.822	Firat 和 Shultz(2001)
自我碎化	4	0.836	Firat 和 Shultz(2001)

4. 变量的效度分析

本研究中的变量测量均采用已公开发表的量表。在英文语项的翻译过程中，我们采用标准的翻译-返译程序，可以有效地避免测量语项的语意变化。因此，本研究的变量均具有较好的内容效度。

本书采用验证性因子分析(CFA)来检验模型中所有变量的收敛和判别效度。AMOS18.0 的运行结果表明，在测量模型的总体拟合优度上，$\chi^2 = 672.515$，df = 377，$\chi^2/df = 1.784$，GFI = 0.872，CFI = 0.945，TLI = 0.936，PGFI = 0.707，PNFI = 0.766，RMSEA = 0.051，这些指标表明整个模型具有良好的拟合优度。并且所有测量指标在相应潜在变量上都有大于 0.7 的载荷，t 值为 10.924~18.741。各个变量的复合信度为 0.824~0.910，都超过了所推荐的临界值 0.7(Nunnally 和 Bernstein，1994)；它们的平均方差提取量在 0.540 以上，也都达到了所推荐的临界值 0.5 的要求(Johnson，Anderson 和 Fornell，1995)。这些数据表明，本研究中所使用的量表具有良好的收敛效度(参见表 5-6)。

表 5-6 **变量的测量题项、因子载荷和复合信度**

测量题项	因子负荷	复合信度	AVE
个人形象			
该品牌的消费者可以用它来表现自己的个性	0.826		
该品牌是有个性的	0.792	0.855	0.663
该品牌常常反映了它的消费者的个性	0.826		

续表

测量题项	因子负荷	复合信度	AVE
社会形象			
该品牌是成功人士的象征	0.822		
该品牌体现了它的使用者所拥有的尊贵的社会地位	0.836	0.839	0.636
许多体面人士常常使用该品牌	0.731		
关系形象			
该品牌常被它的消费者用来增进与他人的亲密关系	0.818		
该品牌可以被用来表达爱情	0.796	0.902	0.698
该品牌可以被用来表达亲情	0.862		
该品牌可以被用来表达友谊	0.864		
集体形象			
该品牌可以被看作是某个群体成员的身份标志	0.798		
该品牌的消费者常用它来表现自己是某个群体中的一员	0.849	0.895	0.682
该品牌的消费者常用它来表达自己对于某个群体的认同	0.811		
该品牌可以被看作是某个群体的象征	0.845		
自我—品牌联结			
该品牌反映了我是谁	0.807		
我觉得我与该品牌之间具有个人的联系	0.820		
我使用该品牌来向他人表明我是谁	0.846	0.910	0.670
我认为该品牌可以帮助我成为我想成为的人	0.825		
我认为该品牌就是“我”	0.795		

续表

测量题项	因子负荷	复合信度	AVE
品牌忠诚			
下一次购买同类产品时，我还将购买该品牌	0.900		
我打算继续购买该品牌	0.857	0.895	0.741
我是忠诚于该品牌的	0.824		
超现实			
主题公园模拟了我们的环境，我们的环境也模拟了主题公园	0.737		
我们的城市就是主题公园	0.713		
我并不介意生活在一个梦幻般的世界	0.732	0.824	0.540
肥皂剧复制生活，生活也复制了肥皂剧	0.758		
自我碎化			
我在不同的场合可能会表现得像是完全不同的一个人	0.727		
我喜欢在不同的时候表现不同的个性	0.813		
我乐于改变我的形象以适应我的环境	0.708	0.838	0.565
我很在意根据社会情境的不同来表现不同的自我形象	0.755		

此外，我们还利用平均方差提取量（AVE）检查了各个变量之间的判别效度（参见表5-7）。所测量的8个变量的AVE均大于它们与其他变量之间相关系数的平方，表明各个变量之间具有良好的判别效度（Fornell 和 Larcker，1981）。

表5-7　**各变量的均值、标准差和两两之间的相关系数**

	个人形象	社会形象	关系形象	集体形象	自我碎化	超现实	自我联结	品牌忠诚
个人形象	1							

续表

	个人形象	社会形象	关系形象	集体形象	自我碎化	超现实	自我联结	品牌忠诚
社会形象	0.425**	1						
关系形象	0.175**	0.512**	1					
集体形象	0.462**	0.539**	0.474**	1				
自我碎化	0.377**	0.181**	0.108	0.168**	1			
超现实	0.021	0.119	0.105	0.050	0.254**	1		
自我联结	0.607**	0.551**	0.359**	0.682**	0.390**	0.190**	1	
品牌忠诚	0.376**	0.302**	0.140	0.336**	0.150	0.110	0.436**	1
均值	4.748	3.704	3.749	4.123	5.036	4.281	4.083	4.835
标准差	1.380	1.452	1.406	1.375	1.121	1.259	1.249	1.374

注：**表示 $p<0.01$。

5.2.4 数据分析与讨论①

1. 象征性品牌形象对品牌忠诚的影响及自我—品牌联结的中介作用分析

为了检验象征性品牌形象对品牌忠诚的影响及自我—品牌联结在象征性品牌形象与品牌忠诚之间的中介作用，我们根据 Baron 和 Kenny(1986)推荐的检验方法，建立了 4 个模型。为了减少多重共线性问题和得到无偏的参数估计，我们对模型中所有变量的取值进行了均值中心化处理(Jaccard 和 Turrisi，2003)。表 5-8 报告了各个模型的分析结果。

① 本部分报告了我们采用回归分析方法对本研究的假设进行检验的结果。实际上，我们也采用结构方程模型进行了分析，而且结果是一致的。但限于篇幅，这里不再具体报告结构方程模型分析的结果。

表 5-8 **模型中的参数估计**

	模型 1				模型 2			
因变量→	品牌忠诚(BL)				自我—品牌联结(SBC)			
自变量↓	回归系数	标准化系数	标准误	t 值	回归系数	标准化系数	标准误	t 值
个人形象(PI)	0.198	0.200***	0.058	3.409	0.297	0.332***	0.040	7.506
社会形象(SI)	0.146	0.156*	0.059	2.481	0.121	0.143**	0.040	3.017
关系形象(RI)	-0.052	-0.052	0.059	-0.867	0.028	0.031	0.041	0.685
集体形象(CI)	0.162	0.163*	0.064	2.538	0.368	0.406***	0.044	8.422
R^2	0.148				0.512			
	模型 3				模型 4			
因变量→	品牌忠诚(BL)				品牌忠诚(BL)			
自变量↓	回归系数	标准化系数	标准误	t 值	回归系数	标准化系数	标准误	t 值
自我品牌联结(SBC)	0.432	0.394***	0.056	7.699	0.279	0.254***	0.081	3.435
个人形象(PI)					0.113	0.115*	0.062	2.225
社会形象(SI)					0.115	0.123*	0.059	2.253
关系形象(RI)					-0.063	-0.063	0.059	-1.062
集体形象(CI)					0.059	0.059	0.070	0.846
R^2	0.155				0.203			

注：* 表示 $p<0.05$，** 表示 $p<0.01$，*** 表示 $p<0.001$。

模型 1 检验象征性品牌形象和品牌忠诚之间的关系(从自变量到因变量)。模型 2 检验象征性品牌形象和自我—品牌联结之间的关系(从自变量到中介变量)。模型 3 检验自我—品牌联结和品牌忠诚之间的关系(从中介变量到因变量)。模型 4 检验象征性品牌形象、自我—品牌联结和品牌忠诚之间的关系(从自变量+中介变量到因变量)。

模型1检验的结果表明，个人形象、社会形象、集体形象正向影响品牌忠诚，因此H1a得到大部分支持。模型2的检验结果表明，个人形象、社会形象和集体形象正向影响自我—品牌联结。模型3检验中介变量对因变量的作用，结果表明自我—品牌联结正向影响品牌忠诚。在模型4中，我们将自变量和中介变量都加入回归模型，数据分析结果表明个人形象、社会形象和自我—品牌联结均正向影响品牌忠诚，但因变量对个人形象和社会形象的回归系数都有所降低，因此可以说自我—品牌联结在象征性品牌形象和品牌忠诚之间扮演了部分中介的角色，H1b得到支持。

出乎预料的是，关系形象对自我—品牌联结和品牌忠诚的作用都不显著，原因可能在于：(1)本研究中的受访者大部分是未婚(占84%)、年轻(76%的在25岁以下)的学生(占63%)，他们的关系自我的重要性(Reed，2004)可能较低，从而品牌的关系形象可以激发的自我—品牌联结也就较弱；(2)中国人在人际交往方式上的形式主义，即人情的形式化(翟学伟，2005)。翟学伟(2005)认为，形式化的"礼"对"情"的规定，"导致了人情不再是真实的情义或心愿，而成为一种'表示'，一种象征，意即明恩溥所谓的'戏'"。因此，品牌的关系形象很可能被消费者拿来当作了一种"做戏"的工具，从而并不能真正建立与品牌之间的自我联结；(3)本研究选择的是服装品牌，消费者在选择和购买具有关系形象的品牌时会较为强调其与自己在特定关系中角色身份的匹配，如果存在大量不匹配的样本(如自己尚属单身而面对情侣装的情况)，则会导致消费者对品牌的回避，从而妨碍了自我—品牌联结和品牌忠诚的形成。

2. 超现实和自我碎化的调节作用分析

为了检验本研究中所提出的假设，我们建立了6个多元回归方程模型并采用SPSS软件对数据进行了分析。为了减少多重共线性问题和得到无偏的参数估计，我们对模型中所有变量的取值进行了均值中心化处理(Jaccard和Turrisi，2003)。表5-9报告了各个模型的分析结果。

表 5-9　　　　　　　　**模型中的参数估计**

	模型 5				模型 6			
因变量→	自我—品牌联结(SBC)				自我—品牌联结(SBC)			
自变量↓	回归系数	标准化系数	标准误	*t* 值	回归系数	标准化系数	标准误	*t* 值
个人形象(PI)	0.296	0.330***	0.039	7.529	-0.037	-0.041	0.122	-0.304
社会形象(SI)	0.119	0.141**	0.040	2.981	0.391	0.462**	0.124	3.158
关系形象(RI)	0.015	0.016	0.041	0.364	0.303	0.337*	0.134	2.259
集体形象(CI)	0.372	0.412***	0.043	8.593	-0.005	-0.006	0.138	-0.038
超现实(HR)	0.114	0.114**	0.039	2.921	-0.140	-0.140	0.159	-0.880
PI×HR					0.072	0.516**	0.026	2.768
SI×HR					-0.061	-0.428*	0.026	-2.327
RI×HR					-0.056	-0.374*	0.028	-1.998
CI×HR					0.084	0.551**	0.030	2.769
R^2	0.526				0.573			
ΔR^2					0.047***			
	模型 7				模型 8			
因变量→	品牌忠诚(BL)				品牌忠诚(BL)			
自变量↓	回归系数	标准化系数	标准误	*t* 值	回归系数	标准化系数	标准误	*t* 值
个人形象(PI)	0.228	0.228***	0.062	3.693	0.850	0.852***	0.259	3.280
社会形象(SI)	0.120	0.126	0.061	1.954	-0.482	-0.509	0.253	-1.908
关系形象(RI)	-0.048	-0.049	0.060	-0.797	0.601	0.614*	0.238	2.527
集体形象(CI)	0.161	0.161*	0.065	2.477	0.195	0.196	0.262	0.744
自我碎化(SF)	0.021	0.017	0.068	0.300	0.681	0.556**	0.260	2.621
PI×SF					-0.128	-0.925*	0.051	-2.508

续表

	模型 7				模型 8			
因变量→	品牌忠诚(BL)				品牌忠诚(BL)			
自变量↓	回归系数	标准化系数	标准误	t 值	回归系数	标准化系数	标准误	t 值
SI×SF					0.119	0.785*	0.048	2.453
RI×SF					-0.124	-0.779**	0.045	-2.745
CI×SF					-0.009	-0.058	0.052	-0.176
R^2	0.156				0.195			
ΔR^2					0.039***			
	模型 9				模型 10			
因变量→	品牌忠诚(BL)				品牌忠诚(BL)			
自变量↓	回归系数	标准化系数	标准误	t 值	回归系数	标准化系数	标准误	t 值
SBC	0.458	0.414***	0.060	7.576	0.932	0.841***	0.234	3.985
SF	-0.006	-0.005	0.067	-0.093	0.364	0.296	0.189	1.927
SBC×SF					-0.097	-0.610*	0.046	-2.095
R^2	0.170				0.181			
ΔR^2					0.011**			

注：* 表示 $p<0.05$，** 表示 $p<0.01$，*** 表示 $p<0.001$。

模型 5 的参数表明，除了品牌的关系形象之外，超现实及品牌的个人形象、社会形象和集体形象对自我—品牌联结都具有显著正向的主效应，这与基于现有文献的预期或研究结论（Firat 和 Venkatesh，1995；Escalas 和 Bettman，2005；王长征和周学春，2011；崔楠和王长征，2010）总体上是一致的。

从模型 6 的参数可以看出，超现实分别调节了品牌的个人形象、社会形象、关系形象、集体形象对自我—品牌联结的影响，但它的作用方向并不完全一致。其中，超现实正向地调节了个人形象、集体形象对自我—品牌联结的影响，并且在0.01水平上显著，因此H2得到支持；超现实分别对社会形象、关系形象与自我们-品牌联结之间的关系具有负向的调节作用，并且在0.05水平上显著，所以H3也得到支持。

从模型7的参数来看，象征性品牌形象对品牌忠诚具有正向的主效应(个人形象在0.001水平上显著，集体形象在0.05水平上显著)，但自我碎化并不具有显著的主效应。模型9的参数也表明，自我碎化对品牌忠诚的主效应不存在。因此，虽然现有文献中的讨论一般都提出或暗示自我碎化将直接导致消费者对品牌的不忠(如Firat和Venkatesh，1995；Firat和Shultz，1997)，但本研究的数据分析结果却并没有支持这一论点。然而，正如我们在研究假设提出时所预期的那样，自我碎化对品牌忠诚的影响是以品牌具有一定的象征性形象(或象征意义)为条件的，而且它的影响会因象征性品牌形象的差异而出现某些不一致。

事实上，模型8的参数表明，自我碎化分别调节了品牌的个人形象、社会形象和关系形象对品牌忠诚的影响。其中，自我碎化负向地调节了个人形象、关系形象对品牌忠诚的影响，并且分别在0.05、0.01的水平上显著，因此，本研究中的H4得到了大部分的支持；同时，自我碎化正向地调节了社会形象对品牌忠诚的影响，并且在0.05水平上显著，因此H5也得到支持。然而，我们在H4中提出自我碎化对集体形象与品牌忠诚之间的关系具有负向调节的作用，数据分析结果并不支持。原因可能在于，群体成员身份对于具有后现代性倾向的消费者来说可能仍然是相对稳定的；或许更重要的是，中国消费者由于受到较大社会规范压力的影响，他们往往易于顺从群体身份或规范的要求，从而形成了对具有群体形象的品牌保持忠诚的内在倾向。

从模型9和模型10的参数来看，自我—品牌联结对品牌忠诚具有显著的正向的主效应($p < 0.001$)，但自我碎化会降低自我—品牌联结对品牌忠诚的促进作用，也就是说，自我碎化负向地调节了自我—品牌联结对品牌忠诚的效用($p < 0.05$)，因此H6得到支持。

综合来看，后现代性（包括超现实和碎化）对消费者忠诚的影响并不如同一些后现代主义的社会理论家（如鲍曼，2002）和营销学者（如 Firat 和 Venkatesh，1995）所认为的那么悲观。首先，象征性品牌形象对品牌忠诚的影响总体上是积极的。其次，超现实和自我碎化这两种典型的后现代性倾向对消费者的品牌忠诚并不存在负向的主效应；相反，超现实还通过自我—品牌联结对品牌忠诚产生一定的促进作用。再次，尽管超现实和自我碎化都不利于消费者对品牌的关系形象的忠诚，但它们对集体形象的忠诚却是有利的。最后，超现实和自我碎化对个人形象或社会形象忠诚的消极影响，会因其同时存在的反向作用而大致上被抵消。

5.2.5 结论、研究意义、局限性及进一步研究

1. 研究结论

本研究重点探讨了象征性品牌形象（包括个人形象、社会形象、关系形象和集体形象）对消费者的品牌忠诚的影响以及消费者的后现代性倾向（超现实和自我碎化）在象征性品牌形象影响品牌忠诚中的调节作用。我们的研究结果表明，象征性品牌形象对品牌忠诚存在正向影响并部分地受到了自我—品牌联结的中介作用（H1），象征性品牌形象对品牌忠诚的促进作用总体上并没有因为消费者的后现代性倾向（超现实和自我碎化）而被明显地减弱。具体而言，超现实负向地调节了品牌的社会形象和关系形象对消费者的自我—品牌联结的影响（H3），但它正向地调节了品牌的个人形象、集体形象对自我—品牌联结的影响（H2），并且超现实对自我—品牌联结存在积极的主效应；自我碎化负向地调节了品牌的个人形象、关系形象对消费者的品牌忠诚的影响（H4），但它正向地调节了品牌的社会形象对品牌忠诚的影响（H5）；同时，自我碎化对自我—品牌联结与品牌忠诚之间的关系具有负向的调节作用（H6）。因此，除了 H4 中有关自我碎化将负向地调节品牌的集体形象对品牌忠诚的影响的假设未得到验证之外，其他假设均得到支持。

2. 理论及实践意义

第一次世界大战以后，特别是20世纪80年代以来，兴起于西方发达国家的后现代主义已迅速渗透到几乎所有的知识、文化、艺术和人们的日常生活领域(费瑟斯通，2000)，从而使得当代世界出现了一种所谓的“后现代转向”(贝斯特和科尔纳，2002)。这种转向不仅广泛发生在实践领域，如一系列后现代社会和文化状况的出现，而且也大量反映在理论领域，因为它本身就包含“指向一种考察世界、解释世界的新范式”的理论运动(贝斯特和科尔纳，2002)。然而，尽管市场营销与后现代主义有着某种天然的联系，甚至可以认为“市场营销就是后现代的”(Firat 和 Venkatesh，1995)，但营销学者对后现代主义的关注却相对较晚(20世纪90年代才开始关注)，迄今也未见给予足够的重视。在现有的理论文献中，营销学者的后现代话语主要集中在一些基础性的理论问题之上，如对现代主义和现代营销范式的批判(如 Firat 和 Venkatesh，1995；Bolt，2002)，对后现代消费文化状况的讨论(如 Firat 和 Venkatesh，1995)，对后现代营销范式与技术的分析(如 Bolt，2002)以及对后现代主义研究范式的探索(如 Thompson 和 Hirschman，1995)等，而且往往以思想层面的讨论居多且以引进其他学科中的后现代思想为主。对于这些思想或观点，虽有部分解释性研究为其提供了一定的支持，但大多数未经过实证的检验。

就本研究所涉及的后现代观点而言，现有文献虽提出超现实会促进人们的象征性需求和象征消费，而碎化(特别是自我碎化)会带来他们对品牌或品牌形象的不忠，但这些观点同样未经检验；更重要的是，相关的讨论并没有具体分析当品牌具有不同的象征性形象时，后现代性的影响是否仍然保持不变。本研究将后现代性与品牌的象征性形象纳入同一分析框架，在具体分析超现实和自我碎化这两种后现代性倾向在消费者对象征性品牌忠诚的形成过程中所具有的潜在影响的基础上，通过实证研究，不仅检验了文献中有关后现代性影响消费者品牌忠诚的观点，还进一步揭示，对于不同的象征性品牌形象，后现代性在其影响品牌忠诚中的作用并不是一致的，并且总体上它的消极作用有限。本研究的理论贡献具体体现在：

(1)本研究表明，超现实对消费者的自我—品牌联结不仅存在积极的主效应，而且显著地促进了品牌的个人形象和集体形象对消费者的自我—品牌联结的正向影响，从而总体上支持了现有文献中有关超现实增加了消费者对“符号”或“形象”的消费的观点(Cova，1996；Firat 和 Venkatesh，1995)。但我们的研究还进一步表明，超现实对品牌的社会形象和关系形象影响自我—品牌联结的效应存在负向的调节作用，这相对于现有的有关后现代消费和营销的文献说，是一个新的发现。

(2)现有文献一般认为，后现代的自我碎化会带来消费者对象征性品牌或形象的不忠，但本研究表明，自我碎化在象征性品牌形象正向地影响品牌忠诚中的消极作用是有限的。它主要削弱了品牌的个人形象和关系形象、消费者的自我品牌联结对品牌忠诚的正向影响；而在品牌的社会形象对品牌忠诚的正向影响中，自我碎化则起到了强化的作用——这可以为当代中国消费者的奢侈品偏好和购买行为、特别是近年来奢侈品市场的快速增长提供或补充一种新的解释；此外，自我碎化对品牌忠诚并不存在显著的负向主效应。这些研究结论不仅弥补了现有文献的不足，而且可以让我们更准确地认识和理解后现代的碎化可能给消费者的品牌忠诚所带来的影响。

(3)现有研究在探讨象征性品牌形象对自我—品牌联结或品牌忠诚的影响时，往往是将“象征形象”作为一个总体性的构念来对待的，或者所关注的仅仅是某一种特定的象征性形象(如集体形象或品牌个性)，而并没有基于象征性品牌形象的维度体系做较为系统的讨论和检验。同时，由于相对忽视了象征消费的某些特殊性(如自我与象征消费之间的关系)，现有研究也缺少将象征性品牌形象、自我—品牌联结和品牌忠诚纳入同一研究框架所进行的考察。本研究则在一定程度上弥补了这些不足。我们的研究结果表明，除了关系形象之外，品牌的个人形象、社会形象和集体形象对品牌忠诚都存在显著的正向影响，而在它们的影响中，自我—品牌联结则扮演了部分中介的角色。这些结论既丰富了现有的研究成果，也为后续研究中进一步探讨不同象征性品牌形象对品牌忠诚产生积极效应的条件及作用机制等奠定了一定的理论基础。

本研究对于营销管理的实践意义主要体现在以下几个方面：

首先，在全球化的当代背景下，中国的消费者不可避免地会受到西方文化，包括源自西方的后现代文化的影响。本研究的样本在自我碎化上的均值达 5.036，在超现实上的均值也达 4.281，后现代文化对中国年轻消费者的影响已开始显露。虽然本研究只考察了超现实和自我碎化两种后现代状况，但研究结果表明它们对消费者的自我—品牌联结、品牌忠诚的影响却都是显著存在的。这意味着，企业在营销实践中更系统地分析和理解各种后现代的社会文化状况及其对消费者心理与行为的影响，并在此基础上进行有效、合理的应对，很可能是一种必要的战略性选择。因为营销范式总是在基于消费文化的假设中运行的(Holt，2002)，如果消费文化已经发生了重大的变化而营销范式与技术却仍然是传统的、没有改变，则势必会影响营销的效果。

其次，由于象征性品牌形象总体上有利于自我—品牌联结和品牌忠诚，而后现代文化(特别是超现实)对消费的影响之一是它会使人们的象征性需求增加，因此，在后现代的文化背景下，企业就更应重视品牌的象征定位和形象战略，而无须过多担心因为后现代文化的影响所可能产生的负面效应。为了应对后现代碎化所带来的局部的负面影响，企业可以考虑为消费者提供更加多样性的具有不同象征性形象的品牌或产品选择方案，以更好地满足消费者日益增加的情境性自我(或身份)建构的需求。例如，在服装、腕表、箱包等行业，有些企业既为消费者提供传统、经典或复古风格的品牌或产品系列，又为消费者提供现代、前卫和大胆风格的品牌或产品系列，便是我们今天所面对的所谓后现代碎化时代的一种不错的营销选择。

再次，本研究再次检验和验证了象征性品牌形象的四大维度(个人的、社会的、关系的和集体的)，这四个维度实际上为企业进行象征性品牌定位的选择提供了一个有价值的理论指导框架。一般来说，企业可以通过首先选择将自己的品牌与目标消费者的"哪一种”自我(个人的、社会的、关系的或集体的)建立联系；接着选择为该品牌注入“哪些”具体的象征(或自我)意义；然后再通过营销组合策略来进行品牌的象征定位，最终在消费者的心智中确立它的象征性形象。实际上，象征性品牌形象的四个维度所代表的就是品牌象征定位的四种基本选择。例如，百事可乐始终在极力打造年轻、时尚、反传统的品牌个性，即一种个人形象；可口可乐借助于中国的春节试图给中国人一种在家人团聚时可用以助兴、表达亲情的品牌印象(如刘翔代言的“春节回家”广告)，它所选择的是关系形象；汰渍洗衣粉以郭冬临为代言人的系列广告，通过与中国传统社会文化所规范的“好妻子”、“好母亲”的角色身份建立联系，所塑造的是一种社会形象；移动通信品牌动感地带在广告中的“我是M-zone人”口号，则暗示了品牌的一种集体形象。

最后，尽管象征性品牌形象总体上对品牌关系具有促进作用，但并不等于说所有的象征意义对品牌的注入在后现代的文化状况下对消费者所具有的效用都是相同的。我们的研究表明，品牌的集体形象对于发展品牌关系和培养顾客忠诚可能是最为有利的，其次是个人形象和社会形象，而关系形象则最为不利。这些差异的识别为品牌的象征定位提供了更为明确的方向。然而，现实中在个人形象或社会形象上取得成功的品牌似乎是最多的，前者如百事可乐、玉兰油、李维斯以及近几年迅速崛起的快时尚品牌，后者如本土品牌茅台以及众多的奢侈品“洋品牌”；在关系形象上取得成功的也不少，如以“知心、知己”为诉求的枝江大曲，以“爱，用味道表达吧”为诉求的李锦记；相反，重视并成功塑造了集体形象，从而能够给人印象深刻、对消费者具有持续吸引力的品牌却相对较少。这对于集体主义文化背景中的中国市场来说，不能不说是一个遗憾。

3. 局限性及进一步研究方向

首先，本研究调查的重点对象是青年群体，但不同的群体由于所受东西方文化影响的程度及其所处人生阶段、社会阅历的不同，他们对于不同的象征性品牌形象的反应可能存在一定的差异，所以本研究结论的外部效度尚需要进一步的检验；也就是说，该结论是否在青年群体之外的其他年龄群体中仍然成立，还有待后续研究的考察。其次，品牌的关系形象在本研究中是作为一维构念来处理的，但在中国人的关系中有亲疏、远近之分，亲情、爱情和友谊对于不同消费者个体的意义并不一样，因此，可能需要将品牌的关系形象视作一个多维构念，以更好地检验代表亲情、爱情或友谊的不同关系形象对于自我—品牌联结、品牌忠诚的影响在显著性上是否存在差异。再次，除了自我—品牌联结之外，品牌的象征性形象还可能通过其他的中介变量如品牌信任、品牌情感、品牌涉入等作用于消费者的品牌忠诚，而在这些变量发挥中介作用的过程中，后现代性的作用又如何，本研究并没有涉及。最后，西方后现代文化与中国传统文化之间可能既存在一定的相似性，又存在某些差异或冲突。这些不同的文化因素是如何分别或共同作用于消费者对象征品牌的忠诚的，也需要进一步研究。

◎ 参考文献

[1]黄光国. 人情与面子：中国人的权力游戏//黄光国，胡先缙，等. 面子——中国人的权力游戏[C]. 北京：中国人民大学出版社，2004.

[2]姜彩芬. 面子与消费[M]. 北京：社会科学文献出版社，2009.

[3][英]迈克·费瑟斯通. 消费文化与后现代主义[M]. 刘精明，译. 南京：译林出版社，2000.

[4]潘煜. 影响中国消费者行为的三大因素[M]. 上海：上海三联书店，2009.

[5][英]齐格蒙·鲍曼. 后现代性及其缺憾[M]. 郇建立，等，译. 上海：学林出版社，2002.

[6][美]乔治·瑞泽尔. 后现代社会理论[M]. 谢立中，等，译，北京：华夏出版社，2003.

[7][法]让·波德里亚. 消费社会[M]. 刘成富，全志钢，译. 南京：南京大学出版社，2001.

[8][美]斯蒂芬·贝斯特·道格拉斯·科尔纳. 后现代转向[M]. 陈刚，等，译. 南京：南京大学出版社，2002.

[9]王长征. 自我、象征消费与品牌的象征定位[J]. 经济管理, 2006(11).
[10]王长征. 试论象征消费与品牌象征化[J]. 外国经济与管理, 2007(4).
[11]王宁. 从苦行者社会到消费者社会[M]. 北京：社会科学文献出版社, 2009.
[12]许烺光. 中国人与美国人[M]. 徐隆德, 译, 台北：南天书局, 2002.
[13]徐冰. 中国人的“显我”与“隐我”[C]//中国社会心理学评论：第一辑. 北京：社会科学文献出版社, 2005.
[14]于春玲, 王海忠, 赵平, 林冉. 品牌忠诚驱动因素的区域差异分析[J]. 中国工业经济, 2005(12).
[15]翟学伟. 人情、面子与权力的再生产[C]. 北京：北京大学出版社, 2005(6).
[16]张梦霞. 象征型购买行为的儒家文化价值观诠释[J]. 中国工业经济, 2005(3).
[17]张梦霞. 消费者购买行为的中西价值观动因比较研究[J]. 经济管理, 2005(8).
[18]朱瑞玲. 中国人的社会互动：试论面子的运作[J]. 中国社会学刊, 1987(11).
[19]Allen, M. W., Gupta, R. and A. Monnier. The Interactive Effect of Cultural Symbols and Human Values on Taste Evaluation[J]. Journal of Consumer Research, 2008, 35(August): 294-308.
[20]Allen, M. W. and S. H. Ng. The Direct and Indirect Influences of Human Values on Product Ownership[J]. Journal of Economic Psychology, 1999, 20(1): 5-39.
[21]Bagwell, L. S. and B. D. Bernheim. Veblen Effects in a Theory of Conspicuous Consumption[J]. The American Economic Review, 1996, 86(3): 349-374.
[22]Belk, R. W. Possessions and the Extended Self[J]. Journal of Consumer Research, 1988, 15(2): 139-168.

[23] Baudrillard, J. Simulations[M]. New York: Semiotexte, 1983.

[24] Baudrillard, J. "Selected Writings", Cambridge: Polity Press. 1988.

[25] Bhat, S. and S. K. Reddy. Symbolic and Functional Positioning of Brands[J]. Journal of Consumer Marketing, 1998, 15 (1): 32-33.

[26] Brakus, J. J., Schmitt, J. J. and L. Zarantonello. Brand Experience: What is it? How is it Measured? Does it Affect Loyalty? [J]. Journal of Markeing, 2009, 73(May): 52-68.

[27] Brewer, M. B., Gardner, W. Who is This 'We'? Levels of Collective Identity and Self Representations [J]. Journal of Personality and Social Psychology, 1996, 71(1): 83-93.

[28] Cova, B. The Postmodern Explained to Managers: Implications for Marketing[J]. Business Horizons, 1996, November/December: 15-23.

[29] Chaudhuri, A., Holbrook, M. B. The Chain of Effects from Brand Trust and Brand Affect to Brand Performance: The Role of Brand Loyalty[J]. Journal of Marketing, 2001, April: 81-93.

[30] Escalas, J. E, Bettman, J. R. You Are What They Eat: The Influence of Reference Groups on Consumers' Connections to Brand [J]. Journal of Consumer Psychology, 2003, 13(3): 339-348.

[31] Escalas, J. E. Narrative Processing: Building Consumer Connections to Brands[J]. Journal of Consumer Psychology, 2004, 14(1&2): 168-180.

[32] Escalas, J. E., Bettman, J. R. Self-Construal, Reference Groups, and Brand Meaning[J]. Journal of Consumer Research, 2005, 32(3): 378-389.

[33] Elliott, R. and K. Wattanasuwan. Brands as Symbolic Resources for the Construction of Identity [J]. International Journal of Advertising, 1998, 17(2): 131-144.

[34] Firat, A. F. The Consumer in Postmodernity[J]. Advances of

Consumer Research, 1991, 18: 70-76.

[35] Firat, A. F. and Venkatesh, A. Liberatory Postmodernism and the Reenchantment of Consumption [J]. Journal of Consumer Research, 1995, 22: 239-267.

[36] Firat, A. F., Shultz, C. J. From Segmentation to Fragmentation Markets and Marketing Strategy in the Postmodern Era [J]. European Journal of Marketing, 1997, 31(3/4): 183-207.

[37] Firat, A. F. and Shultz, C. J. Preliminary Metric Investigations into the Nature of the "Postmodern Consumer" [J]. Marketing Letters, 2001, 12(2): 189-203.

[38] Fornell, C. and Larcker, D. F. Evaluating Structural Models with Unobservable Variables and Measurement Error [J]. Journal of Marketing Research, 1981, 18(February): 39-50.

[39] Fournier, S. A Meaning-Based Framework for the Study of Consumer-Object Relations[J]. Advances in Consumer Research, 1991, 18: 736-742.

[40] Fournier, S. Consumers and Their Brands: Developing Relationship Theory in Consumer Research [J]. Journal of Consumer Research, 1998, 24(4): 343-373.

[41] Hsieh, M-H., Pan, S-L. and R. Setiono. Product-, Corporate-, and Country-Image Dimensions and Purchase Behavior: A Multicountry Analysis [J]. Journal of the Academy of Marketing Science, 2004, 32(3): 251-270.

[42] Hung, C-H. The Effect of Brand Image on Public Relations Perceptions and Customer Loyalty [J]. International Journal of Management, 2008, 25(2): 237-246.

[43] Jaccard, J., Turrisi, R. Interaction Effects in Multiple Regression [M]. Newbury Park, CA: Sage Publications, 2003.

[44] Johnson, M. D., Anderson, E. W., and Fornell, C. Rational and Adaptive Performance Expectations in a Customer[J]. Journal of Consumer Research, 1995, 21 (4): 256-267.

[45] Li, J. J. and C. Su. How Face Influences Consumption: A Comparative Study of American and Chinese Consumers [J]. International Journal of Market Research, 2006, 49(2): 237-256.
[46] Lyotard, J-F. The Postmodern Explained [M]. Minneapolis: University of Minnesota Press, 1992.
[47] McCracken, G. Culture and Consumption: A Theoretical Account of the Structure and the Movement of the Cultural Meaning of Consumer Goods [J]. Journal of Consumer Research, 1986, 13 (1): 71-84.
[48] McEnally, M. and Chernatony, L. The Evolving Nature of Branding: Consumer and Managerial Considerations[J]. Journal of Academy of Marketing Science, 1999, 1 (2): 1-26.
[49] Nunnally, J. C. , Bernstein, I. H. PsychometricTheory[M]. New York: McGraw-Hill, 1994.
[50] Reed, A. Ⅱ, and Bolton, L. E. The Complexity of Identity[J]. MIT Sloan Management Review, 2005, 46(3): 18-22.
[51] Roth, M. The Effects of Culture and Socioeconomics on the Performance of Global Brand Image Strategies [J]. Journal of Marketing Research, 1995, 5: 163-175.
[52] Park, C. W. , Jaworski, B. J. and D. J. Maclnnis. Strategic Brand Concept-Image Management [J]. Journal of Marketing, 1986, 50(October): 135-145.
[53] Richins, M. L. Special Possessions and the Expression of Material Values [J]. Journal of Consumer Research, 1994, 21 (3): 522-533.
[54] Schau, H. J. and C. A. Russell. Me, My Self, and Brands[J]. Advances in Consumer Research, 2005, 32: 335.
[55] Tsai, S-p. Utility, Cultural Symbolism and Emotion: A Comprehensive Model of Brand Purchase Value[J]. International Journal of Research in Marketing, 2005, 22: 277-291.
[56] Wan, W. N. et al.. Do Traditional Chinese Cultural Values

Nourish a Market for Pirated CDs? [J]. Journal of Business Ethics, 2009, 88: 185-196.

[57] Wang, L. C. and X. H. Lin. Migration of Chinese Consumption Values: Traditions, Modernization, and Cultural Renaissance[J]. Journal of Business Ethics, 2009, 88: 399-409.

[58] Wattanasuwan, K. The Self and Symbolic Consumption [J]. Journal of American Academy of Business, 2005, 6(1): 179-184.

[59] Wong, N. Y. and A. C. Ahuvia. Personal Taste and Family Face: Luxury Consumption in Confucian and Western Societies [J]. Psychology and Marketing, 1998, 15(5): 423-441.

[60] Zhou, N. and R. W. Belk. Chinese Consumer Readings of Global and Local Advertising Appeals[J]. Journal of Advertising, 2004, 33(3): 63-76.

[61] Zhou, Z. and K. Nakamoto. Price Perceptions: a Cross-National Study Between American and Chinese Young Consumers [J]. Advances in Consumer Research, 2001, 28: 161-168.

6 认同营销：象征性品牌形象的管理

我们已经就象征性品牌形象的概念和维度、它对消费者反应的影响与作用机制以及中国人的面子和消费者的后现代性等因素在象征性品牌形象的效应中所具有的调节作用等进行了较为系统的探讨。作为本书的最后一章，我们将基于这些研究发现试图提出和建构一个具有一定实践应用价值的营销新概念——“认同营销”(identity marketing)，并希望通过对它的讨论，能对未来的、特别是企业视角的相关研究带来一定的启发。

6.1 消费者的身份工程与认同营销

本质上讲，消费者购买和使用象征性的品牌和产品就是为了实现自我(或身份)的建构与表达。因此，消费者的自我在理论上常被视为一种“象征工程”(symbolic project)或“身份工程”(identity project)，它是个体必须积极地使用可得到的象征性材料来建设的一项工程(Thompson 和 Arnould，2005；Elliott 和 Wattanasuwan，1995)。

Thompson 和 Arnould(2005)指出，消费者实施身份工程的目的在于更好地理解自我和“我”的生活意义，而消费者建设身份工程的手段之一就是身份叙事(identity narrative)，即讲故事。消费者通过把生活中的重大事件串联起来构成一个连贯的故事的方式来理解他们自己和他们生活的意义。消费者的故事不仅能让周围的人们理解“我是谁”或“我是什么样的人”，而且故事的叙述也能为个体创造一种连贯和整体的自我感。身份叙事还解释了个体与他人、群体之间的亲密关系以及他对另外一些人和另外一些群体的拒绝。

如同其他许多事物存在生命周期一样，人们的身份工程也可能是有生命周期的(Kleine，2000)。Kleine(2000)将身份工程生命周期(identity project life circle)共划分为六个阶段：前社会化(pre-socialization)、身份发现(identity discovery)、身份构建(identity construction)、身份维持(identity maintenance)、身份潜伏(identity latency)和身份处置(identity dispositon)。前社会化阶段是特定文化形态下个体的文化同化和适应过程，它是个体习得相关社会角色的角色图式(role-schema)和典型消费模式的阶段。在身份发现阶段，个体评估各种可能的社会角色并最终做出建构何种社会身份的选择。当个体开始累积与社会角色相关的产品、消费和行为模式时，他便进入了身份建构阶段。当个体的某种身份已变得相对成熟和稳定时，他也就处在了身份维持的生命周期阶段。身份潜伏阶段指的是个体由于某些条件的限制而暂时停止实施与身份相关的活动和消费行为。身份处置则是消费者旨在摆脱和舍弃他曾经建立和拥有的某种身份。

由于自我或身份的多重性或碎化以及特定身份工程的生命周期特点，个体在自我的建构与表达中常常会面临身份冲突、身份叙事潜在的非连贯性等方面的威胁或挑战。为了有效应对，消费者在日常生活中便需要有合适的象征资源和恰当的资源运用策略。例如，Ahuvia(2005)的研究发现，消费者的“心爱之物”在回避自我碎化的威胁，建构一种连贯、一致的身份叙事中扮演着关键性的角色。当面临后现代的身份碎化(identity fragmentation)威胁时，消费者往往会通过三种行为策略来建构一种连贯的自我叙事：“划清界限”(demarcating)、“折中”(compromising)和“综合”(synthesizing)。例如，假设一位消费者正在经历A和B两种身份之间的冲突。“划清界限”的解决方案就是认同A而拒绝B。“折中”的解决方案假设A和B之间的冲突是一种零和游戏，并且试图在A和B之间找出一条认同的中间道路(既不是A，也不是B)。“综合”的解决方案假设冲突并不是一种零和游戏，A和B的综合可能为消费者同时带来A和B的大部分或所有的好处，因此这一方法导致了对一种新的可能身份的认同(既是A又是B)，并且能够获得某些预料之外的好处。

虽然有许多不同的社会资源可以被运用于身份工程，但在当代的社会经济和文化条件下，市场却为人们的身份工程提供了最重要的象征资源，即商品(Thompson 和 Arnould，2005)。总体上，我们可以将身份工程所需的资源区分为社会联结(social connection related to identity)、身份自尊(esteem related to identity)、媒介联结(media connection related to identity)和拥有物(possessions related to identity)四种资源(Kleine，Kleine III 和 Kernan，1993)。这里，社会联结是指个体与具有相同身份的他人之间的社会互动；身份自尊是指个体对某种特定身份的评价；媒介联结是指个体借助于媒介(与身份相关的报纸、杂志和电视)获取与身份相关知识的程度。我们并不该否认这些社会性资源对于身份工程的重要性；同样，我们也必须承认，市场所提供的资源(商品或拥有物)至少是同等重要的，甚至有越来越重要的趋势。正因为如此，从营销者的角度来讨论为消费者创造和提供他们的身份工程所需的象征性的品牌和产品，才有了它的必要性。

这种必要性正随着后现代文化的广泛渗透和不断强化而日益凸显出来。哲学家和社会学家们已广泛地讨论，在当代的(特别是后现代的)社会文化状况下，个体正面临着“意义的丧失”、他们的自我越来越多地面临“日益迫近的个人无意义的威胁”或者消弭于“无我”之中的可能。而从自我产生于空虚或虚无的观点来看，个体为了获得一种“存在”的自我感，就不得不持续地用意义来填补这种空虚(Wattanasuwan，2005)，并借助于这些意义在他们的自我与他人或群体之间建立起社会的联系。这即是说，人们对自我的建构，实际上就是对意义的寻求。人们正是通过对意义的寻求来建立或恢复一种“我是谁”的自我感的。人们对什么样的自我建构，或者人们对什么意义的寻求和表达，也就决定了他们采取什么样的行为。

然而，人们在自我建构中所寻求的意义，并不同于其他的一般的意义。理论上，“意义”(meaning)这一术语具有广泛的含义，它可以被区分为词汇意义、哲学意义和心理意义(Szalay 和 Deese，1978；Hirschman，1981)。其中，消费者行为研究者和营销学者所关注的主要是心理意义(psychological meaning)，即“一个人(对刺激所产生)的主观感知和情感反应”(Georgia，1986)，并且通常被进一步区分为功能的、体验的和象征的意义(Park，Jaworski 和 MacInnis，1986；Keller，1993)。消费者为自我建构而在消费生活中所寻求的意义，则仅限于象征意义。这是因为，产品或品牌的其他意义，如功能意义，由于与自我无关(詹姆斯的身体自我除外)，它们对于自我的建构是没有直接的价值的。实际上，这里的象征意义就是社会心理学家所说的“自我意义”(self meaning)。

依据认同理论和社会认同理论的观点，个体在社会生活中会扮演许多角色，这些角色有可能被内化为他或她的一种身份，从而构成了自我；自我就是由这些角色身份(role identity)所构成的(Burke，1997；Stryker 和 Burke，2000)。而每一种身份都隐含相关角色的扮演者需要遵从的一组规范或准则，即自我意义。例如，如果一名在校大学生对自己的这一身份具有较强的认同感，他或她在日常的学习和生活中通常就会按照学业优秀、理智主义、善于交际、自信等标准(Burke，1997)来要求自己，并在此过程中完成“大学生”这一身份(或自我)的建构。

正是基于上述逻辑及心理学中有关自我构成的讨论和分类，本书才将象征性品牌形象(品牌的象征意义)区分为个人形象(个人自我意义)、社会形象(社会自我意义)、关系形象(关系自我意义)和集体形象(集体自我意义)四个维度进行理论建构和实证检验。现在，我们需要从消费者的视角转换到企业的视角来讨论本书研究的营销管理含义。

当企业或营销者开始关注消费者的身份工程以及由此所产生的身份(或自我)相关的需求，并致力于为消费者提供其身份工程所需的具有象征意义(或自我意义，或身份信号)的品牌和产品时，他们就已经在从事认同营销了。例如，由第九城市、暴雪娱乐和招商银行三方合作共同推出的“魔兽世界”联名信用卡，它的营销实践主要就是以魔兽世界游戏玩家的身份认同作为核心来运作的。该信用卡卡面上的魔兽世界标志、经典人物图案等，无不体现了营销者对魔兽世界玩家特有的身份需求和认同心理的一种关怀。

认同营销的思想精髓就体现在“认同”这一社会心理学术语上。我们日常表述中所讲的“认同”，实际上涉及两个相互关联的理论概念：一是identity，即“身份”，它与个体在社会中所扮演的角色有关(Stryker和Burke，2000)，比如“我是一位父亲”、“我是一名教授”、“我是魔兽玩家”等，表述的就是一个人所拥有的某种特定的角色身份(role identity)。二是identification，即“认同”，理论上常常使用这一术语来表达或描述个体与他人、群体、商品等之间关系的强度，如群体认同、品牌社区认同、品牌认同等概念，就是在这一意义上使用该术语的。当某一角色、重要的他人或群体成员身份等被内化时，它们便成为个体的自我概念的一部分(Reed Ⅱ和Bolton，2005)，即所谓的“延伸的自我”(the extended self)，从而影响人们的行为。

由于“身份”对于人类的个体或群体行为有着至关重要的影响①，认同营销就是针对消费者的身份以及由此产生的相关需求而展开的一种营销活动。它旨在通过一系列的营销运作，将营销的客体(产品和品牌)打造成它的消费者的某种身份象征，使它可以被消费者用来进行身份的建构与表达，进而赢得消费者的喜爱、购买和使用。

因此，认同营销成功的关键是，一个产品或品牌能否被注入一定的象征意义(即被象征化)，使消费者将它视作自己所拥有或渴望拥有的某种身份的象征。仍以“魔兽世界”联名卡为例，它要想达到预期的认同营销的目的，就必须让它能够成为魔兽玩家心目中某种自我身份(玩家自己的个性)或魔兽玩家群体成员身份的一种象征。只有这样，这个银行卡品牌对于它的消费者才具有个性表达和群体成员身份表达的利益和价值，并因此能为他们“身份(或自我)相关的”需求提供相应的满足。

---

① 例如，社会心理学领域的认同理论(identity theory)和社会认同理论(social identity theory)就是通过角色身份或群体成员身份来对个体或群体的行为提供解释的，它们目前已成为学术界最为广泛接受的解释人类行为的两种理论。

可见，认同营销在概念上包含三层基本的含义：(1)消费者的自我或身份相关的需求是认同营销的出发点，而满足这种需求则是认同营销最直接的目标所在；(2)认同营销的核心是通过象征意义的注入将产品和品牌象征化，使它可以成为消费者的某种或某几种身份的象征；(3)作为认同营销的结果，已经成为身份象征的产品或品牌最终也将融入消费者的自我概念，形成一种相对稳固、持久的“自我—品牌联结”关系，达到高度的品牌认同境界，并通过忠诚性的消费行为而得以体现。

6.2 认同营销逻辑下的品牌形象战略

事实上，认同营销的逻辑起点就是消费者的象征性需求，也就是前文中所说的“身份(或自我)相关的需求”。一般来说，消费者的需求可以区分为功能性、体验性和象征性三种需求(Park, Jaworski 和 MacInnis, 1986)。功能性需求是问题解决型的需求，如人类较低层次的生存需求等；体验性需求是对那些能提供感官快乐、多样性和/或认知刺激的产品的欲望；象征性需求则是源自自我(或身份)的需求，如自我提升、自我验证、角色定位、群体成员身份表达、自我认同和社会认可等。象征性需求属于马斯洛的较高层次的人类需求。

在物质日益丰富的当代社会，由于物质和功能性需求已经得到了较好的满足，象征性需求以及由此产生的象征消费便成了人们日常消费生活中相对更加重要的一个部分。也就是说，对于今天的消费者来说，他们购买商品并不仅仅是因为它们所具有的物理属性和功能价值，他们至少同样地(甚至更多地)也是为了它们所具有的心理意义或象征价值(Cova, 1996)。正因为如此，越来越多的企业(特别是西方企业)已将其营销努力的重点从产品或品牌的物质和功能属性转移到了它们的象征或表达属性(Mcenally 和 De Chernatony, 1999)。

要有效地实施认同营销，一项基础性的工作就是要识别和区分目标消费者的自我构成，或者说他们拥有哪些身份，特别是对于他们来说相对重要的那些身份。Brewer 和 Gardner(1996)等心理学家提出的自我分类框架可以很好地帮助营销者完成这项工作。这个框架把自我区分为个人自我、社会自我、关系自我和群体自我。其中，个人自我是个体化的、差异化的自我概念，由个体区别于他人的特性所定义，这些特性包括个体的能力、态度、价值观和人格特质等。在个人自我的作用下，消费者的行为动机是自利的，如自我验证、自我提升、个性表达等。社会自我指的是个体所扮演的各种社会角色以及由于相应的角色扮演而在公众或他人心目中所赢得的声望、地位与认可，如“我是一名在群体中享有很高声望的魔兽玩家”等。社会自我的动机也是自利的，如个人的成就、地位、声望等。

关系自我是源自与重要他人之间的联系和角色关系(如父子、夫妻、情侣、朋友等)的自我概念，如“我是××的父亲”、“我是××的真心朋友”等。与个人自我和社会自我的自利动机不同，关系自我产生的动机却是利他的，它所关注的是关系对方(而不是自己)的利益和满足，如对方的自尊、快乐、荣誉等。集体自我则与社会认同理论和社会分类理论中的社会身份(social identity)概念一致，指的是根据群体成员身份所定义的自我概念，如“我是中国人”、“我是 M-zone 人”等。源自集体自我的动机也是利他的，如内属群体(in-group)相对于其他群体的地位、声望和大多数群体成员的福利等，而且作为群体成员的个体所寻求的是参考“群体原型”而被去个性化的一种自我感。

营销者除了需要关注消费者的自我结构之外，对自我的动态性和可能的碎化倾向也是必须加以重视的。由于当代的消费者个体往往拥有多重的、动态的和矛盾的自我，他们在现实生活中可能遭遇自我分裂或碎化(Firat 等，1995)的危险(Ahuvia，2005)。在面对这种情形时，不同消费者个体的态度、体验和选择可能是不一样的。

对于有些消费者来说，他们可能不再寻求某种“核心的”或“本质的”自我，他们也不再去试图建构一种连续的、宏大的叙事；相反，他们仅仅以一种游戏的心态对待他们的自我，通过投身于不断的自我形象转换的游戏，寻求在每一种情境、每一个瞬间的自我建构与表达中获得一种积极的情感愉悦和体验(Firat 和 Shultz, 1997)。对于他们来说，明智的生活策略就是尽量避免维持某种固定的认同，而不是坚持某种固定的认同(鲍曼，2002)。因此，反映在现实的消费生活中，我们常常可以观察到，有些消费者并没有一个连续的、稳定的自我形象，他们在每一种消费情境中所呈现的自我形象可能都是不一样的。事实上，只要有购买能力，他们就会为了在某种情境中塑造和表达某种自我形象，尝试性地、暂时地购买和消费一些商品，然后，他们会很快地放弃这些商品，带着另外一些商品进入另外一种情境，转向另外一种形象。这就是后现代理论家们所称的一种"自我碎化"的后现代社会状况。

对于当代的另外一些消费者来说，他们的日常生活虽然同样面临着多重自我的冲突和矛盾以及由此所产生的紧张和压力，但他们却不必为此牺牲其同一性和整体性的自我感。例如，消费者在通过个人网站进行"数字自我"的呈现时，他们往往会通过使用品牌和超级链接来创造多重的、非线性的数字自我，而在这样做的时候，并没有损害他们自我的整体性或同一性(Schau 和 Gilly, 2003)。消费者也可以策略性地使用那些具有象征意义的商品，如他们的"心爱之物"，在冲突、矛盾的不同自我之间通过"划清界限"(demarcating)、"折中"和"综合"(synthesizing)的方法，来建构一种连贯的身份叙事。因此，这些消费者在他们的日常生活中，在不同的时间和不同的消费情境下，也可能呈现出许多不同的自我形象，但他们仍然在复杂的、动态的、多重的自我之间成功地维持了和谐与统一。他们的自我并没有如我们表面上所观察到的那样出现分裂或碎化。

上述第二种情况与中国人的行为模式十分吻合。一般意义上，西方文化强调的是"自我一致性"，并且假设个体具有一个"核心的"、"内在的"或"本质的"自我，它鼓励人们在不同社会情境下的言行与这个自我保持一致。因此，在这种文化背景下的人们，只有遵从这种"自我一致性"的原则，才能赢得他人或社会的肯定，从而缓解来自社会的压力并保持个体的身心健康(Cross, Gore 和

Morris，2003）。但是，在中国文化背景下，一个人在不同情境之间的不一致才是被期望的，他在不同的情境之间调整行为的能力实际上被看作是一个人成熟的标志，并且会因为具有适应能力而赢得他人的赞赏，甚至被认为是“修养好或识大体”（杨国枢，2005）。所以，中国人的行为偏向于“情境决定论”，即人们根据他在不同情境中所扮演的角色和具有的身份地位来选择自己的言行，而这一倾向又必然会导致消费者个体所呈现的自我形象的多样性和复杂性。

自我本身以及由此所产生的相关需求的多样性、动态性和复杂性，既为认同营销带来了机会，也为其带来了挑战。事实上，象征性品牌与功能性品牌在其满足的消费者需求（前者满足的是与自我相关的需求，后者满足的是解决或避免问题的需求）、提供的价值（前者提供的是象征价值，后者提供的是功能价值）以及价值的来源（前者是外生的，后者是内生的）上都有着显著的差异（Keller，1993）。这意味着，认同营销相对于传统营销来说，它必须在市场细分、价值定位和营销传播三个方面实现相应的战略性转移。

1. 在市场细分上，从传统细分转向自我细分

品牌的象征价值不可能像功能价值那样可以进行“客观”的算计。消费者在象征消费中往往更加偏好于对品牌做出情感性的判断，并据此形成他们的态度，而不是像在产品消费中那样，对品牌属性逐一地做出判断、评估①（Allen 等，2002）。在这种情况下，具有不同意义偏好和自我动机的消费者，他们对于相同品牌的判断和态度，可能是完全不一样的。但这种差异并不是由传统的细分变量（如人口统计特征、稳定的人格特质变量等）所决定，而是由不同的个体或同一个体在不同的情境中所寻求的自我或自身的差异所决定的。例如，在传统细分变量上非常“同质”的两名企业经理，

---

① 研究表明，相对于基于品牌属性的判断来说，基于认同的判断（或情感判断）及在此基础上形成的品牌态度会更加持久、不易改变（Reed 和 Bolton，2005）。

但由于在这一职业角色的认同上的差异，他们的消费模式和生活方式就可能有着天壤之别：其中的一个人在上班时会穿着打扮成典型的经理人形象，另一个人则很可能看上去像一个“另类”。

因此，运用传统的市场细分方法，是无法解释和预测自我驱动的象征消费行为的。事实上，自我或认同已日益成为人们消费生活的中心，它们对于个体的行为往往起着决定性的作用（Yuki，2003）。在这种消费文化状况下，从传统细分转向基于自我的细分，也就成了当代企业在品牌营销中的一种必然选择。而且自我的多重性和动态性，也为基于自我的细分提供了更多的市场机会。例如，辉瑞公司的“伟哥”在广告中塑造的是一个看上去只有40来岁而实际上可能已经50岁的、英俊的、健康的男人形象——一种具吸引力的、消费者所渴望的个人认同。同样用于治疗性功能障碍的“凯力士”和“力维拉”，其认同诉求是做一个亲密的、有思想、富有激情和浪漫的伴侣。麦当劳近年来在美国本土的广告中所寻求的则是同时与“快餐的消费者”和“关心健康的个体”两种不同的自我建立联系。

2. 在价值定位上，从属性、功能定位转向象征定位

与自我细分一致的是，品牌必须在象征空间中寻找和确立它的位置。传统的品牌价值定位往往是在属性或功能空间中进行的，如一些啤酒品牌在由味道（如苦与不苦）与热量（高热量与低热量）构成的二维属性空间中选择的定位。这样的定位即是所谓的属性或功能定位。与之对应的则是象征定位，它是在象征空间中根据象征意义的维度而进行的一种定位。如宝马、李维斯、可口可乐、百事可乐等，这些历史悠久的品牌在今天的市场中仍然能够保持它们的成功和活力，无一不与它们通过象征定位而为消费者创造和提供的独特的象征价值有关。

对于这些或类似品牌的成功，英国经济学家约翰·凯一语道破其中的奥秘：“当我洒上我的名品香水时，我说，我是不可征服的；当我从我的宝马中钻出时，我说，我是一个商业银行家；当我倒上一杯超浓贮藏啤酒时，我说，我是不谙世事的少年；当我穿上我的李维斯牛仔服时，我说，我是英俊的。”①正是由于这些产品或品牌所具有的独特的象征意义，消费者才把它们看成了“我的”，因此他在拥有、使用这些产品和品牌时，也才能够获得一份积极的体验和情感的愉悦。

然而，一个品牌被赋予了象征意义，并一定意味着它就拥有了象征价值，或者说它自然地会受到消费者的欢迎和喜爱。事实上，消费者只会偏好和选择那些与其特定的自我一致的产品和品牌。如果品牌形象与自我不一致，消费者在购买时就很可能有意地回避这个产品，甚至公开地表明他们不喜欢的态度。例如，一个十几岁的少女可能通过拒绝她曾经十分迷恋的“芭比”娃娃，来声明或表达她已不再是一个孩子了。消费者也可能通过回避“哈雷”摩托，来表示他并不认同甚至反对不安分守法的霍布斯世界(Hobbesian world)的价值标准和道德准则。在这一意义上，如果说“我消费什么，我就是什么”是正确的话，那么，“我拒绝或回避什么，我就是什么”的说法也同样是正确的。

此外，由于品牌的象征利益是一种与产品属性无关的外生优势(Keller，1993)，企业也可以有更多的机会选择不同的方式来对其品牌进行象征价值的定位，而不必与竞争对手发生正面的对抗(Reed 和 Bolton，2005)。例如，烟草行业长期以来所塑造的一种“酷儿”的、反叛的产品形象，已深深地扎根于许多人的心目之中了。传统的、强调吸烟可能上瘾及其危害健康的反吸烟广告，对于十几岁的青少年来说，一般收效甚微。但是，近年来发起的广告运动却正在改变这一状况，因为新的广告致力于帮助青年人确立一种替代的自我概念，即一种并不为烟草行业所操纵的，有知识、有能力的消费者形象。

3. 在营销沟通上，推动和引导消费者“解释社区”的形成

尽管广告在为品牌引入象征意义上具有关键性的作用，但品牌

① 转引自：[美]肖恩·史密斯，[美]乔·惠勒. 顾客体验品牌化[M]. 韩顺平，吴爱胤，译. 北京：机械工业出版社，2004：2.

的象征意义实际上处在持续的生产和再生过程之中(Elliott 和 Wattanasuwan, 1998)。在这个过程中, 消费者通过积极的参与和解释, 一方面就某些品牌的象征意义达成了一致和共享, 另一方面也发展了属于他们自己的个性化的象征解释。而通过象征化产品和品牌的使用和消费, 特别是个人仪式和社会性的互动, 象征意义从产品和品牌转移到了个体, 进而实现自我的建构、维持和表达(McCracken, 1988)。理解意义的这一循环流动的过程具有重要的营销管理含义。它意味着, 营销者必须尽可能地为消费者创造和提供进行品牌意义解释的参与空间。这种方法曾经被看作是有缺陷因而是不可取的, 因为它可能导致消费者的消极解释和反应。但是, 在当代的消费文化状况下, 这种做法如果操作得当, 却是能带来积极效果的。

例如, Ritson 和 Elliot(1997)有关美国X一代的研究表明, 通过精心设计的鼓励"强"阅读的"弱"广告, 可以鼓励X一代的观众对广告做出积极的解释(Elliott 和 Wattanasuwan, 1998)。这种开放式的广告没有特定的叙事取向和明确的意义内容。但是, 这些广告通过使用音乐或影像等符号元素, 可以唤起观众对广告的一种积极的、简单的总体性的反应。消费者观看这种广告时, 会因为它没有任何强行安排的意义, 而导致对它的一种"强"阅读。结果, 消费者对广告的意义获得了一种非常个人的, 与其个人的生活情境和历史有关的解释。由于所有X一代的人都渴望社会的认可和肯定, 他们也与其他"同类人"之间展开了有关广告意义的讨论。因此, 这种广告还导致了一种解释社区的形成。

如果广告能够促成积极的解释社区的形成, 那么广告的效果就将是令人兴奋和值得称许的。通过参与和社会互动而形成的解释社区, 对于来自外部的消极的品牌解释信息是有很强的"免疫力"的(Reed 和 Bolton, 2005)。因为在解释社区的成员之间会形成共享的认同, 而认同则可以使群体及其成员免受来自外部的与其共享的意义不一致的解释的影响。当然, 如果营销者在品牌意义的解释过程中缺少积极、有效的介入和引导, 解释社区也可能赋予其品牌有悖于营销者初衷的消极的象征意义。例如, 奔驰在日本经常被看作是黑社会的身份标志，而宝马目前也被许多中国消费者当作是一种“暴发户”的车。

如果说以上“三个转移”的讨论主要涉及认同营销的理念和观念问题的话，那么，我们还必须解决认同营销操作层面上的方法问题。由于品牌的象征定位是认同营销所要解决的战略性的、也是关键性的一个问题，下面我们将主要就此给出一个相对清晰、完整的可用于指导企业进行象征定位或象征性品牌概念(brand conception)选择的“定位图”①，以期为企业的认同营销实践提供一套更加有用的战略性工具。

1. 基于自我空间的象征定位图

如同自我可以被比作一个象征工程一样，它也可以被视为一个“象征空间”(Newsom，2004)。这里，我们将试图描绘这一空间，使它成为一张可用于指导品牌象征定位的相对精确的“地图”。要绘制这张地图，必须借助于心理学和社会学中的自我理论。在自我理论中，我们便不难发现，现有的文献对自我的描述和讨论涉及两个维度：一个维度就是传统的、一般意义上的“空间”维度；另一个维度是“时间”维度。但社会心理学家的兴趣似乎更偏向于自我在空间上的延伸(表现为“自我边界”的扩展)，并且认为寻求这种空间上的“延伸的自我感”是人类的一个基本动机，如从社会身份中获得一定的自尊或自我满足。

在有关自我的讨论中，心理学家和社会学家向来就有所谓的“自我边界”的争论。这便是空间维度上的一种争论。但是，近年来争论的焦点并不在于个体的自我概念是否包含或受到他人或群体的影响，而在于他人、群体及其与个体的交互关系的影响会形成哪些不同的自我建构(self-construal)。事实上，所有的理论都承认，不同的自我建构在个体身上是共存的，它们可能在不同的时间或不同的情境中被激活因而影响个体的行为(Brewer 和 Gardner，

① 本部分的主要思想和观点曾发表于《外国经济与管理》2007 年第 4 期，此处做了一定的修改。

1996)。我们已经指出，Brewer 和 Gardner(1996)等学者提出和发展的包含个人自我、社会自我、关系自我和集体自我的分类框架是一个很好的参照，并且本书的研究主要参照的就是这个自我分类的理论框架。但是，我们也应注意，人类的自我是具有时间上的意义的。

事实上，仅为数不多的研究者对自我的时间维度进行了讨论。尽管有一些传统的社会心理学的讨论可能已经超出了自我的空间维度，但它们没有明确提出时间上自我延伸的概念。其中，颇为著名的便是将自我区分为实际自我(actual self)、理想自我(ideal self)、社会自我(social self)和理想的社会自我(ideal social self)的理论框架。然而，这些理论并没有把关注的重点放在自我的时间维度上。相反，在市场营销和消费者研究领域，Belk(1990)则明确提出了个体的自我可能在时间维度上被延伸的观点。

Belk(1990)指出，拥有物有可能成为消费者的“延伸自我”，这是一种空间的延伸。通过这种延伸，拥有物可以使我们变成“更大的人”(bigger people)。然而，自我也可以在另一个维度，即时间维度上被延伸，因为除了根据直接的环境被定义外，我们也根据我们的过去和未来而被定义。例如，当我们宣布我们在三个小时之内完成了一次马拉松长跑或者正在通过学习而成为一名医生时；当我们的血统可以追溯到“五月花”(Mayflower)号上的冒险者或者给某个孩子取名为“五月花”时；当我们访问了国家历史博物馆或者拥有一件打算传给子孙的传家宝时，自我就在时间上被放大了(Belk，1990)。从这一认识出发，他指出，消费者之所以保有某些过去的东西，就是为了寻求和维持一种过去的自我感。

类似地，Kleine 等人(1995)通过对物恋(material possession attachment)的研究也发现了“依恋空间”中存在的时间维度。他们指出，每一种依恋都体现了从属关系(affiliation)、对自治的追求(autonomy seeking)及其与过去、现在或未来的时间取向之间的某种特殊的组合，而且，时间取向有助于解释由特定拥有物所体现的自我相关的任务。虽然我们的过去对我们来说已成定局、是不可更改的，但我们却可以通过选择保留或放弃一定的拥有物来建构我们的生活故事。因此，举例来说，现在取向的拥有物也就反映了此时、此地的自我相关的任务，即目前正在被建构的“我是谁”的问题。

根据上述空间和时间两个维度，我们便可以构建一个相对完整的分析消费者自我象征空间的理论框架(见图 6-1)。实际上，我们每一个人试图建构和表达的自我，无论是个人的、社会的、关系的还是集体的自我，都会有它的过去、现在或未来的时间取向。进而言之，每一个特定的自我都同时具有空间和时间上的取向，而这两个方面的取向，也就决定了个体的象征性购买和消费行为。例如，我们许多人都珍藏着一些老照片，它可能是我们过去的一张单人照(如学位照)，或者是与某位重要的他人的合影(如结婚照)，或者是作为某个重要群体的成员而与其他成员在一起时拍摄下来的集体照(如毕业照)。我们之所以今天仍然珍藏着这些照片，就是因为它们记录着我们的过去，代表了我们过去的自我。又如，“我”现在拥有和驾驶的是一辆“雪铁龙”车，而且对它很满意，很重要的原因就在于，我的同事们都开它，因而它可以帮助我建构和表达我现在的一种集体的自我感。再如，在情人节的时候，许多男孩子会向他们的女朋友或者意中人送上一盒精致的“德芙”巧克力，就是因为“德芙”可以被他们用来表达一种情侣关系中的现在或未来的自我。

未来	未来的 个人自我	未来的 社会自我	未来的 关系自我	未来的 集体自我
现在	现在的 个人自我	现在的 社会自我	现在的 关系自我	现在的 集体自我
过去	过去的 个人自我	过去的 社会自我	过去的 关系自我	过去的 集体自我
	个人的	社会的	关系的	集体的

图 6-1　基于自我空间的象征定位图

2. 自我空间中的品牌象征定位

根据我们的定义，象征性品牌形象实际上就是消费者有关品牌的象征意义，即与自我相关的意义的联想。品牌在消费者的记忆中拥有了这种意义联想或象征性形象，它才可能最终与消费者的自我建立一种联系。因此，一个企业若要成功实施品牌的象征定位，它必须首先在赋予品牌何种或哪些象征意义上做出选择。本书所提出的消费者“象征空间”模型，则为品牌象征定位中的意义选择提供了一个有用的“指南”：企业可以在12种相对具体的象征性品牌概念中做出选择，以决定一个品牌在消费者的象征空间中所要占据的位置(见图6-2)。下面我们将分别讨论这些不同的品牌象征定位。

①与过去、现有或未来的个人自我相关联的象征定位。这种象征定位旨在使品牌与消费者的个人自我建立一种联想或联系，它可以有三种选择，即与某种过去的、现在的或未来的个人自我相关联。一个品牌可以选择代表某种或某些人类的个性特征，如百事可乐彰显的是年轻、时尚和反传统的个性，玉兰油突出的是温柔和成熟的个性；也可以选择代表某种价值观、情绪、态度和能力等，如“李宁”让人想起了“一切皆有可能”(涉及态度和能力等)，诺亚舟的“新状元”让人联想到了未来的成功(一种价值观，涉及未来的自我)，“太子奶”选择了以“孝道”(一种价值观)作为它的广告诉求，“老三届”、“人民公社”的餐馆名称则让许多人回忆起自己曾经有过的年轻、单纯、激情、火红的岁月(涉及过去的自我)。可见，即使是与个人自我相关联的象征定位，也不必局限于“个性”的选择。有些人常常将“品牌形象”与“品牌个性”不加区分，显然是一种误解或混淆，这必然会限制一个品牌寻找和开发市场机会的潜力。

②与过去、现有或未来的社会自我相关联的象征定位。它通过赋予品牌一定的社会自我意义，来实现与目标消费者过去、现在或未来的社会自我之间的关联。例如，不少奢侈品品牌在进行其产品推介时，会强调它的复古、奢华，便是旨在激发目标消费者对其过去的社会自我的一种联想与怀旧，以使它的品牌和产品能建立与消费者的过去的社会自我之间的关联。而另一些奢侈品牌在它的产品宣传时，又会强

调产品的时尚、现代与奢华，其目的则是使它的品牌和产品与目标消费者的现在或未来的社会自我之间建立积极的关联。

③与过去、现在或未来的关系自我相关联的品牌定位。这种定位是为了建立品牌与消费者的关系自我之间的联系，它也可以有过去、现在或未来三种选择。在中国的传统文化背景下，关系(和集体)相对于个性，对于个体的自我概念的影响更大，而遵从相应关系(和集体)规范和准则的行为，也更加受到社会和文化系统的肯定(如中国人常讲“小我”服从“大我”)。尽管今天的青少年消费者群体乃至整个社会都或多或少地受到了西方文化(如个人主义)的影响和冲击，但大量证据已经表明，中国传统文化对消费者及其购买行为的影响仍然是广泛而深刻的。在这一意义上，与关系自我相关联的品牌定位所能创造的消费者利益和拥有的潜在的市场前景，至少并不亚于品牌的个性定位。前文中曾提到的可口可乐、巨人脑白金，便是在这类定位中获得成功的范例。此外，枝江大曲(见于曾志伟代言的广告，“我只和朋友一起喝”的广告语给受众留下了深刻印象)、乐事薯片(见于王力宏代言的广告，表现的是办公室里发生的同事间的故事)、TCL 笔记本电脑(采用了“天下父母心，TCL 尽表达”的广告语)等，也都有意或无意地尝试了与消费者的关系自我相关联的一种象征定位。值得一提的是，我们并不能简单地将该种定位与实务中有些人讲的“礼品定位”等同起来。礼品市场只是反映了一部分的人际关系。

未来	与未来的个人自我相关联	与未来的社会自我相关联	与未来的关系自我相关联	与未来的集体自我相关联
现在	与现在的个人自我相关联	与现在的社会自我相关联	与现在的关系自我相关联	与现在的集体自我相关联
过去	与过去的个人自我相关联	与过去的社会自我相关联	与过去的关系自我相关联	与过去的集体自我相关联
	个人的	社会的	关系的	集体的

图 6-2　消费者自我空间中的品牌象征定位

④与过去、现在或未来的集体自我相关联的品牌定位。这种定位就是将特定的品牌定位为代表某个群体或群体身份的一个象征。同样，这种定位也可能需要在与群体的过去相关联，还是与该群体的现在或未来相关联(或者与某种过去、现在或未来的群体身份相关联)之间做出选择。例如，美宝莲在广告中总是重复着它是“来自美国纽约的美宝莲”，欧莱雅则诉求于它是“来自法国巴黎的欧莱雅”，这便是 Alden 等人(1999)所说的一种“异域消费文化定位”(与一个异国或他乡的亚文化群体相关联的定位)。又如，“野战酒”(一个白酒品牌)仅其品牌名称就很容易使人联想到军人或军营，对于那些退伍军人来说，当他们面对该品牌而产生这些联想时，便自然地在他们过去的集体自我与该品牌之间形成了一种联系；对于那些现役军人来说，则可能形成与他们现在的集体自我之间的联系。前几年，“金利来，男人的世界”这句广告语，也曾使它的品牌能够在许多男性消费者的心中激起一种“我是一个男人”的身份感。今天，当他们再次看到金利来时，是否还有人能够忆起当年的典型“男人”的形象？

在消费者的象征空间中选择了品牌将要进入和占据的位置之后，接下来所要做的，就是要根据特定的自我来确定为品牌注入哪些具体的象征意义。例如，对于魔兽联名卡，营销者仅仅考虑将它定位于集体自我(群体成员身份)、把它打造成一个群体象征性品牌是不够的，因为这些玩家尚有许多其他的群体成员身份，如大学生、同乡、学生社团成员等，而这些不同身份背后所隐含的社会标准、规范(即自我意义)也是不一样的。因此，它需要进行更具体的定位。作为魔兽世界玩家，他们的典型形象是什么？即它的所谓的“群体原型”是什么样的？他们中间是否还有某些显著的、不同的“类型”？魔兽世界联名卡最终所要达成的定位结果，就是它可以映射这些典型形象，玩家们能把它看作是可以用来表达自己属于该特定群体(或区分其成员与非成员)的一个标志。又如，枝江大曲根据它对中国酒文化的理解(如酒逢知己千杯少)，最终选择注入的是属于友谊关系的“真诚”、“知心”、“知己”这些特定、具体的象征意义。

实际上，如果能明白认同营销的基本逻辑，当企业为品牌确定了拟将与之建立关联的自我之后，并不难找出一定的文化环境中这个自我的意义，而这些意义，正是需要注入该品牌的。例如，如果将某个品牌定位于同大学生的身份相关联，那么，在大学生身份的标准中所包含的意义，如学业优异、理智主义、善于交际、自信等(Burke，1997)，能否转换成大学生(目标消费者群体)的品牌联想，就是衡量该定位的执行效果的最关键的标准。

6.3 品牌象征意义的形成及认同营销的方法论原则

在选择品牌的象征定位和具体的象征性品牌概念之后，营销者接下来所要做的就是要通过一定的营销组合策略为它的品牌注入相应的自我意义，从而在品牌与目标消费者的身份或自我之间建立一种基于意义的有效联结。在这个过程中，许多要素包括产品、广告、媒介人、消费者等将发挥重要的作用。营销者只有充分理解这些要素及其在品牌象征意义形成中各自所扮演的角色，才能通过一系列“可控”变量(如营销组合工具)的操纵，引导消费者建立对品牌意义的解释，从而最终形成营销者所期望的象征性品牌形象。

在品牌象征意义的形成方面，营销学者已进行了较为广泛的研究和讨论。Grubb 和 Grathwohl(1967)从社会互动的角度，提出了品牌象征意义的互动模型(见图 6-3)。他们认为，消费者购买和消费某种产品可以通过两个方面服务于他们的自我提升(self-enhancing)：内动过程(intra-action process)和互动过程(interaction process)。其中，内动过程中的自我提升是指，消费者通过使用和消费符号，符号中的象征意义就被传递到个体，从而个体的自我得到表达和提升。例如，在消费者眼中，桑塔纳轿车代表着经济、节俭和实用的使用者形象，消费者通过使用桑塔纳轿车来表达这种自我概念，从而获得一种内在的自我提升。互动过程中的自我提升指的是因为其他个体对消费者的积极反应而引起的自我提升。例如，当个体认为符号具有的象征意义和观众(重要的他人和群体)对符号的理解相同，并且个体能够得到观众的积极反馈时，个体就会在这种互动过程中实现自我提升。互动模型认为，个体层次上的产品象征意义需要经历社会互动，上升为社会层次的象征意义，品牌的象征意义才能得到确认和服务于人际沟通。

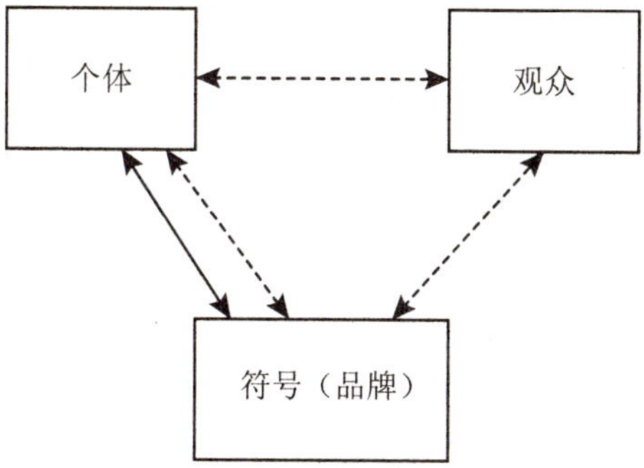

图 6-3　品牌象征意义的互动模型

Mccracken(1986)认为，产品的重要性并不在于它的功能属性和经济价值，而在于它可以作为一个载体，承载和传递文化意义(cultural meaning)。也就是说，意义不是静止和稳定的，相反，它是动态的、流动的和可以被承载的。于是，Mccracken 在他的经典文献《文化与消费》中，通过对意义流动特性的探讨，提出了品牌象征意义的流动模型(meaning transfer)，即品牌的象征意义从文化世界流动到产品，再从产品流动到个体消费者(见图 6-4)。这其中，象征意义从文化世界流动到产品，需要借助广告和时尚系统这两条主要的传播渠道，而象征意义从产品流动到消费者，主要通过四种仪式行为：拥有、交换、修整和舍弃仪式。通过拥有仪式，象征意义由产品传递到消费者(例如，消费者穿上西服，那么效率、专业和正式等象征意义也就传递给了自身)。通过交换仪式，交换者希望产品的象征意义能够传递给被交换者(例如，送礼)。修整仪式可以让消费者源源不断地从产品中汲取一些比较容易消失的象征意义(例如，短发通常给人简洁、精神的感觉，但是这种象征意义会随着头发的生长而淡化，所以需要常常修剪头发来保持这种象征意义)。舍弃仪式可以帮助消费者与过去的自我决裂(例如，扔掉男朋友送的礼物，割断与前男友的联系）。至此，通过四种仪式，消费者才能理解和占有品牌的象征意义。

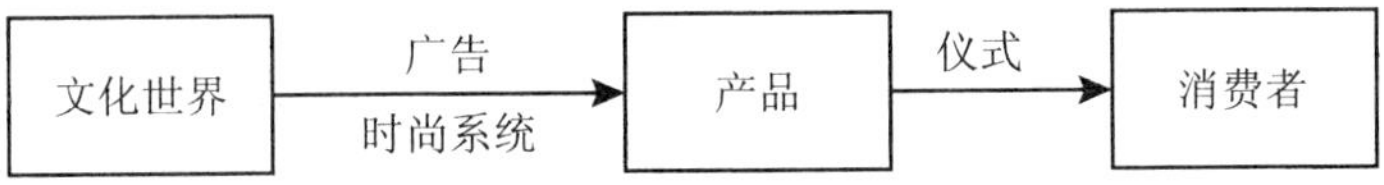

图 6-4 品牌象征意义的流动模型

Ligas 和 Cotte（1999）从影响品牌象征意义形成的因素的角度，提出了品牌象征意义的谈判模型。他们认为品牌的象征意义是在营销环境、社会环境和个体环境这三种力量的谈判（negotiation）中产生的（见图 6-5）。在营销环境中，企业通过广告给产品注入象征意义。在个体环境中，消费者根据自己的生活经历和认知，有选择地理解广告中传递的产品象征意义。在社会环境中，消费者通过与他人的交流和互动，对自己所理解的产品象征意义进行增加、删减和调整，从而形成一致的和稳定的产品象征意义。

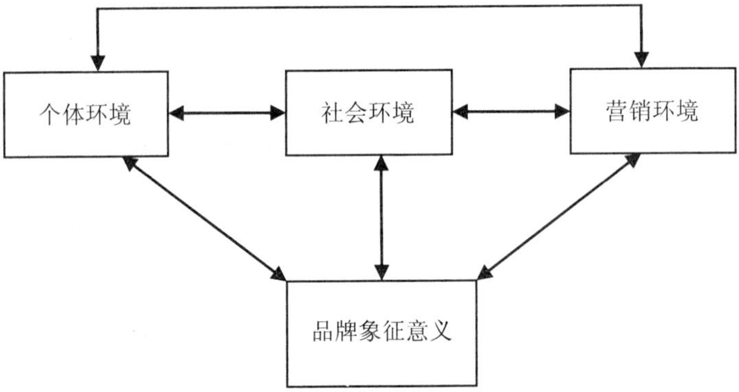

图 6-5 品牌象征意义的谈判模型

Elliott 和 Wattanasuwan（1999）则从体验的角度，提出了品牌象征意义的体验模型（见图 6-6）。他们认为，品牌象征意义来源于消费者的间接体验（如广告、杂志和报纸）和直接体验（如产品购买和使用）。消费者通过体验，并且结合自己的经历和生活环境，形成了个人对产品象征意义的理解。这时的产品象征意义是带有个人特征的、独特的和不稳定的，并不是一般性的、得到广泛认同的。这种个人层面上的产品象征意义，只有经过话语阐述(discursive elaboration)，才能转化为社会层面上的产品象征意义，即一般性的、公认的和稳定的产品象征意义。话语阐述指的是一种社会互动过程，即在社会环境中，人们随意散漫地描述、讨论、交流和争辩某个产品或品牌的这样一种过程。通过话语阐述，消费者对产品的象征意义达成了共识，此时，产品就真正成为象征意义的载体和交流沟通的工具。

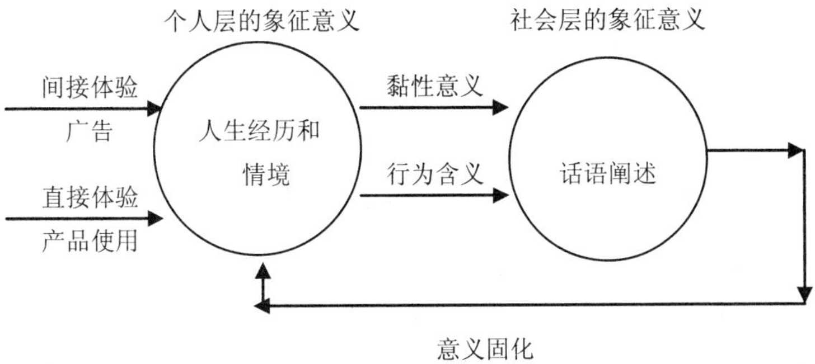

图 6-6　品牌象征意义的体验模型

通过整合上述流动模型、体验模型、互动模型和谈判模型的相关内容，我们(王长征和周学春，2009)曾提出了一个解释品牌象征意义形成的综合性架构(见图 6-7)。该模型中涉及品牌象征意义形成的三个核心环节：(1)象征意义来源于文化世界。文化世界中的象征意义在企业和非企业的操控下被注入进产品。(2)产品和消费者之间的象征意义流动是双向的。也就是说，个体一方面通过对产品中蕴含的象征意义进行汲取，另一方面通过往产品中注入独特的个人印记，来完成个人层面上的象征体系的建立。(3)个人层次上的象征意义，通过与参考群体的社会互动，上升为社会层次上的稳定的、一般化的和普遍认可的象征意义。具体来说，营销者需把握好以下品牌意义注入的多个环节或过程：

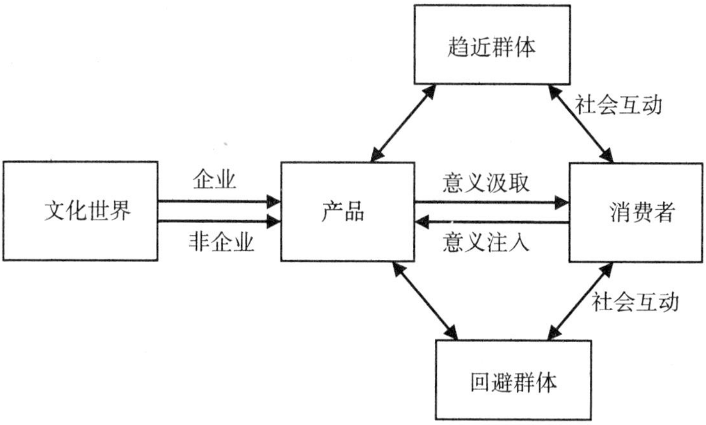

图 6-7 品牌象征意义的形成机制

1. 从文化世界到品牌和产品的意义流动

象征意义从文化世界转移产品，主要受到两种不同力量的控制。一方面，企业通过广告、宣传和公关等行为，向产品注入特定的象征意义；另一方面，非企业的社会力量（如媒介、意见领袖和非主流群体等）也会影响文化的意义向品牌和产品的注入。

Hirschman（1985）认为，在组织中，企业家们通过创造系统（creative subsystem）、管理系统（managerial subsystem）、传播系统（communication subsystem）控制着产品象征意义的注入。在创造系统中，产品设计师和研发人员根据目标消费者所渴求的象征意义，孕育出产品概念，把消费者无形的象征需求转化为有形的产品实体。然后，在管理系统中，管理人员对这些产品进行筛选，选择最匹配的和最能承载象征意义的产品。最后，传播系统通过广告等将产品所承载的象征意义传递给目标消费者。

在传播系统中，最重要的媒介就是广告。利用广告，营销者可以迅速地往产品中注入象征意义。在广告中，营销者同时在镜头中呈现出产品和某种象征意义，以促使消费者观察出两者之间的内在相似性（Mccracken，1986），或期望消费者通过条件反射式的学习，形成产品和象征意义之间的关联，从而把象征意义注入产品。Mccracken(1989)曾以广告中的名人代言为例，解释了象征意义是如何被名人注入产品的。名人在电视、电影、体育运动和职业等领域，通过角色的扮演，被赋予了丰富的意义——年龄、性别、社会阶层、个性和生活方式等。名人其实就是一个象征意义的"集"。通过名人代言，消费者会发现名人和产品之间的关联，认为使用该产品就会具有该名人的一些特征，从而使意义从名人转移到产品。

除了企业，一些社会机构也会往产品中注入象征意义。社会机构的意义注入是不受到企业控制的，它会促进，也会扭曲和阻碍企业的象征意义注入(Hirschman，1985)。例如，某电影公司希望给自己的一部电影注入"激情的"、"异域的"等象征意义，通过媒介操纵，消费者将这部电影和这两种无形属性建立起关联。与此同时，电影评论家在观赏完这部电影后，对电影进行赏析和评论(如"精彩"或"枯燥")，这样也就给这部电影注入了额外的无形意义，而这种意义注入是不受企业控制的。通常，这些中性的社会力量包括：报刊、记者、意见领袖和非主流群体等。其中，意见领袖对产品的意义注入通常是比较温和的。意见领袖凭借着出身、外表、成就和地位，成为大众的渴望群体，他们的时尚风格、价值观和态度会传递给追随者和模仿者，从而左右着普通消费者的偏好和消费。而非主流群体(如雅皮士、庞克一族和同性恋等)对意义的注入是比较激进和彻底的。他们背离主流社会传统，挑战社会的底线，试图颠覆已经建立起来的秩序和规则，以比较激进的方式引导时尚潮流。

2. 个体层次的意义转移

在企业和非企业力量的推动下，象征意义从文化世界流入产品。此时，消费者通过直接或间接体验，往产品中注入和汲取象征意义，构建出个人层面上的象征体系。也就是说，一方面，消费者对产品的象征意义进行理解，并汲取产品的象征意义进行自我的表达。另一方面，消费者也向产品中注入独特的个人意义，使产品私人化，烙上个人的印记，成为个人的指代。

消费者通过从品牌和产品汲取象征意义来进行自我建构和表达，包括过去的自我（past self）、现在的自我（present self）和未来的自我（future self）。例如，我们许多人珍藏有一些老照片。我们之所以今天仍然珍藏这些照片，就是因为它们记录着我们的过去，蕴含了过去的自我，过去的家庭自我，过去的群体自我等相关意义。富康轿车一般表达了实用、节俭和朴素的象征意义，所以消费者通过购买富康轿车，从而传递出这样一种使用者形象。此外，消费者还可以通过意义汲取而表达未来的自我。消费者珍藏着自己的订婚戒指，因为这个订婚戒指承载了关于爱情和未来的承诺，消费者通过汲取这种意义，而实现对未来的自我的表达。

消费者也会通过往产品中注入私人意义或情境意义而实现产品的个人化、情境化和独特化，从而形成稳固的自我—品牌联结（Escalas 和 Bettman，2005）。一方面，消费者通过注入私人意义来宣称所有权。Belk 和 Tian（2005）发现，IT 人员会在自己工作的小隔间里摆放个人物品，通过摆放个人的物品来宣称自己对此块区域的所有权和支配权。摆放私人物品给工作区域注入了私人意义，打上了个人印记。另一方面，在仪式情境中的物品，会被注入特别的情境意义。例如，外祖母准备在外甥女 18 岁生日派对上，送给她一个戒指。那么，这个戒指不仅具有了关系意义（亲情关系），同时也被注入了情境意义（与这个成人仪式有关的时间、地点和人物等意义）。

通过意义汲取和意义注入，消费者构建出个人层次的产品象征体系，但是这种个人象征体系是不稳定的，不是社会共享和认同的，是存在个体差异的。因此，只有当个人层次的产品象征意义上升到社会层次，产品的象征意义才最终得到固化和确认。

3. 社会层次的象征意义谈判

个人层次上的象征意义体系有它重要的一面，它是社会层次象征意义体系的基础和支撑。但是，个人层次上的产品象征意义因受个体局限，存在个体差异，所以是不能够有效地辅助人际沟通的。所以，个人层次的产品象征意义，必须在社会互动中进行修正和调整，才能上升为共享的社会层次的象征意义。而在这个社会互动过程中，参考群体扮演着相当重要的角色。通过与参考群体的社会互动，一部分个人层次的象征意义被舍弃、一部分被保留、一部分被调整、一部分新的象征意义被注入。从个人层次上升到社会层次的象征体系，这个过程涉及两个重要的因素：社会互动和参考群体。

社会互动是人们对他人采取社会行动和对方作出反应性社会行动的过程，是发生于个人之间、群体之间、个人与群体之间的相互的社会行动的过程。社会互动理论强调产品的象征意义来自于社会群体成员之间的谈判(Ligas 和 Cotte，1999)。实际上，早在 1969 年 Blumer 就对此提出了深刻的见解。他认为：首先，只有当产品成为社会互动过程的一部分，产品的象征意义才能上升到社会承认的层次，否则产品的象征意义只是个人的信念。其次，只有在社会互动情形下，他人才能推测产品使用者有关的信息。最后，消费者只有基于社会层次的产品象征意义，才能够有效地和他人沟通，这个时候产品才真正成为交流的媒介和载体。所以，产品社会层次的象征意义是社会互动的结果，也只有通过社会互动，产品才能真正成为沟通的媒介。

参考群体是指任何会显著地影响他人行为、态度和价值观的个人或群体(Blackwell 等，2001)。参考群体一般可以分为趋近群体和回避群体。趋近群体(approach groups)，又称渴望群体，是指消费者喜爱、认同和渴望与其保持一致的群体(如成功的商业人士、运动员和演艺人员等)。回避群体(avoidance groups)指的是消费者不太喜欢、并且与之保持区隔和距离的群体(Solomn，2006)。消费者会根据社会互动中参考群体的不同，调整自己对产品的象征意义的解释和占用。不同的参考群体，决定消费者象征意义取舍模式的差异。例如，一中学生原先觉得男生戴耳环只是好玩和装饰，但是，其老师(渴望群体)认为男生戴耳环代表了叛逆和不守规矩。那么，为了与渴望群体保持一致，该学生可能就会调整自己原先的认知，认为男生戴耳环确实不妥当。当互动对象为回避群体时，消费者可能会忽略、甚至拒绝回避群体对产品赋予的象征意义，以避免与该群体发生联系、维持自尊(Banister 和 Margaret，2004)。例如，如果消费者很反感抽烟，因此当抽烟人士(回避群体)认为不抽烟的男人没有男人味时，消费者会直接屏蔽掉这种言论，拒绝接受这种认知。通过上面的分析和讨论，我们认为不同类型的参照群体对产品的象征意义存在着调整作用。

综合本章的分析，我们可以提出以下几条可供企业在认同营销实践中参考的方法论原则：

(1)选择重要的身份。从消费者的角度讲，企业所选择的“身份”(或自我)最好是目标消费者所重视或者对他们来说是重要的。在我们多重的、复杂的自我结构中，不是所有的自我都是同等重要的，它们也不是随时随地都处在被唤醒的状态之中的。事实上，只有那些相对重要的自我才会更经常地被唤醒进而影响我们的消费行为(Reed Ⅱ, 2004)。因此，仍以魔兽世界联名卡为例，它之所以具有成功的潜力，除了该款游戏拥有众多的玩家(能满足目标群体选择所要求的市场规模)之外，一个必不可少的条件就是他们中间的许多人非常重视“我是魔兽玩家”这个身份，并且希望能向他人展示这一身份。魔兽世界联名卡恰恰可以为他们提供一个能够表现此身份的“有形展示”的工具。由于身份本身是无形的，“魔兽世界”玩家组成的群体通常又是以虚拟社区的形态存在的，它的玩家所需要的正是这样一种有形的工具。又如，“我”是一名业余的企业管理顾问，只是在偶尔从事一些商务活动时，“管理顾问”的身份才被激活，并因而考虑一下自己与之相称的穿着、打扮之类的消费行为，但是，定位和诉求于“商务人士”的产品和品牌却几乎从来就激发不了我的兴趣，因为“商学院教授”的职业身份对于我来说要远比“管理顾问”重要得多。

(2)品牌“服从”产品。从产品的角度看，理论上讲只要是消费品，都是适合开展认同营销的。但它对身份定位和具体品牌概念的选择会造成一定的限制。因为任何一种产品，通过消费者的实践以及消费者与营销者之间的互动都会为它注入一定的意义。例如，酒类产品在中国的“酒文化”中消费者一般用它来表达“友情”、“友谊”，而鲜有用它来表达“爱情”的。故而湖北的枝江大曲在它的电视广告中进行“有朋友，人生比戏更精彩……知心，知己，枝江酒”的象征性诉求，便是不错的选择。但若白酒产品在广告中表现消费者将它当作男女定情之物之类的东西来使用的话，消费者(受众)就会很难接受，甚至产生一种心理上的排斥。这就是说，在企业为它的产品和品牌进行身份定位(即决定与哪一种身份建立联系，从而赋予该品牌什么样的身份相关的意义)时，为该品牌选择注入的意义不应超出特定文化中业已形成的产品意义的范畴(Lawson 和 Balakrishnan，1998)。然而，有些企业在实践中常会忽视这一原则。

(3)为非目标顾客设置障碍。这是认同营销与传统营销非常不同的一个方面。传统营销一般都是尽量减少或清除消费者在购买和消费过程中可能遇到的各种障碍，包括心理上的和行为上的；它们并不特别考虑购买者和使用者是否为目标顾客——所谓“来的都是客”，只要你愿意来，我都欢迎。认同营销则不同，它只欢迎那些真正的身份相符的目标顾客，对于不符合身份的潜在购买者，尽可能地将他们拒之门外(Park 等，1986)。原因在于，使用者形象会直接影响品牌可以代表或表达的身份。例如全球通较高的费率和资费标准至少在客观上就将那些“低端”的潜在购买者排除在外了，同时通过一系列排他性(只有全球通大客户才能享受)的服务安排，如全球通俱乐部，才能成功塑造全球通作为有身份、有地位的成功人士象征的品牌形象。在相当程度上，宝马汽车近几年在中国市场常被嘲笑为“暴发户的车”，就是许多“暴发户”们购买和使用宝马的结果。事实上，宝马在中国市场的表现并非一个特例。奔驰在日本市场的品牌形象就常常是与“黑社会”联系在一起的。

(4)保持自我意义的一致性。由于我们每一个人都拥有多重的身份，一个品牌也可以同时与两种或以上的身份建立联结，使它成为多个身份的象征。但同一个品牌所选择的与之联结的这些身份之间不应存在矛盾。例如，如果一个品牌既要代表“成功人士”，又想要它具有“老百姓”的形象，就是不可取的。这一点在“品牌联合”(co-branding)实践中也是需要注意的。如果要将两个品牌进行“捆绑”或“联合”(如招商银行与魔兽世界)，这两个品牌原有的意义是否存在冲突或矛盾？或者，如果计划在两个品牌联合之后发展出一种新的品牌形象(意义)，新的意义与两个品牌原有的意义之间是否能保持一致？这些都是在决策时需要慎重考虑的。当然，我们在现实的营销实践中常常会发现，有的企业只为其品牌选择一种象征性的品牌概念，如百事可乐总是在不断地塑造和强化它的个性品牌形象，而有的企业却为其品牌选择了多重象征性的品牌概念，如可口可乐试图通过广告赋予它的象征意义既涉及关系(如情侣关系)，又涉及个性，有时还涉及群体。这两种品牌形象策略是否会影响它的产品绩效以及在什么条件下会导致更好的产品绩效，则需要进一步的探讨和实践的检验。

(5)摒弃直白、说教式的广告风格。若要消费者接受广告中的象征性诉求，传统的直白的、说教式的广告往往并不适宜，这样的广告易于遭受消费者的拒绝(Holt，2002)。某洗衣粉曾经做过的一则广告就是一个例子。该广告表现的是年轻、职业的已婚女性洗衣、晒衣的情节，广告最后以“它让我有成就感”的主广告结束。对于这则广告，许多女性消费者看后的第一反应就是以质疑的语气反问：“它怎么让我有成就感?!”相反，汰渍洗衣粉以郭冬临为代言人的系列广告，都是采用叙事的方式加以展现，将意义融入“故事”之中，虽然画面朴实，也没有什么惊世之语，但效果却要好得多。

(6)培育和建设“品牌解释社区”。品牌意义的最终注入实际上是广告、消费者、品牌、产品等之间“意义谈判”的结果(Elliott 和 Wattanasuwan，1998)。在这个过程中，消费者通过积极的参与和解释，一方面就品牌的某些意义达成了一致和共享，另一方面也发展了属于他们自己的个性化的象征意义解释。这意味着，营销者不仅要考虑如何减少或避免消费者对广告等营销刺激的抵制(Holt，2002)，而且要积极引导消费者之间就某些意义的解释达成一致，进而推动解释社区的形成和发展。在今天的社会化媒体时代，消费者创造、传播信息的能力可能已经远胜于营销者，他们可以借助于微博、互联网讨论社区、视频网站等进行广泛的针对品牌的交流、互动以及相关内容和意见的生产与分享，并已成为品牌的真正主人，……所有这些都深刻地影响和改变着传统的品牌营销传播模式。在这种情况下，营销者仅为消费者提供更多的参与品牌解释的空间是不够的，他们更要积极、主动地支持由消费者所主导的各种形式的有关品牌的内容的生产与传播。

◎ 参考文献

[1]杨国枢. 中国人的社会取向：社会互动的观点[C]//中国社会心理学评论，2005：21-54.

[2]王长征. 试论象征消费和品牌象征化[J]. 外国经济与管理，2007(4)：38-45.

[3]王长征，周学春. 品牌象征意义形成机制研究[J]. 外国经济与管理，2009(11)：58-65.

[4]Ahuvia, A. C. Beyond the Extended Self: Loved Objects and Consumers' Identity Narratives[J]. Journal of Consumer Research, 2005, 32(1): 171-184.

[5]Alden, D. L., Steenkamp, J.-B. E. M. and R. Batra. Brand Positioning Through Advertising in Asia, North America, and Europe: The Role of Global Consumer Culture[J]. Journal of Marketing, 1999, 63(January): 75-87.

[6]Banister, E. N. and K. H. Margaret. Negative Symbolic Consumption and Consumers' Drive for Self-Esteem[J]. European Journal of Marketing, 2004, 38(7): 850-868.

[7]Belk, R. W. Possessions and the Extended Self[J]. Journal of Consumer Research, 1988, 15(2): 139-168.

[8]Belk, R. W. The Role of Possessions in Constructing and Maintaining a Sense of Past[J]. Advances in Consumer Research, 1990, 17: 669-676.

[9]Belk, R. W. and K. Tian. Extended Self and Possessions in the Workplace[J]. Journal of Consumer Research, 2005, 32(September): 297-310.

[10]Blumer, H. Symbolic Interactionism: Perspectives and Method[C], Berkeley: University of California Press, 1969.

[11] Brewer, M. B. and W. Gardner, Who Is This "We"? Levels of Collective Identity and Self Representations [J]. Journal of Personality and Social Psychology, 1996, 71(1): 83-93.

[12] Burke, P. J. An Identity Model For Network Exchange [J]. American Sociological Review, 1997, 62(1): 134-250.

[13] Burke, P. J. and S. Stryker. The Past, Present, and Future of an Identity Theory [J]. Social Psychology Quarterly, 2000, 63(4): 284-297.

[14] Cova, B. The Postmodern Explained to Managers: Implications for Marketing [J]. Business Horizons, 1996, November/December.

[15] Escalas, J . E and J. R. Bettman. Self-Construal, Reference Groups, and Brand Meaning [J]. Journal of Consumer Research, 2005, 32(December): 378-389.

[16] Elliott, R. and K. Wattanasuwan. Brands as Symbolic Resources for the Construction of Identity [M]. International Journal of Advertising, 1998, 17(2): 131-144.

[17] Firat, A. F. , Shultz, C. J. From Segmentation to Fragmentation Markets and Marketing Strategy in the Postmodern Era [J]. European Journal of Marketing, 1997, 31(3/4): 183-207.

[18] Grubb, E. L. and H. L. Grathwohl. Consumer Self-Concept, Symbolism and Market Behavior [J]. Journal of Marketing, 1967, 31(October): 22-27.

[19] Holt, D. B. Why Do Brands Cause Trouble? A Dialectical Theory of Consumer Culture and Branding [J]. Journal of Consumer Research, 2002, June: 1-64.

[20] Hirshman, E. C. The Creation of Product Symbolism [J]. Advances in Consumer Research, 1985, 32 (September): 327-331.

[21] Keller, K. L. Conceptualizing, Measuring, and Managing Customer-Based Brand Equity [J]. Journal of Marketing, 1993, 57(January): 1-22.

[22] Kleine Ⅲ, R. E. and S. S. Kleine. Mundane Consumption and the Self: A Social-Identity Perspective[J]. Journal of Consumer Psychology, 1993, 2(3): 209-235.

[23] Kleine, S. S., Kleine III, R. E. and C. T. Allen. How Is a Possession "Me" or "Not Me"? Characterizing Types and Antecedent of Material Possession Attachment [J]. Journal of Consumer Research, 1995, 22(December): 327-343.

[24] Lawson, R. and S. Balakrishnan. Developing and Managing Brand Image and Brand Concept Strategies [J]. American Marketing Association, 1998, 9: 121-126.

[25] Ligas, M. and J. Cotte. The Process of Negotiating Brand Meaning: A Symbolic Interactionist Perspectives[J]. Advances in Consumer Research, 1999, 26: 609-614.

[26] McMracken, G. Culture and Consumption: A Theoretical Account of the Structure and Movement of the Cultural Meaning of Consumer Goods[J]. Journal Consumer Research, 1986, 13(1): 71-84.

[27] McMracken, G. Who is the Celebrity Endorser? Cultural Foundations of the Endorsement Process[J]. Journal of Consumer Research, 1989, 16(December): 310-321.

[28] Mcenally, M. and L. De Chernatony. The Evolving Nature of Brand: Consumer and Managerial Considerations[J]. Academy of Marketing Science Review, 1999, 2: 1-22.

[29] Park, C. W., Jaworski, B. J. and D. J. MacInnis. Strategic Brand Concept-Image Management [J]. Journal of Marketing, 1986, 50(October): 134-145.

[30] Reed Ⅱ, A. Activating the Self-importance of Consumer Selves: Exploring Identity Salience on Judgements [J]. Journal of Consumer Research, 2004, 31(2): 286-295.

[31] Reed Ⅱ, A. and L. E. Bolton. The Complexity of Identity[J]. MIT Sloan Management Review, 2005, 46(3): 18-22.

[32] Schau, H. J. and M. G. Gilly. We Are What We Post? Self-Presentation in Personal Web Space [J]. Journal of Consumer Research, 2003, 30(3): 385-404.

[33] Thompson, C. J. and E. J. Arnould. Consumer Culture Theory (CCT): Twenty Years of Research [J]. Journal of Consumer Research. 2005, 31(4): 868-882.

[34] Wattanasuwan, K. The Self and Symbolic Consumption [J]. Journal of American Academy of Business, 2005, 6 (1): 179-184.